北京华象律师事务所刑辩团队出品
2023年度河北省哲学社会科学学术著作出版资助

发展中的
中国劳动刑法研究

刘昭陵　著

A STUDY ON THE DEVELOPING
CHINESE LABOR CRIMINAL LAW

北京｜法律出版社 LAW PRESS · CHINA

图书在版编目(CIP)数据

发展中的中国劳动刑法研究 / 刘昭陵著. -- 北京：法律出版社, 2024
ISBN 978-7-5197-9059-2

Ⅰ. ①发… Ⅱ. ①刘… Ⅲ. ①劳动法—研究—中国②刑法—研究—中国 Ⅳ. ①D922.504②D924.04

中国国家版本馆CIP数据核字(2024)第081774号

发展中的中国劳动刑法研究
FAZHAN ZHONG DE ZHONGGUO LAODONG XINGFA YANJIU

刘昭陵 著

责任编辑 朱海波 杨雨晴
装帧设计 贾丹丹

出版发行 法律出版社
编辑统筹 法律应用出版分社
责任校对 王 丰 郭艳萍
责任印制 刘晓伟
经 销 新华书店

开本 A5
印张 9 **字数** 320千
版本 2024年6月第1版
印次 2024年6月第1次印刷
印刷 唐山玺诚印务有限公司

地址：北京市丰台区莲花池西里7号(100073)
网址：www.lawpress.com.cn
投稿邮箱：info@lawpress.com.cn
举报盗版邮箱：jbwq@lawpress.com.cn

销售电话：010-83938349
客服电话：010-83938350
咨询电话：010-63939796

书号：ISBN 978-7-5197-9059-2
定价：48.00元

凡购买本社图书，如有印装错误，我社负责退换。电话：010-83938349

序

随着现代社会向功能分化方向的不断演进，法律亟待回应的客观现实情况也不可避免地呈现出逐渐复杂化、集合化和动态化的特征。古典刑法以规制侵害人类基本伦理道德的自然犯为己任，刑法的任务相对简单，刑法学也因而比较容易保持自己的独立性和封闭性。但现代社会已经进入一个法定犯的时代，即刑法越来越多地规定侵害国家行政管理秩序的犯罪，此时刑法与相关领域发生深度交叉与融合不可避免，如环境法、经济法、劳动法等部门法与刑法的交叉融合，分化出了环境刑法、经济刑法、劳动刑法等刑法学的分支学科。这些分支学科的深入研究除了需要刑法学的知识，还需要其它部门法学的知识，因而对研究者的视野和方法提出了挑战。

就刘昭陵博士本书所涉及的中国劳动刑法而言，从作为一种实定法规范的意义上讲，一般认为其最早始于1994年出台的《劳动法》。该法多个条文以附属刑法的形式规定了有关涉劳动犯罪的刑事责任及其追究方式，如第92条规定："用人单位的劳动安全设施和劳动卫生条件不符合国家规定或者未向劳动者提供必要的劳动防护用品和劳动保护设施的，由劳动行政部门或者有关部门责令改正，可以处以罚款；情节严重的，提请县级以上人民政府决定责令停产整顿；对事故隐患不采取措施，致使发生重大事故，造成劳动者生命和财产损失的，对责任人员比照刑法第一百八十七条的规定追究刑事责任。"随后，1997年修订后的新《刑法》完善和增设了重大责任事故罪、强迫劳动罪等涉劳动犯罪的罪名、罪状与法定刑。不过，作为理论研究之独立概念范畴的劳动刑法，直到21世纪初才引起学界的重视。2005年7月18日，《工人日报》刊登了陈兴良、常凯等数位刑法与劳动法学者关于国内外劳动刑法建构的学术讨论，这是笔者所见到的国内较早呼吁开辟劳动刑法专门研究领域的文献。其后，姜涛、张勇等学者以系列论文和专著的形式，推动了"劳动刑法"作为刑法学一个分支学科的建立。但与环境刑法、经济刑法等其他刑法分支学科相比，劳动刑法还显得相对小众，学界投入的力量还不够。在这个意义上，我很高兴看到刘昭陵博士以劳动刑法为主题，即将推出这方面的新著。

粗读《发展中的中国劳动刑法》一书，我认为本书具有以下几个特点：

一是注重交叉研究。作者认为，劳动刑法是连接劳动法与刑法的桥梁，它以劳动法为支撑，从刑法上来研究有关涉及劳动的犯罪，其知识既是这两个法域沟通互动的结果，也必然具有这两个法域的交叉性。劳动刑法虽然不同于劳动法，但在法规范目的的设定和追求上必须兼顾劳动法的规范目的，以确保二者在调整劳资关系方面的法秩序相统一。劳动法属于社会法，旨在保护公民的社会权利，尤其保护市场经济中的弱势群体，避免强者更强、弱者更弱，以校正社会关系的失衡状态，劳动刑法应当成为这一定位的保障法。应当说，这些认识都是正确的。

二是突出体系性。本书既研究了重大劳动安全事故罪，强令、组织他人违章冒险作业罪，强迫劳动罪，雇用童工从事危重劳动罪和拒不支付劳动报酬罪等侵权型劳动犯罪，也研究了劳动者因自救而引发的犯罪。在对这些犯罪的构成要件、特征和认定标准作教义学分析的同时，作者还对相关劳动犯罪产生的原因及其治理，特别是通过刑事手段预防和减少劳动犯罪的发生给予了相应的关注，这在当下提倡“治罪与治理并重”的时代背景下，有积极的现实意义。

三是强调实践性。本书从侵权型劳动犯罪和自救型劳动犯罪两类犯罪的司法适用出发，选取了约300例人民法院的刑事裁判作为研究样本，对其定罪量刑进行实证分析，发现我国劳动刑法在司法适用方面存在的一些问题。例如，由于在司法实践中未能有效区分雇佣者实施的侵权型劳动犯罪和劳动者的维权自救犯罪，机械地以“法律面前人人平等”原则实行同等定罪、同等量刑，效果并不好，也使得劳动者倾斜保护原则未能得到有效落实。事实上，正如作者所指出，劳资关系中雇佣者与劳动者所处的不平等地位，很大程度上决定了劳动刑法要坚持倾斜保护劳动者合法权益的原则。

四是积极就劳动刑法的完善提出建言。鉴于我国劳动刑法相关的罪名分散于各个章节，既显杂乱，又不完备，本书从拓宽劳动刑法的保护范围、扩大劳动刑法的犯罪主体、增设危险犯、加强轻罪立法等方面，对侵权型劳动犯罪和自救型劳动犯罪提出了立法完善的构想。作者指出，有必要在刑法典中构建一个相对独立的劳动刑法体系，同时还应采取散在型附属刑法的补充立法模式。

当然，本书无论从广度和深度上都还有一些可以改进的地方。例如，作者一方面指出，劳动刑法的内容不仅包括本书重点研究的狭义劳动刑法，即以劳动权为犯罪客体的五个罪名，还包括公共安全领域的涉劳动犯罪和劳资领域内的其他犯罪等广义劳动刑法；但另一方面，全书的立法梳理和司法评析部分又只针对狭义劳动刑法，这不仅会对全书结构产生影响，也使劳动刑法的丰富内容未能充分展现。又如，书中多次提到自救型劳动犯罪，认为此种情形下的自救行为作为正当化事由构成劳动刑法倾斜保护原则的理论根基，这是全书的亮点。但自救型劳动犯罪的从轻、减轻甚至免除刑事处罚理由能否在宪法中找到文本和学理根据。或者说，从宪法规定的劳动权来探讨宪法与劳动刑法的关系，以强化这方面的理论说服力，作者似乎还缺乏这样一种问题意识。

刘昭陵当年博士毕业时就是以劳动刑法为主题撰写的博士学位论文，虽然在匿名评审和答辩过程中论文以其中规中矩而一切顺利，但我总希望其能在提升理论深度方面有更大的作为。博士毕业后，刘昭陵从事了一段时间的律师工作，又因生二胎和三胎而耽搁了博士论文扩充出书的时间。现在，我很高兴看到她已回归高校从事刑法学的教学工作，并在科研上急起直追。作为导师，我当然是衷心期待她能在各方面取得更大的进步和成绩。也正是基于此，即便在身体有恙、时间又很急的情况下，我仍然熬夜写下这些文字。

中国劳动刑法还处在发展转型中，需要更多有情怀、有毅力、有跨学科知识的有识之士来持续推进。谨以此与作者和读者诸君共勉。

刘仁文*

2024年3月13日深夜于北京

* 中国社会科学院法学研究所研究员、刑法研究室主任，中国社会科学院大学法学院教授、博士生导师，中国刑法学研究会副会长，中国犯罪学学会副会长，最高人民法院特邀咨询员，最高人民检察院专家咨询委员。

前　　言

作为调整由劳资冲突引发的犯罪的法律规范，我国的劳动刑法本应随着市场经济的发展而逐渐发展，然而，长期以来不仅理论上的研究甚少，立法和司法上也存在诸多空白与问题。为深入研究劳动刑法的立法和司法问题，本书主要以狭义的劳动刑法——以劳动权为唯一或主要客体的刑法规范——作为研究对象，考察其在立法与司法两方面的现状及存在的问题，并提出完善建议。同时，就刑法体系的完善而言，本书也涉及广义劳动刑法方面的问题，比如劳动刑法整体体系之设计与完善等。

本书从五个部分展开论述。导论和第一章探讨了劳动刑法的基本理论问题，为全书的论述确立了理论基调和基本框架。导论部分主要是关于文章的研究背景、研究必要性、国内外研究现状、研究思路与方法等，并重点介绍了国外劳动刑法的理论研究和实践经验，包括以倾斜保护原则为基本原则、采取以附属刑法为主的立法模式、严格区分侵权型劳动犯罪和自救型劳动犯罪、对集体争议有明确的判断标准以及如何在劳动刑法中引入轻罪制度。第一章是关于劳动刑法的概述，首先对劳动刑法及其相关概念进行了界定，追溯了劳动刑法的起源与发展，阐述了劳动刑法的特殊性、研究了构建劳动刑法的理论与现实基础。第二章梳理了国内现有的劳动刑法的立法状况，包括我国劳动刑法的立法渊源，从历年刑法典及其修正案到附属刑法再到我国加入的国际人权公约中的劳动刑法规定，分析了我国刑法典中（狭义劳动刑法意义上）五个相关罪名以及我国关于自救型劳动犯罪的立法现状与立法缺陷，最后从我国劳动刑法的立法特色和存在问题两个方面进行了有针对性的立法评析。第三章采用实证研究的方法，从具体的数据中总结出劳动刑法在司法适用中的问题。具体内容包括三节：侵权型劳动犯罪的司法适用、自救型劳动犯罪的司法适用和我国劳动刑法的司法适用评析，总结出我国现行劳动刑法在司法实践中存在着具体罪名适用标准不一、倾斜保护原则未能落实、集体争议的非罪化欠缺等问题。第四章讨论了我国劳动刑法的司法完善，即贯彻落实宽严相济刑事政策，进一步规范劳动刑法的刑罚裁量与执行，以及加强劳动刑法司法与行政执法的衔接。第五章从确立我国劳动刑法的倾斜保护原则、确立散在型附属刑法的立法模式、完善劳动刑法的具体构想三个方面探讨了我国劳动刑法的立法完善，具体的完善措施主要有拓宽劳动刑法的保护范围、扩大劳动刑法的犯罪主体、增设危险犯，以及加强轻罪立法。最后，结语部分在总结全文主要内容和基本观点的基础上，指出通过刑法调整劳动关系，是社会发展到一定历史阶段的必然产物。劳动刑法理应成为一门显学，不应该被边缘化。刑法学者应本着从客观实际出发、以人为本的视角关注社会上的劳动者，为我国的劳动刑事法治建设提供理论上的支撑，而不能在国家需要适当扩大刑法对劳动关系的保护范围和力度时以“刑法的谦抑性”为由，将劳动关系的调整完全排除在刑法之外。

目　录

图表索引

导　论

一、研究背景

当前我国正处于社会转型时期，还存在各种各样的社会和经济矛盾，在私营企业劳资关系领域的表现尤其突出。自改革开放40余年来，我国的私营经济发展十分迅速。市场监管总局发布数据显示，截至2021年年底，全国登记在册个体工商户已达1.03亿户，约占市场主体总量（1.54亿户）的2/3，同比增长11.1%，是2012年的2.5倍，年均增长10.9%。而在改革开放之初，1980年，我国个体工商户数量不到1万户，占市场主体比重不足1%。个体工商户规模的不断壮大，对拉动经济、促进发展发挥了重要作用。〔1〕全国工商联发布的《2022年中国民营企业500强调研分析报告》指出，2021年民营企业500强营业收入总额达38.32亿元，企业资产总额为41.64万亿元，资产总额超过1000亿元的企业有87家〔2〕，在各行各业都有产业巨头，

〔1〕 参见《全国市场主体突破1.5亿户　个体工商户突破1亿户》，载中国政府网，https://www.gov.cn/xinwen/2022-01/28/content_5670906.htm，2023年10月2日访问。

〔2〕 参见《2022年中国民营企业500强调研分析报告》，载中华全国工商联合会官网，https://www/acfic.org.cn/ztlhz/2022my5bq/2022my5bq-4/202208/t20220830-111966.html，2023年10月4日访问。

为国民经济的发展作出了重要贡献。

与此同时，私营企业劳资关系也在我国社会经济关系中占据越来越重要的地位，但是不可避免地，劳资矛盾在私营企业中也愈演愈烈，主要体现在以下方面：劳动者的工资没有得到提高反而有所下降，社会保险费用的支付不足，劳动合同的签订问题也没有得到应有的重视等。然而，纸面上的描述永远不如现实中的直观。2007年的"黑砖窑"事件、2008年的东航云南分公司18个省内航班集体返航事件、2010年的富士康事件和广东南海本田公司工人罢工事件、2011年的广州手袋厂四千工人罢工事件、2014年的东莞裕元鞋厂罢工事件、2018年的江苏大型酒厂工人罢工事件以及近年来时有发生的快递员罢工事件，从这些案例中我们可以看到尖锐的劳资矛盾仍存在于我们的周围，劳动者采取极端的对抗手段随时有可能发生。

贡献了国内生产总值60%以上、税收50%以上、就业90%以上[1]的民营企业中的劳资关系是否和谐直接关系到我国整个社会的安定。要建设社会主义法治社会，处理好劳资关系刻不容缓。

劳资冲突是造成社会不稳定的一个重要因素，因此如何妥善处理劳资冲突就成了一个值得认真研究的问题。劳动法学者们也纷纷对此提出了自己的见解。有学者认为，只有加强建设劳动关系领域的法律和制度，才能实现劳动用工的规范化，实现职工工资的合

〔1〕 参见《冉万祥：民营企业的作用和贡献可以用"56789"来概括》，载新华网，http://www.xinhuanet.com/politics/19cpcnc/2017-10/21/c_129724207.htm，2023年10月15日访问。

理增长，实现劳动条件的不断改善，也使职工的安全和健康得到切实有效的保障，社会保险能够全面覆盖，人文关怀日益加强，并有效预防与化解劳资冲突，从而建立良好的劳动关系。〔1〕也有学者认为，要构建和谐的劳动关系，首先要依法保障好职工的基本权益，要加强劳动立法，完善劳动标准，严格监督执法，保障好职工的劳动报酬、休息休假、安全卫生和社会保险等基本权益。〔2〕由此可见，在这个问题上，学者们的看法几乎一致。

我国政府一向注重构建和谐的劳动关系，并为此作出了不少努力。例如，我国1982年《宪法》第42条关于公民劳动权的规定，以国家根本大法的形式为劳动关系的调整提供了最根本的法律保障。1994年通过的《劳动法》，相较于西方发达国家，虽然我国《劳动法》颁行较晚，但是它的颁布标志着我国的劳动法治进入了一个崭新的历史阶段，并为我国司法和执法机关调整劳动关系奠定了坚实基础。此后，我国的劳动法律制度建设逐步完善，建立起了以《劳动法》《劳动合同法》和其他法律为主，以行政法规、部门规章、地方性法规和地方政府规章、司法解释和国际公约等为辅的劳动法律制度。具体来说，我国现有的劳动法律制度包括：(1)法律，主要有《劳动法》《劳动合同法》《工会法》《矿山安全法》等。(2)行政法规，主要有《禁止使用童工规定》《企业劳动争议处理条

〔1〕 参见聂生奎：《构建中国特色和谐劳动关系》，载《中国人力资源社会保障》2018年第10期。

〔2〕 参见邱玥：《如何有效化解劳动关系矛盾？》，载《光明日报》2015年5月26日，第2版。

例》《工伤保险条例》《劳动保障监察条例》等。(3)部门规章，主要有《集体合同规定》《最低工资规定》《违反〈劳动法〉有关劳动合同规定的赔偿办法》等。(4)地方性法规和规章，如《四川省劳动合同制试行办法》等。(5)司法解释，如《最高人民法院关于审理劳动争议案件适用法律问题的解释(一)》等。(6)我国已批准的国际劳工公约，如《准予就业最低年龄公约》《1958年消除就业和职业歧视公约》《男女工人同工同酬公约》等，也是我国劳动法的渊源之一。

由此可见，我国已经建立起了一套以《劳动法》为核心的日趋完善的劳动法律制度，我国劳动制度在各个方面逐步走向法治化，这一点无疑是值得肯定的。

此外，针对近年来我国劳资冲突日趋激烈的现实问题，2015年3月，中共中央、国务院印发了《关于构建和谐劳动关系的意见》，将我国构建和谐劳动关系的重大意义、工作原则、指导思想和目标任务等进行了具体阐述。该意见由中共中央、国务院提出，表明了党和政府对于解决劳资冲突、构建和谐劳动关系的高度重视。2017年10月，党的十九大报告中也明确指出，我国当前要致力于完善政府、工会、企业三者共同参与的协商协调机制，共同构建和谐的劳动关系。这是继2015年中共中央、国务院发布《关于构建和谐劳动关系的意见》以来，党中央在顶层设计层面对构建和谐劳动关系这一问题进一步作出的决策部署。

即便如此，我国的劳动立法仍然存在不少问题，其中很突出的一个问题就是立法相对单薄、滞后，1994年以来由全国人大制定的相关法律仅有三部，即《劳动法》、《职业病防治法》和《安全生产法》；另一个问题是法律法规之间仍存在冲突，如大量的地方性法规和规章对同样问题的规定却不尽相同。此外，相关法律制度不完整、不细致也是一个重要的问题，如《劳动法》中主要是原则性规定，缺少全面细致可行的规定等。这些问题都需要立法机关根据目前已经变化的社会情况加以解决，在此不予赘述，仅作为研究背景予以介绍。本书主要是从劳动关系为何需要刑法介入，也就是从劳动刑法的角度来进行研究。

那么，劳动关系为何需要刑法来介入呢？众所周知，刑法作为保障社会生活的最后一道防线，往往是要在穷尽其他一切社会控制手段仍然不足以有效调整社会关系、规制违法行为时才能适用，也即刑法的谦抑性。日本学者平野龙一这样定义刑法的谦抑性："即使该行为侵害或威胁了他人的利益，如果采取其他的手段可以解决的话，也并不是一定非要动用刑法不可。只有当其他社会统治手段不能充分行使，或者其他手段（如死刑）过于强烈，必须使用刑罚的时候，才可以动用刑法。"〔1〕关于刑法谦抑性的问题，我国刑法学者陈兴良认为，以下三种情况，出现其一则不应适用刑法：(1)可替代性，即刑法之外的手段可以起到有效的预防和惩罚效果；(2)无效果，即采用刑罚也无法对某种行为产生预防和控制犯罪的效果；(3)成本高昂，在目前司法资源有限的情况下，如果某些轻微的不当

〔1〕 平野龙一『刑法总论』(有斐阁，1972年)266頁。转引自张明楷：《外国刑法纲要》，清华大学出版社2007年版，第7~8页。

行为也需要耗费国家大量的人力、物力和财力去实现预防与惩罚之效果，则不应适用刑法。〔1〕张明楷则认为，只要能用其他法律来抑制的违法行为就不要将其规定为犯罪；只要能用较轻的刑罚来抑制的犯罪行为，就不要规定较重的刑罚。〔2〕

以上关于刑法谦抑性的表述各有不同，但是我们可以看出，刑法的谦抑性决定了绝大部分的劳动关系都不需要通过刑法来调节。如前所述，我国的劳动法律制度也在日趋完善，而且即使目前有诸多尚不完善的地方，致使某些劳资冲突无法得到很好的调节，也可以首先通过完善劳动法律制度来达到调节劳资冲突的目的。

但是刑法的谦抑性并不代表在遇到严重问题的时候，刑法也可以袖手旁观，隔岸观火，如在劳动者的自由、财产甚至生命遭到严重侵害时，如果通过现有的或者完善之后的劳动法律制度也无法得到缓解或彻底解决，那么作为社会生活中最后一道屏障的刑法，就不应该缺位。

刑法应当介入劳动关系的调整，笔者认为有以下两点原因：一是根据刑罚的目的和使命，即惩罚和预防犯罪，在劳动违法行为的危害性已经达到犯罪的程度时，刑法就应该动用刑罚来惩罚劳动犯罪并预防出现更多的劳动犯罪；二是当劳动关系遇到的问题已经无法由道德、民事、经济、行政或其他任何手段解决，其“社会危害性”或者“法益侵害性”已经达到了需要动用刑法的地步。也就是说，刑法介入对该种劳动关系的调整符合刑法的立法目的和入刑条件。

---

〔1〕 参见陈兴良：《刑法的价值构造》（第3版），中国人民大学出版社2017年版，第353~380页。

〔2〕 参见张明楷：《论刑法的谦抑性》，载《法商研究》1995年第4期。

刑法或刑罚的目的也一直处于争论之中，不过总体来说不外乎是预防理论和惩罚理论两种。意大利刑事古典学派法学家贝卡利亚指出："刑罚的目的既不是要摧残折磨一个感知者，也不是要消除已犯下的罪行。而在于阻止罪犯再次侵害他人，并规劝其他人不要成为罪犯。"〔1〕英国功利主义法学家边沁提出："如果惩罚被认为确有必要，那仅仅是认为它可以起到保证排除更大的恶。"〔2〕德国学者李斯特认为，刑罚并非服务于无目的的报应，而是有目的的预防。〔3〕我国刑法学者在论述刑法的目的时也指出，"惩罚犯罪本身不是刑法的目的，而是保护法益的手段"〔4〕，"刑法的目的是保护法益（即预防犯罪），不是为了惩罚犯罪"〔5〕，"'保护人民'属于最基本的价值目标（根本目的），'惩罚犯罪'是刑法的主要功能"〔6〕……由此可见，目前的学界通说是：刑法的目的是预防犯罪，并不是刑罚越重就能达到越好的效果，而应该与其罪刑相当。一个行为的法益侵害性比较重，则适用较重的刑罚；法益侵害性比较轻，则要适用较轻的刑罚；如果法益侵害性实在轻到一定程度，则不需要动用刑罚。由此可见，出于预防犯罪的目的和使命，在劳资冲突十分严重并严重侵害法益的情况下，刑法必须站出来进行干预，以维护社会的安定。

---

〔1〕［意］切萨雷·贝卡利亚：《论犯罪与刑罚》，黄风译，北京大学出版社2008年版，第29页。

〔2〕西方法律思想史编写组编：《西方法律思想史资料选编》，北京大学出版社1983年版，第493~494页。

〔3〕参见［德］格尔德·克莱因海尔、扬·施罗德主编：《九百年来德意志及欧洲法学家》，许兰译，法律出版社2005年版，第256页。

〔4〕张明楷：《刑法学》（第5版），法律出版社2016年版，第31~33页。

〔5〕曲新久：《刑法目的论要》，载《环球法律评论》2008年第1期。

〔6〕陈忠林主编：《刑法（总论）》，中国人民大学出版社2005年版，第11页。

那么，劳资矛盾和劳资冲突的法益侵害性如何呢？是否达到需要动用刑法的地步呢？邓洛普（Dunlop）认为，劳动关系系统应该包括三个角色，即雇佣者、劳动者和政府。[1]也就是说，劳动关系并非简单的雇佣者与劳动者的关系，政府也必须在其中有所为，有所不为，当劳资关系失衡的时候，政府必须发挥其矫正作用。至于如何发挥矫正作用，政府必须借助行政与司法的力量。对于比较轻微的冲突，劳动行政机关可以进行行政管理；而对于比较严重的冲突，则必须依赖由宪法、劳动法和劳动刑法所组成的“安全网”。[2]上文中所提及的一系列劳资冲突事件已经表明，数百年来，劳动者在经济上的弱势地位并没有随着经济和科技的发展而改善，反而已经恶化到了非常严重的地步，劳动者的“法益”被严重侵害，并且由此引发了对社会治安产生极坏影响的犯罪浪潮。劳动者的血泪在呼唤，社会安定和谐的诉求在呼唤，人类未来的和谐发展也在呼唤，刑法必须承担起其在劳动关系领域理应承担的使命。至于如何承担使命，则是劳动刑法深耕细作的空间所在。

需要说明的是，本书受到导师刘仁文研究员所倡导的“立体刑法学”思想的启发，试图理顺刑法与劳动法之间的关系，厘清刑法与劳动法二者衔接的关键环节，梳理妨碍二者衔接的理论与实践障碍，尽己所能提出有建设性的解决举措。[3]基于上述背景，本书试图

---

〔1〕 参见[美]克雷格·班白等主编：《国际与比较劳雇关系》，成之约等译，台北，天下远见出版股份有限公司2007年版，第7页。

〔2〕 参见姜涛：《劳动刑法制度研究》，法律出版社2013年版，第6页。

〔3〕 立体刑法学强调前瞻犯罪学、后望行刑学；左看刑事诉讼法、右盼其他部门法；上对宪法和国际公约、下对治安处罚和劳动教养；对内加强对刑法的解释、对外重视刑法的运作。参见刘仁文：《刑法的结构与视野》，北京大学出版社2010年版，第2~17页。

整理国内外劳动刑法的研究现状，以前人研究劳动刑法的学术成果为辅助，疏浚劳动法与刑法之间的交流通道，聚焦劳动刑法中相关罪名的立法现状与司法实践情况，提炼立法和司法中的相关问题，最后基于我国劳动刑法的体系性定位，提出司法和立法上的完善建议和举措。

二、研究必要性

目前，我国的劳动刑法研究才刚刚起步。概言之，哪些内容是属于劳动刑法的研究对象，劳动刑法在立法和司法上是否存在问题以及存在什么样的问题，宏观上如何构建适合我国法治体系的劳动刑法，对这些问题的探索与解答正是本书的使命所在。具体来说，研究劳动刑法的必要性体现在以下三个方面。

（一）现实需要

劳动刑法的研究是有效解决现实中的劳资冲突、规制劳动犯罪的基础。劳资双方互相依赖又互相对立。雇佣者依赖劳动者为其提供劳动，却又凭借其经济和社会上的优势地位压榨劳动者，甚至侵害劳动者的合法权益；劳动者依赖雇佣者为其提供就业岗位，却又处于弱势地位，面对雇佣者的压榨和侵犯，不得不忍气吞声，直至忍无可忍最终奋起反抗，甚至走上犯罪之路。二者的矛盾如前所述已经日益激烈，可能表现为雇佣者为追求利益最大化而发生的侵权型劳动犯罪、劳动者为维护自身权益而发生的自救型劳动犯罪，两类犯罪不断突破劳动法与行政法等法律法规的防线，需要刑法来强力介入。然而，现实情况却不能令人满意，我国的劳动刑法并没能很好地调节这对矛盾体的关系，也未能有效解决当前日益激烈的劳资冲突。

从功能的层面来看，与经济发展水平相适应的劳动刑法能全方位保障劳动者的合法权益，惩治雇佣者实施的侵权型劳动犯罪；对于劳动者为维护自身合法权益引发的自救型劳动犯罪，劳动刑法为更好地保障劳动者的合法权益，则秉持着对弱势群体倾斜保护的理念，采取比较审慎的态度应对劳动者实施的自救型劳动犯罪，进而为劳动者维权提供更为有效、畅通的渠道，避免劳动者采取拉横幅、跳楼、群体聚集等极端手段来维护自身的合法权益。为此，劳动刑法体系的构建迫在眉睫。只有构建系统、科学、完备的劳动刑法体系，才可能使失衡的劳动关系趋于平衡，有效解决劳资冲突、缓解劳资矛盾。

鉴于构建劳动刑法体系的迫切性，关于劳动刑法的理论研究更是要走在实践需要的前面，只有如此才能更好地指导立法和司法实践。具体来说，其现实意义有以下三点：一是与经济发展水平相适应的理论研究有利于完善劳动刑法的立法。本书通过研究国外劳动刑法的立法经验和教训，与我国劳动刑法的立法状况相比较，从比较法的角度对我国劳动刑法中的各个罪名进行全方位的立法评析，以期准确界定我国劳动刑法在立法上存在的问题，从而为劳动刑法的立法完善提出比较可行的建议。二是与司法实践相适应的理论研究有利于实现劳动刑法的司法公正。本书将立足于司法实践，研究我国劳动刑法中各罪的司法现状，从案例中分析各罪在司法实践中遇到的问题，从而为各罪的司法适用提出完善建议。三是与社会需求相适应的理论研究有利于促进民生保护。本书将分析我国目前的劳动刑法的司法实践，整理出司法适用中所存在的普遍问题，以期缓解我国目前严重失衡的劳动关系，为失衡劳动关系下苦苦挣扎的劳动者们在穷尽其他途径仍无法自救之时，让刑法发挥其——守护社会公平正义的——最后一道防线的功能。

总之，在当前提倡建设社会主义法治社会和强调构建和谐劳动关系的背景下，本书希望通过对劳动刑法的研究，能够在刑事立法的观念、原则以及技术等方面，尤其是在当前社会转型阶段立法者对罪名频繁修改的情况下，提供些许有建设性的意见，为我国劳动刑法的立法基本理论和立法、司法实践路径的完善尽到绵薄之力。

（二）价值需要

社会公平与正义的价值理念是我国法治社会的目标，也是法治社会下民众权利意识觉醒和提高的必然要求。然而，正如前文所述，实践中在弱势劳动者身上还存在诸多不公现象。法律面前人人平等是我国《宪法》所确定的基本原则，《刑法》第4条也在该宪法原则基础上衍生出“刑法适用人人平等”[1]的基本原则。该宪法原

〔1〕 刑法适用人人平等原则，是指对任何公民，不论其民族、种族、性别、职业、家庭出身、宗教信仰、教育程度、财产状况等有何不同，都应当一律平等地适用刑罚。参见黎宏：《刑法学总论》，法律出版社2016年版，第26页；阎二鹏主编：《刑法总论》，知识产权出版社2011年版，第25页。

则在形式上赋予了劳动者和雇佣者同等的法律地位，但是这种形式上的平等并不能改变劳资双方实质上天然的地位不平等的状况。显然，劳资双方之间的力量对比有着云泥之别，劳动者实质上的不利地位并不会因为“刑法适用人人平等”这样一个法律原则而轻易得到改变。如果固守条文主义的立场，不给劳动者以实质上的倾斜，那么该原则无异于一纸空文。实质上的倾斜在学理上被称为倾斜保护原则，但是该原则目前仅限于劳动法领域。如前所述，我国的一些劳资冲突已经急迫地需要刑法介入了，对于劳动法所不能调整的范围，劳动刑法正好可以在很大程度上弥补这一漏洞。在目前劳资冲突不断加剧，所引发的劳动犯罪也不断增多的情况之下，将倾斜保护原则应用到具体的立法和司法实践中，劳动刑法就可以对雇佣者严重侵犯劳动者合法权益的不法行为进行制裁，而对劳动者为了维护自身正当权益而不得已采取的不法行为相对从宽处罚。刑法作为维护社会公平正义的最后一道防线，理所应当在劳动者权益保护方面发挥其功能，给予弱势群体人文关怀。劳动刑法的研究恰恰能更好地实现劳动者倾斜保护原则和劳资双方实质平等之间的价值平衡，使劳动者获得实质上的平等，促进社会的公平与正义。

（三）理论需要

劳动刑法是劳动法和刑法的交叉领域，对劳动刑法的研究，既有利于完善刑法理论，又有利于完善劳动刑法理论。

1. 劳动刑法的研究有助于我国刑法分则罪名体系的完善和发展

作为连接劳动法与刑法的桥梁，劳动刑法是这两个部门法沟通互动的结果，刑法理论的完善和进步自然离不开劳动刑法的推动和促进。长期以来，我国刑法学界并没能给予劳动刑法应有的重视。从刑法分则罪名体系的设置来看，劳动刑法相关的各罪不仅分散在各个章节中，不成体系，十分杂乱，而且从罪名的完备性来看也有很多欠缺。劳动刑法的研究不仅仅在于解决当前的现实问题，实现社会公平正义，也是刑法自身体系发展完善的需要。劳动刑法有必要在刑法典中形成一个相对独立、完善的体系，而不是像现在这样分散、凌乱；刑法则应该与时俱进，不断发展和创新，唯此才能跟上时代的步伐。因此，劳动刑法作为刑法体系的一个重要分支，如果能形成自己相对独立、更加健全、完善的体系，无疑是对刑法自身体系发展的一个促进。

2. *劳动刑法的研究有助于我国劳动刑法理论的完善和发展*

我国劳动刑法的发展远远落后于欧美各国，国内该领域的研究者也少之又少，因此，我国劳动刑法理论的研究基础可以说是十分薄弱，需要学界加以重视并付出更多努力。现阶段，我国劳动刑法的研究才刚刚起步，还没有像行政刑法、经济刑法或金融刑法等已经蔚然成形，其自身的学科属性、体系定位等问题都有待进一步研究。首先，劳动刑法不同于劳动法，虽然二者均要调整劳资领域内的关系，但劳动法属于社会法，旨在保护公民的社会权利，尤其要保护市场经济中的弱势群体，避免强者更强、弱者更弱的社会问题，矫正社会关系的失衡状态，不以刑罚为制裁违法行为的法律手段，而劳动刑法则是以犯罪作为调整对象，以刑罚作为其制裁不法行为的法律手段。其次，尽管劳动刑法是刑法的分支，但与一般的刑法学理论还是有所区别的,因为一般的刑法学理论的研究对象是金融犯罪、侵害财产犯罪、侵害人身权利犯罪等普遍存在的犯罪现象,而劳动刑法的研究对象则仅限于侵权型劳动犯罪、个体劳动者自救引发的犯罪和集体争议引发的犯罪等特殊问题。最后,劳动刑法具有交叉性。劳动刑法属于劳动法和刑法的交叉领域,以劳动法为支撑,从刑法上研究侵权型劳动犯罪、个体劳动者自救引发的犯罪和集体争议引发的犯罪等社会问题,这种交叉性和特定的研究对象就决定了劳动刑法应该具有独立的学科地位和理论体系。

三、国内外研究现状

20世纪中叶,劳动保护运动在西方国家深入开展,劳动刑法在日本、德国和美国等国家先后得到确立,并在司法实践中被广泛运用。然而,我国劳动刑法的研究起步较晚,研究基础比较薄弱,虽有少数学者一直在努力,但整体上来说该领域的研究在我国还有很大的前进空间。〔1〕

(一)国外劳动刑法研究现状

20世纪中期第三次工业革命兴起,在信息技术、新能源技术等诸多领域产生了一场信息控制技术革命,人类经济从此踏上了风火轮,进入极速发展的状态,与之相适应地,政治文化等领域也在快

〔1〕 参见刘昭陵:《我国劳动刑法的发展》,载《法制博览》2018年第10期。

速变革。经济环境的变化，推动了社会的进步，促进了意识形态的变化，法律思想亦不例外。马克思认为，资本主义社会的生产关系强调剩余价值的榨取，而与之对应的法律制度却不能迎合社会发展的需要，如何对待劳动者成为统治阶级维护统治需要思考的问题。为调和愈演愈烈的劳资冲突，建立和谐的劳动法律关系，出于保护劳动者的需要和推行福利国家政策的影响，劳动刑法首先在西方国家应运而生，并得到世界各国的响应。由于劳动刑法起源于西方，因此研究国际视野下的劳动刑法变得不可或缺，以期能对我国劳动刑法的完善提供借鉴。

20世纪初期以来，以美国、日本、德国为首的西方国家非常重视劳动刑法的制度建设，最根本、最直接的原因还是“经济基础决定上层建筑”，工业社会的兴起、雇佣经济的发展，导致劳动者的权利意识不断增强、劳动者集体维权行动明显增加，同时也促进了劳动刑法的迅速发展。[1]在立法上，这些西方国家纷纷在刑法典或单行刑法或附属刑法中以各种形式加强对劳动犯罪的规制。到20世纪中后期，劳动刑法已经成为刑法学研究中的核心领域。在此过程中，各国学者出版了一系列的劳动刑法学著作。

1.日本在劳动刑法领域的研究位于世界前列

日本学者遅田喜道的《劳働刑法の運用の実態》一书初步论及劳动刑法的概念、立法与司法等问题[2]，是较早研究劳动刑法的著

〔1〕 参见姜涛：《劳动刑法：概念模型与立论基础》，载《政治与法律》2008年第10期。

〔2〕 参见遅田喜道『劳働刑法の運用の実態』（东洋书馆，1948年）8~41頁。转引自姜涛：《劳动刑法制度研究》，法律出版社2013年版，第32页。

作。熊倉武的《労働力の刑法保護》[1]和《労働法と刑罚と交错》[2]两部著作则对劳动刑法进行了进一步的阐释。而神山欣治的《労働刑法》《労働刑法提要》《労働刑法学研究》三部著作则系统研究了劳动刑法的基本原理；荘子邦雄的《労働刑法（総論）》则系统研究了劳动刑法的概念、劳动刑法的立法史和基本原理等问题；[3]香山忠志的《労働刑法の現代展開》则对日本劳动刑法的历史发展和基础理论等方面进行了研究，并在此基础上结合刑法典，对广义的劳动刑法从规范上进行了教义分析。[4]可以说，经过半个多世纪的研究，日本学者在劳动刑法领域百花齐放，这不仅仅体现在上述关于刑法如何介入劳资关系的著作中，还体现在对于劳动刑法的一些基础理论问题的学术交锋。例如，就正当的集体争议的刑事免责性应在犯罪论体系中的哪一阶层来讨论，日本学界有三种看法："权力行使说"、"构成要件该当性阻却说" 和 "违法性阻却说" 。[5]我妻荣、外尾健一、松冈三郎、大谷实、中山研一、荘子邦雄、山口厚等著名学者都曾参与讨论。这足以说明，日本的劳动法学者与刑法学者非常重视劳动刑法学的研究。

---

〔1〕 参见熊倉武『労働力と刑法保護』(勁草書房，1956年)2~23頁。转引自姜涛:《劳动刑法制度研究》，法律出版社2013年版，第32页。

〔2〕 参见熊倉武『労働法と刑罚と交错』(有信堂，1966年)14~16頁。转引自姜涛:《劳动刑法制度研究》，法律出版社2013年版，第34页。

〔3〕 参见荘子邦雄『労働刑法（総論）』(青林书院，1981年)71~72頁。转引自姜涛:《劳动刑法制度研究》，法律出版社2013年版，第34页。

〔4〕 参见香山忠志『労働刑法の現代展開』(東京・成文堂，2000年)20~25頁。转引自姜涛:《劳动刑法制度研究》，法律出版社2013年版，第70页。

〔5〕 姜涛:《劳动刑法制度研究》，法律出版社2013年版，第33页。

2.德国在劳动刑法领域的研究也建树颇丰

德国劳动刑法最重要的特征是共决权制度和雇员保护体系。Michael Stolleis 在Geschichte des Soziarechts in Deutschland一书中承认早期工人罢工等集体争议的免责。[1]Otto Jacobi, Berndt Keller和Walther Muller等在Germany: Codetermining the Future一书中提到,1951年《煤钢公司共同决定法》规定劳动者在监事会中与雇佣者权利均等,并且有一位中立的第三者主持协商,而劳动者代表亦可被推举为董事会成员的劳工经理;1976年《煤钢公司共同决定法》形成了当代德国的共决权制度。[2]雇员保护体系则在Wilhelm Dutz的著作Arbaitstrecht中得到体现。"二战"后,德国著名公法学者沃夫尔冈·多依布勒提出了迄今为止仍然非常著名的"禁止社会国家倒退原则"[3],该原则如今仍是劳动刑法学者们常引的理论,成为劳动刑法构建的基本理论。禁止社会国家倒退原则为劳动刑法的建构和发展都提供了不错的契机和政治支撑,尽管它因追求社会主义受到了西方世界猛烈的批评。经过长期以来的积累,德国的劳动刑法目前已经形成一种复合法律规范的体系,并且成为世界上其他国家劳动刑法建构的"蓝本"。

---

〔1〕 Vol. Michael Stolleis, Geschichte des Sozialrechts in Deutschland, 2003, S.231.

〔2〕 Vol. Otto Jacobi, Berndt Keller, Walther Muller, Germany: Codetermining the Future?, in Anthony Ferner/Richard Hyman eds., Industrial Relatioes in the New Europe, Blackwell Publishing, 1992, p.43.

〔3〕 所谓禁止社会国家倒退原则,是指为社会所认知的劳动保护、共同决定、劳动安全和集体协约等都是不可推翻的法律状态。

3.美国在劳动刑法方面的研究也硕果累累

美国劳动刑法规范大部分以“附属刑法”的方式隐含在劳动法律之中，因此，研究劳动刑法的学者也多是劳动法领域的学者。在丹尼尔·奎因·米尔斯（Daniel Quinn Mills）的《劳工关系》（*Labor Relationship*）[1]、威廉·古尔德四世（William B. Gould Ⅳ）的《美国劳工法入门》（*A Primer on Ameircan Labor Law*）[2]以及戴维·特沃米（David P. Twomey）的《劳工与雇用法》（*Labor and Employment Law*）[3]中，都对劳动刑法的相关问题有所涉及。美国劳动刑法的“重头戏”是对集体劳资关系的规制及其模式选择。布莱恩·加纳（Bryan A. Garner）的《布莱克法律词典》（*Black' s Law Dictionary*）、[4]约翰·巴德（John W. Budd）的《劳工关系：打破平衡》（*Labor Relations: Striking a Balance*）[5]对该问题都有具体的阐述，书中写到罢工（strikes）[6]、纠察（picketing）[7]、抵制（boycotts）[8]与闭厂（lockouts）[9]是美国私营企业中最常见的集体争议。那

---

〔1〕 参见［美］丹尼尔·奎因·米尔斯：《劳工关系》，李丽林、李俊霞等译，机械工业出版社2000年版，第171~178页。

〔2〕 See William B. Gould Ⅳ, *A Primer on Ameircan Labor Law*, MIT Press, 1993, p.211-231.

〔3〕 See David P. Twomey, *Labor and Employment Law* (9th edition), South-Western Press, 1994, p.162-174.

〔4〕 See Bryan A. Garner, *Black's Law Dictionary*, Thomson West, 1999, p.53.

〔5〕 See John W. Budd, *Labor Relations: Striking a Balance*, McGraw-Hill Irwin, 2005, p.75.

〔6〕 罢工是指劳动者暂时性地退出工作场所，以迫使雇佣者接受受雇人要求的行为。

〔7〕 纠察一般是指工会为了迫使雇佣者承认其为代表劳动者，或为了鼓励雇佣者支持该工会，而工会会员、罢工领导人和工会支持者持标语在雇佣者出入口处游行。

〔8〕 抵制是指集体拒绝与某一企业进行交易或买卖，以明确表达对该企业所采取措施的不满。

〔9〕 闭厂是指由雇佣者暂时地停止营业或关闭企业，以给受雇佣者压力，迫使其接受雇佣者所提出的条件。

么，美国劳动刑法是如何规范这些集体争议的呢？罗伯特·戈尔曼（Robert A. Gorman）在《劳动法基本教程——劳工联合与集体谈判》（*Basic Text on Labor Law: Unionization and Collective Bargaining*）[1]中作了梳理。依据美国判例法，对于违法罢工，法院须向工会颁发禁令，如若工会违反这一禁令，将会面临损害赔偿的请求，甚至可能面临刑事犯罪的指控。书中提到，现代美国刑法不轻易介入罢工等集体争议，在罢工等集体争议的刑法规制上走出一条明显的去刑法管制化的道路。尽管如此，美国法律对劳动者的罢工行动还是给予了诸多限制，突破限制则会受到刑事指控。Gorman在该书中还提到，罢工必须以工会为主体进行，且不得强迫其他雇员参与；罢工不得使用暴力（但轻微暴力除外）；罢工禁令的限制；以及罢工不得危及国家安全等。这种限制表明了劳动刑法的立场：对于劳动者的罢工等行为，应正当进行，否则就有可能构成刑法中的普通刑事犯罪。

从上文可知，不管是大陆法系国家还是英美法系国家，在劳动刑法方面都有诸多实践经验。尽管不同国家劳动刑法的具体内容和措施不一样，但它们之间的相同之处在于，劳动刑法在这些国家的法律体系中都有体现，且对经济和社会发展发挥了重要作用。从各国劳动刑法的演进可知，劳动刑法应是以保护劳动者为中心的法律，刑事制裁主要是针对雇主违反保护劳动者的义务。这些国家对于劳动权利的规范大部分都经历了从压制到保护，再到如今的“倾斜保护”的过程，这无疑是社会发展和进步的表现。经过多年的发

---

〔1〕 Robert A. Gorman, *Basic Text on Labor Law: Unionization and Collective Bargaining*, West Publishing Co., 1976, p.2-3.

展，西方国家的劳动刑法的主要特征包括以倾斜保护为基本原则、采取以附属刑法为主的立法模式、严格区分侵权型劳动犯罪和自救型劳动犯罪、对集体争议有明确的判断标准以及引入轻罪制度等，具体内容如下：

1.以倾斜保护为基本原则

倾斜保护，已经成为世界各国劳动刑法的基本立场。在世界各国的劳动刑法中，德、日、美、英等国家对劳动者的保护理念是一致的，即对劳动者实施倾斜保护。劳动刑法多年的发展历史表明，从对雇佣者的保护转变为对劳动者的保护，有利于实现实质上的公平与正义。在劳动关系中，劳动者处于天然的弱势地位，而雇佣者往往处于强势地位，如果仅仅实施形式上的“人人平等”，那将是一种天然的不平等，在二者发生冲突时，劳动者面临的是“人为刀俎，我为鱼肉”的境地。因此，为了矫正这样一种严重失衡的状态，倾斜保护原则成为必然的选择。在强势的雇佣者与弱势的劳动者之间发生冲突的时候，劳动刑法倾斜保护弱势劳动者的利益，且不断加大这种对劳动者权益的保护力度，这是对劳动者基本权利（如生命健康权和财产权等）的进一步保护，同时也拓展了劳动者的合法权益的内涵，增加了对劳动者的结社自由、职业安全以及罢工等权利的保护，是追求实质平等的必然要求。这一理念看似是对雇佣者与劳动者的“区别对待”，事实上却能达到真正的实质上的“平等对待”。具体来说，这些国家的倾斜保护措施主要有：一是在入罪上进行倾斜，如1914年美国通过的《克莱顿法》第20条就规定了，正当的罢工、联合抵制等行为不能被禁止，不算作犯罪；二是在罪刑结构上进行倾斜，对雇佣者针对劳动者实施的侵权型劳动犯罪进行重罚，与之相反的是，对劳动者为维护自身权益而针对雇佣者实施的犯罪则进行轻罚；三是在立法上对雇佣者增加更多限制，而对劳动者设置更多保护，例如，德国的劳动刑法是以雇主为中心的雇主刑法，亦即德国劳动刑法主要是站在保护劳动者立场的刑事规范。德国劳动刑法希望从单方面（针对雇主）采取行政及刑事制裁手段，达到保护雇员的目的。德国刑法典（StGB）以及附属刑法（Nebenstrafrecht）中设置了一般罪名如故意杀人罪、伤害罪等惩治侵害劳动者权益的犯罪，还设置了针对劳动者的特别保护法律，如《德国青少年劳动保护法》是专门保护青少年的劳动刑法、《德国母亲保护法》是专门保护已育妇女的劳动刑法等。上述这些倾斜保护的手段就是考虑到了劳动者的弱势地位和集体争议的维权性质。在倾斜保护的理念之下，这些国家的劳动刑法制度设计明显偏向于劳动者，为充分保护劳动者的利益提供了制度保障。

2.采取以附属刑法为主的立法模式

目前来说，有的国家通过刑法典来保护劳动者的权利，如《瑞士联邦刑法典》《西班牙刑法典》，也有国家在刑法典中用专门的篇章规定了侵犯劳动权的犯罪，如朝鲜等。但是，绝大多数的西方国家采取附属刑法〔1〕的立法模式来保护劳动者的权利。在劳动刑法

---

〔1〕 所谓“附属刑法”，是指立法机关在民事、经济、行政等规定权利义务的非刑事法律、法规中附带规定的有关犯罪或刑事责任的条款，一般包括散在型立法模式和编纂型立法模式。前者指的是在非刑事法律中直接规定有关犯罪和刑罚条款的立法方式，后者指的是对非刑事法律中的附属刑法规范的编纂。散在型附属刑法是目前大多数国家所采用的方式。参见王琪：《附属刑法及其利弊分析》，载《暨南学报（哲学社会科学版）》2017年第1期；孟庆华：《附属刑法的立法模式问题探讨》，载《法学论坛》2010年第3期。

领域，附属刑法的立法模式起源于劳动法的蓬勃发展。在第二次世界大战之后，日本作为战败国，美国将其占领并对其实行非军事化管理，大力推行民主政策，发展生产，促使日本工人队伍迅速壮大，工人运动也随之快速发展。与此同时，国际劳动组织和国际公约纷纷强化了劳工权利保护的民主意识，保护劳动权成为当时的潮流，日本顺应潮流逐步确立了以保护劳动权为核心的劳动刑法。著名的日本"劳动三法"[1]应运而生，成为日本调整劳资关系的基本法律。日本于1947年至1949年制定了《职工安定法》《劳动者伤害补偿保险法》《紧急失业对策法》《煤矿离职者临时措施法》等法律来解决失业与就业问题，为劳动者提供就业的法律保障，并提供就业培训。为了进一步改善劳动者的生活条件，日本于1959年、1966年、1970年、1971年和1972年分别制定了《最低工资法》《雇佣对策法》《国内劳动法》《劳动安全卫生法》等劳动法规。为了保障老人、妇女和未成年人的合法权利，日本于1963年、1982年、1972年、1970年和1986年分别制定了《老人福利法》《勤劳妇女福利法》《勤劳青少年福利法》《男女同工同酬法》《男女雇佣均等法》等劳动法规。虽然上述法律法规均属于劳动法的范畴，却促成了日本劳动刑法的发端。而日本劳动刑法真正的开端则始于1972年出台的《日本劳动安全法》，在这部法律中日本首次通过刑罚来调节劳资关系，其中明文规定，对于违反规定不设置负责安全卫生的管理人或委员会的

---

〔1〕 即日本于1946年制定的《劳动关系调整法》、1947年推行的《劳动标准法》和1949年制定的《劳动组合法》。

企业，可对其负责人处以不高于6个月的有期徒刑或不超过30万日元的罚款。[1]这就开启了日本将劳动法领域内的违法行为纳入刑法的调整范围的模式。之后，越来越多的劳动刑法出现在日本的劳动法之中，刑法规制的劳动权也越来越全面，刑罚种类也越来越多，逐渐形成了比较有规模的附属刑法体系。另外，美国作为当今世界上的发达国家之一，其劳动刑法也主要是采取了附属刑法的立法模式，其范围非常广泛，包括劳动者人身自由、职业安全卫生、工资待遇和社会保障等多方面的内容。这些附属刑法规范主要包含在《美国法典》《美国职业安全与健康法》《美国劳工管理关系法》《美国国家劳动关系法》等法律当中，涉及了大量对劳动犯罪的规定。[2]美国很注重对职工安全和健康的保护，例如，为了进一步改善劳动者的工作环境，于1970年颁布了《美国职业安全与健康法》。整体来说，附属刑法模式在西方各国劳动刑法的立法中已经处于主导地位，刑法典或者单行刑法反而成为附属刑法的补充，仅规定广义劳动刑法所涉及的罪名。具体而言，散在型的附属刑法在西方国家比编纂型的附属刑法更为普遍。散在型的附属刑法也有两种表现形式，第一种是“独立性”的散在型立法模式，主要运用于规制侵犯劳动权的犯罪中，在劳动法律规范中直接规定刑罚，如德国就在其《社会法典》《青少年劳动保护法》《劳动安全保障法》等劳动法律中直接规定了大量的劳动犯罪；第二种是“依附性”的散在型立

---

〔1〕 参见严励、刘志明：《我国劳动权刑法保护研究》，载《山西大学学报（哲学社会科学版）》2002年第3期。

〔2〕 Alvin L. Goldman, *Labor Law in the USA*, Kluwer Law International, 2014, p.38-45.

法模式，主要运用在对劳动者的罢工等集体争议的处理上，在劳动法律法规中仅概括性地规定某种或某几种行为要“依法追究刑事责任”，而具体要怎么处罚，则须依据刑法典或单行刑法中的具体条文。日本是采取“依附性”散在型附属刑法立法模式的代表。各国之所以选择“独立性”抑或“依附性”的散在型附属刑法立法模式，与各国的立法传统有关，但更主要的原因是此种模式更符合立法体系的科学性。

3.严格区分侵权型劳动犯罪和自救型劳动犯罪

西方国家劳动刑法坚持“轻轻重重”的刑事政策，严格区分侵权型劳动犯罪和自救型劳动犯罪。“轻轻重重”的刑事政策，是指对劳动者针对雇佣者实施的维权犯罪、雇佣者针对劳动者实施的侵权犯罪实行区别对待，分别实行不同的不法判断和归责模式。[1]“资强劳弱”的天然不平等注定了双方不能被“一视同仁”，为了使双方地位较为平衡，加大对弱者的保护力度是唯一选择，通过“轻轻重重”的刑事政策来配置劳动者和雇佣者的权利与义务，使之达到平衡。在“轻轻重重”刑事政策的指导下，各国普遍的做法是，对雇佣者实施的侵犯劳动者权益的犯罪进行重处罚，对劳动者因维权而实施的针对雇佣者的犯罪进行轻处罚，对劳动者并非为了维权而针对雇佣者实施的犯罪进行常规处罚，对不当集体争议引发的犯罪慎重处罚。德国就是坚守“轻轻重重”原则的典范。德国一方面加大了对雇佣者侵犯劳动者合法权利的不法行为的惩罚力度，且细致区分

---

〔1〕 参见姜涛：《劳动刑法制度研究》，法律出版社2013年版，第109页。

了重罪、轻罪和违警罪，使各种程度的侵权行为都能被刑法规制；另一方面为了加强对劳动者正当权益的保护，德国法律明确规定劳动者的罢工权合法，且在正当的集体维权行动中，劳动者如果对雇佣者造成损害则享有刑事豁免权。具体来讲，劳动刑法既牵涉社会法还涉及其他相关规范，以至于很难精确掌握劳动刑法的核心内涵。例如，德国于1845年制定的《工厂法》(Gewerbeodnung)、1869年制定的《帝国工厂法》(Reichsgewerbeordnung)、1884年制定的《工安保险法》(Unfallversicherungsgesetz)，以及1891年制定的《劳工保护法》(Arbeitersschutzgesetz)，上述劳动法规将雇佣者严重违反这些劳动法规的行为规定为犯罪。再如，1883年的德国《劳工保险法》明文规定了违反社会保险的刑事制裁效果，对雇佣者侵犯劳动者社会保险获得权的行为进行了严厉的惩罚。而在劳动者维护自身正当权益所实施的犯罪方面，上述法律法规则采取了比较宽容的态度。

这种“轻轻重重”的刑事政策是“倾斜保护原则”的具体体现，充分体现了刑法的科学性与人文性，在提高劳动者社会地位和维护劳动者基本权利等方面起到了无可替代的作用。

4.对集体争议有明确的判断标准

绝大多数西方国家在法律上明确规定了集体争议的判断标准。一般情况下，它们将严重性和正当性作为区分集体争议是否构成犯罪的标准。也就是说，如果一个罢工行为发生了，只要不是很严重，也不符合普通的刑事犯罪的构成要件，就不构成犯罪。如果随着罢工等集体争议的扩大，工人实施了围堵、纠察和占据厂房等甚至危害公共安全或扰乱生产管理秩序的不法行为，那么其罢工行为是否构成犯罪就需要考虑到罢工的正当性问题了。对于有着正当理由的集体争议，西方国家认为其是合法的，即使在后期采取了某些不正当的手段，比如扰乱社会秩序等，也不会被认定为犯罪。对于不具有正当性的集体争议，过程中如果出现了扰乱社会秩序等不正当的手段，西方国家则认为是犯罪行为。例如，德国联邦劳工法院就有一套判断罢工等集体争议正当与否的判断基准："罢工须为具有团体协商能力的工会为之""罢工必须追求一个团体协商契约所规范的目的""罢工必须尽到和平义务""争议当事人须受最后手段原则的限制""集体争议必须符合比例原则"等。[1]在美国，工会和劳工组织的社会作用是巨大的，美国也非常重视工会和劳工组织的力量，因此美国的劳动刑法规范，主要规定了工会和劳工组织的官员的行为。如《美国法典》第18篇第66节规定，任何人贪污、盗窃或非法故意抽取或转移他人的金钱、基金、债权等福利资产，将被处以不高于一万美元的罚金，或不高于五年的监禁刑，或二者并罚。[2]《美国国家劳动关系法》第302条规定了雇佣者违反关于罢工、闭厂等集体争议规定的刑事处罚。随着经济的发展，美国刑法在劳动领域加强了对于雇佣者对劳动者无故解约、歧视以及对劳动者安全卫生保障不力等行为的刑法规制。[3]英国也对集体争议问题有诸多

---

〔1〕 参见姜涛:《劳动刑法制度研究》，法律出版社2013年版，第111页。

〔2〕 See William B. Gould, *A Primer on American Labor Law*, Cambridge University Press, 2013, p.122-125.

〔3〕 See Bruce S. Feldacker & Michael J. Hayes, *Labor Guide to Labor Law*, Cornell University Press, 2015, p.32-35.

关注，如19世纪初期的《禁止结社法》，19世纪中期的《人民宪章》，19世纪中后期的《刑法修正案》《工会法》《财产保护法》，20世纪初的《劳资争议处理法》以及20世纪后期的新《工会法》《雇工法》和1986年的《公共秩序法》，这些法律中的劳动刑法内容主要包括工会的地位、工人的罢工和集体争议。[1]19世纪初中期，英国的劳动刑法主要是对工人和工会的打压，而19世纪后期，尤其是20世纪以来，随着商品经济的发展，统治阶级意识到劳动才是社会发展的唯一途径，于是英国的劳动刑法发生了根本性的转变，即从打压变为保护和规制，对劳动者的权利也有了更多方面的保护。[2]1968年的"多诺万报告"（Donovan Report）规定了在英国雇主解雇劳动者必须有正当的理由，1971年的英国《劳资关系法》进一步确立了如果非法解除雇工会被追究刑事责任。在对劳动争议的解决上，英国主要有两条途径，一条是通过劳动法庭和普通法法院的诉讼程序，另一条是通过协商和调解等非正式程序。英国十分重视法院之外的纠纷解决方式和纠纷解决机构的设立，[3]主要的非法院程序是雇主内部申诉程序，适用独立的调解机构和劳动法庭。也就是说，大部分的劳动纠纷是通过协商和调解解决的，这就需要工会发挥主要作用。随着社会的发展，英国工人和工会的地位越来越高，从被压制的对

---

〔1〕 See Peter Wallington, *Reviewed Work: Labour Law and the Community: Perspectives for the 1980s by Lord Wedderburn of Charlton*, The Modern Law Review , Vol.46: 1, p.231 (1983).

〔2〕 See Hugh Collins, Keith Ewing & Aileen Mc Colgan, *Labour Law*, Cambridge University Press, 2012, p.98.

〔3〕 参见谢增毅:《我国劳动争议处理的理念、制度与挑战》，载《法学研究》2008年第5期。

象变成了被保护的对象，且其受保护的权利内容也越来越丰富。不得不说，这是劳动刑法健康发展的表现。[1]整体来说，西方各国对集体争议的处理是：对正当的集体争议，法律予以保护；而对不正当的集体争议，在处理上也有一定的偏向，会在一定程度上进行慎重处理和从轻处理。

5.引入轻罪制度

无论是大陆法系还是英美法系国家，在刑法中把犯罪分为重罪和轻罪是很常见的现象，有些国家进一步划分为重罪、轻罪和违警罪。例如，德国在其现行刑法中规定，犯罪分为重罪和轻罪，前者是指最低刑为一年或以上的自由刑的犯罪行为，而后者是指最高刑为一年以下自由刑或仅科处罚金的犯罪行为。美国《模范刑法典》第1.04条将犯罪分为四类：重罪、轻罪、微罪和违警罪，前三类被称为“实质犯罪”，其处罚后果均可能涉及剥夺人身自由，其中，处死刑或十年以上监禁刑的犯罪行为为重罪，十年以下监禁刑的为轻罪或微罪，第四类“违警罪”只能被处以罚金或其他民事制裁，而且“不产生有罪认定所引起的限制能力或者法律上的不利”。[2]俄罗斯现行刑法规定，轻罪是指刑法规定的最高刑罚不超过两年的剥夺自由的行为，中等严重的犯罪是指刑法规定的最高刑罚不超过五年的剥夺自由的行为，严重犯罪是指最高刑罚不超过十年的剥夺自由的行为，特别严重的犯罪是最高刑罚超过十年的剥夺自由或更严

〔1〕 See Robert Upex & Richard Benny, *Employment Law*, Oxford University Press, 2009, p.9.

〔2〕 美国法学会编：《美国模范刑法典及其评注》，刘仁文等译，法律出版社2005年版，第8~9页。

重的行为。[1]意大利也将犯罪分为重罪和违警罪两大类，并分别进行了分编。可见，虽然各国对轻罪和重罪的划分不尽相同，有采取二分法的，有采取三分法的，也有采取四分法的；且各国对轻罪和重罪划分的标准也不同，大多数国家是以剥夺自由的期限作为二者的划分标准，也有的国家是以刑罚种类为划分标准，然而不管如何，将犯罪作出轻罪和重罪的划分是世界通行的做法，其成功经验可资借鉴。这一制度的优势，在劳动刑法方面体现得尤其明显。劳动刑法是劳动法和刑法交叉的法律部门，兼具社会法和公法的特征，所规定的犯罪都是劳动法律法规中比较严重的违法情况。雇佣者在劳资关系中处于强势地位，因此劳动刑法对雇佣者一方的规制要相对更多一些。西方国家在劳动刑法中对雇佣者的规制，除极其严重的行为，如强迫劳动和劳动安全犯罪之外，有很大一部分采取的也是轻罪制度。例如，《瑞士联邦刑法典》中滥扣工资罪的刑罚是一年以下的监禁刑或罚金刑，《法国刑法典》中就业歧视罪的刑罚是两个月以上至一年的监禁并处两千至两万法郎的罚金，或者仅二罚一；《德国刑法典》中截留和侵占劳动报酬罪以及其他侵害劳动者休息休假权、社会保障权、涉及妇女或未成年职工特殊劳动保护等方面的犯罪均属于轻罪的范围。对于劳动者实施的正当的集体争议，西方国家主要采取免除刑事责任的处理方式，但是不正当的罢工等集体争议并不能阻却违法性，在倾斜保护原则的指导下，西方国家主要对其采取轻罪制度。例如，《日本刑法典》第107条规

[1] 参见《俄罗斯联邦刑法典》，黄道秀等译，中国法制出版社1996年版，第8页。

定:“在多人为了实施暴力或胁迫行为而聚集的情形下,有权公务员发出三次以上解散命令但仍不解散的,对首谋者处三年以下惩役或者监禁,对其他人处十万日元以下罚金。”《法国劳动法典》规定:“某些非法罢工,将承担两千至一万五千元的罚金。”[1]该法典第L152-7条规定:“企业之任何经理或受雇于企业的任何受薪雇员,泄露或企图泄露某项制造秘密的行为,处两年监禁并处两万法郎的罚金。”[2]但是,劳动者的罢工等集体争议,也可能涉及刑法典中的普通罪名,如故意伤害生命罪、威胁罪、勒索罪、侵犯人身之违警罪、侵犯财产之违警罪,其中有重罪也有轻罪,不过对于劳动者的自救犯罪来说,应尽可能实行倾斜保护。

(二)国内劳动刑法研究现状

相比上述西方国家,劳动刑法在国内的情况却并不那么乐观。长久以来,我国的劳动刑法研究并未受到学界的重视,文献上的探讨也远远不足。直到2005年7月,《工人日报》刊载《劳动刑法系列谈》,陈兴良、常凯、黄京平、陈步雷和郑爱青等五位学者对劳动刑法发表了自己的见解。陈兴良在文章《对劳动权利的刑法保护造就了劳动刑法》中首先以保护劳动关系的法律背景为切入点,提出如下四点意见:一是劳动关系已经随着市场经济的变化而变化,因此劳动法律也应该变化;二是保障劳动者的劳动自由是保护劳动关系的核心问题;三是劳动关系的法律保护须是综合性的,而非单一的;

---

〔1〕《法国劳动法典》,罗结珍译,国际文化出版公司1996年版,第289页。
〔2〕《法国劳动法典》,罗结珍译,国际文化出版公司1996年版,第127页。

四是劳动刑法的概念与刑法相关的问题。[1]常凯则在其文章《劳动争议法制化亟须建立劳动刑法学》中指出，我国劳动法制尚不完善，劳动法学者和刑法学者应该联合起来研究这个问题，共同为建立中国的劳动刑法学而努力。[2]其余三位学者也都认为应该建立一门以"劳动犯罪"为研究对象的新学科，即劳动刑法学。此次"劳动刑法系列谈"是国内刑法学界和劳动法学界首次提出"劳动刑法"的概念，意义非凡。然而，遗憾的是，学界并没有因此而把更多目光投向劳动刑法，时至今日，劳动刑法依旧只是一个模糊的概念。

笔者梳理了近年来国内学者对劳动刑法的研究，我们可以大致把研究成果分为以下几个方面：

1.研究国外的劳动刑法相关理论

如上所述，日本、德国等国家的劳动刑法研究已经取得相当不错的成就。2001年，张天虹、邢曼媛介绍了国际人权公约中劳动权刑法保护的内容。姜涛于2009年发表《劳动刑法：西方经验与中国建构》一文，详细回顾了西方劳动刑法的发展经验，并对我国劳动刑法的建构提出三点看法：首先要确立倾斜保护原则；其次要确立新的罪刑结构；最后要采取以附属刑法为主的立法模式。[3]张勇于2011年在《劳动刑法：侵权与自救的刑事一体化研究》一书中回顾了日本在劳动刑法研究上的经验。此类对发达国家劳动刑法的相

[1] 参见陈兴良：《对劳动权利的刑法保护造就了劳动刑法》，载《工人日报》2005年7月18日，第3版。

[2] 参见常凯：《劳动争议法制化亟须建立劳动刑法学》，载《工人日报》2005年7月18日，第3版。

[3] 参见姜涛：《劳动刑法：西方经验与中国建构》，载《环球法律评论》2009年第2期。

关文献、立法经验以及理论介绍的研究还很多。

2.探讨我国劳动刑法的理论基础，提出建立独立的劳动刑法学

姜涛、刘秀在《劳动刑法若干问题研究》一文中提出关于劳动刑法的价值诉求、法益目标和学科地位的问题。[1]夏勇在《我国的劳动争议与刑法》一文中提出我国刑法在劳动争议方面存在立法缺失，有关行政法规的内容却体现出对该问题进行刑事立法的必要性——这种错位给司法实践带来困难，应把行政法规的相应规定上升为《劳动法》中的附属刑法条款并在范围上加以充实。[2]姜涛在《论劳动刑法的建构及其法理》一文中认为劳动犯罪的特殊性内含着“刑法倾斜保护”的规律，该规律的客观存在使得劳动刑法的建构成为必要。对该规律的认识和自觉运用，必将引起对刑法结构的重新调整——以“相对强制性规范”调和劳动犯罪与经济组织侵犯劳动法益的犯罪之间的矛盾。[3]姜涛还在《劳动刑法：概念模型与立论基础》一文中提出了劳动刑法的起源与发展、核心命题、基本结构及研究方法等基本能解释劳动刑法的概念模型；[4]在《劳动刑法：理念转变与立法完善》一文中他认为在劳动法治之下，劳动刑法的基本理念应实现从法治国家理念到福利国家理念、从形式法治理念到实质法治理念、从国家优位理念到社会优位理念、从强势公平理念到弱势公平理念的根本转变。以这些更新的理念为根基，劳

---

〔1〕 参见姜涛、刘秀：《劳动刑法若干问题研究》，载《河北法学》2007年第4期。

〔2〕 参见夏勇：《我国的劳动争议与刑法》，载《中南林业科技大学学报（社会科学版）》2007年第1期。

〔3〕 参见姜涛：《论劳动刑法的建构及其法理》，载《中国刑事法杂志》2007年第5期。

〔4〕 参见姜涛：《劳动刑法：概念模型与立论基础》，载《政治与法律》2008年第10期。

动刑法立法随之也应该发生一些基本变化，即理性定位工会在劳动刑法中的合法地位，协调刑法与劳动法之间的冲突，理顺不同劳动犯罪之间的罪责矛盾；[1]《劳动刑法：学术视域与核心命题》一文则分别从劳动刑法的中国语境、劳动刑法的罪刑结构、劳动刑法的价值取向以及劳动刑法的核心命题四个方面加以论述，指出中国现行的劳动刑法研究存在三重断裂现象：认识断裂、话语断裂以及制度断裂；[2]而《劳动刑法研究三题——知识产权立法的“中国奇迹”》一文则指出，就劳动刑法理论的本原意义和结构对象这一逻辑阈限而言，国内任何关涉劳动刑法制度建构的努力都超越不了“概念论”“规范论”“立法论”三个至关重要的理论维度。[3]孙燕山、孙风君也在《适时加大刑法对劳动关系调整的探析》一文中，论证了刑罚介入劳动关系的调整之中是社会发展到一定历史阶段的必然产物。[4]张铖等在《劳动刑法的机能探析》一文中指出，在以调整集体劳动关系为主的现代劳动法制社会，可以引入法的价值位阶作为参判标准，将劳动刑法的机能划分为自由保障机能、正义矫正机能、规范维护机能三大类。[5]

---

〔1〕 参见姜涛：《劳动刑法：理念转变与立法完善》，载《法学论坛》2009年第2期。

〔2〕 参见姜涛：《劳动刑法：学术视域与核心命题》，载《刑法论丛》2009年第3期。

〔3〕 参见姜涛：《劳动刑法研究三题——知识产权立法的“中国奇迹”》，载《法学评论》2010年第3期。

〔4〕 参见孙燕山、孙风君：《适时加大刑法对劳动关系调整的探析》，载《河北师范大学学报（哲学社会科学版）》2008年第1期。

〔5〕 参见张铖、唐树开、解音音：《劳动刑法的机能探析》，载《云南开放大学学报》2014年第3期。

3.试图建构劳动刑法的基本框架

姜涛在《劳动刑法视阈下集体劳资纠纷的刑法规制模式》一文中勾画出了劳动刑法视阈下刑法规制集体劳资纠纷的基本框架；[1]在《问题与出路：对我国劳动刑法出场形态的慎思》一文中他提出基于劳动刑法不同于传统刑法的特别属性，劳动刑法在中国出场之时主要应该实现对集体劳动争议行为的去犯罪化与轻刑化，对劳动者自救犯罪的适当非罪化与轻刑化，以及对雇佣者侵权型劳动犯罪的合理犯罪化和重刑化。[2]张勇在《劳动刑法视野下劳动用工违法犯罪的惩治与预防机制对策》一文中指出，要惩治和预防劳动用工违法犯罪，应当构建和完善劳动刑事处罚机制、宽严相济刑事政策机制、劳动法律体系衔接机制、司法协调救济机制等。[3]肖雄在《论劳动权刑法保护的内容与范围——中国劳动刑法建构的核心问题》一文中建构了劳动刑法的基本框架。[4]陈志强在其硕士论文《论劳动刑法的建构——以劳动权的保护现状为切入点》中试图从我国劳动者权益保护的现状出发去观察西方国家在这一领域的立法，分析劳动刑法的立法理念和将严重侵犯劳动者权益的行为入罪的根据以及在立法过程中可能会遇到的理论挑战，并根据国外的立法经验

---

〔1〕 参见姜涛：《劳动刑法视阈下集体劳资纠纷的刑法规制模式》，载《刑事法评论》2009年第2期。

〔2〕 参见姜涛：《问题与出路：对我国劳动刑法出场形态的慎思》，载《西南政法大学学报》2010年第5期。

〔3〕 参见张勇：《劳动刑法视野下劳动用工违法犯罪的惩治与预防机制对策》，载《河北法学》2008年第4期。

〔4〕 参见肖雄：《论劳动权刑法保护的内容与范围——中国劳动刑法建构的核心问题》，载《刑事法评论》2010年第1期。

结合我国的实际情况探寻我国在这一领域立法的路径。[1]

4.思考劳动刑法的具体罪名设置

目前，我国刑法中与劳动刑法相关的罪名主要有《刑法修正案(四)》增加的“雇用童工从事危重劳动罪”、《刑法修正案(六)》修改的“重大劳动安全事故罪”、《刑法修正案(八)》修改的“强迫劳动罪”、《刑法修正案(八)》增加的“拒不支付劳动报酬罪”(俗称“恶意欠薪罪”)、《刑法修正案(十一)》修改的“强令、组织他人违章冒险作业罪”等。在中国知网，以“重大劳动安全事故罪”为关键词搜索可得218条结果，文章主要集中在2010年和2011年；以“强迫劳动罪”为关键词搜索可得41条结果，文章主要集中在2011年至2014年；以“强令、组织他人违章冒险作业罪”为关键词搜索可得34条结果，2015年和2016年的文章数量稍多；以“雇用童工从事危重劳动罪”为关键词搜索可得2条结果；以“拒不支付劳动报酬罪”为关键词搜索可得706条结果，文章主要集中在2012年至2015年。整体来说，关于劳动刑法已有罪名的研究不是很多，但是近几年对“拒不支付劳动报酬罪”的探讨不少。如2012年刘艳红在《当下中国刑事立法应当如何谦抑？——以恶意欠薪行为入罪为例之批判性分析》一文中提出恶意欠薪行为的入罪违背了刑法的谦抑性原则；[2]姜涛在《恶意欠薪罪若干问题探究》一文中则提出，《刑法

[1] 参见陈志强：《论劳动刑法的建构——以劳动权的保护现状为切入点》，山东大学2014年硕士学位论文。

[2] 参见刘艳红：《当下中国刑事立法应当如何谦抑？——以恶意欠薪行为入罪为例之批判性分析》，载《环球法律评论》2012年第2期。

修正案（八）》增设“拒不支付劳动报酬罪”（恶意欠薪罪）体现出刑法终于出面过问长期以来社会各界热议的“讨薪难”的问题。[1]诸如此类针锋相对的观点在这一罪名的讨论中不胜枚举，如2014年杨月、2013年辜洪勇、2011年何镖、2012年蔡吉恒、2012年田炜等都在文章中对“拒不支付劳动报酬罪”（恶意欠薪罪）的存废、完善等问题提出了自己的看法。从一定程度上来讲，如果哪一年刑法修正案对某个罪名进行修订，则该年或其前后几年的时间里，学者们就会对该罪名进行更多的研究，之后就又会淡下去。这一学术现象在劳动刑法相关罪名的研究中体现得淋漓尽致，因为这些罪名平时甚少被人关注。

除了对单个罪名的讨论，也有学者对劳动刑法具体罪名的设置进行体系性思考。徐武在《试论我国公民劳动权的刑法保护及完善》一文中，从个体劳动权、集体劳动权以及其他侵权型劳动犯罪三个方面归纳和分析了我国刑法对劳动权的保护及完善问题，并提出我国刑法应增设单独一章“侵犯公民劳动权利罪”，以加强对公民劳动权的刑法保护[2]，该文非常详细地阐述了劳动权的刑法保护和罪名完善的问题。韩桂君在《完善劳动者权益刑法保护的研究》一文中提出我国应增加以侵犯劳动者权益为客体的具体罪名，如增加社会保险诈骗罪、招用童工罪等。[3]

---

〔1〕 参见姜涛:《恶意欠薪罪若干问题探究》，载《法学论坛》2012年第1期。

〔2〕 参见徐武:《试论我国公民劳动权的刑法保护及完善》，载《福建广播电视大学学报》2015年第2期。

〔3〕 参见韩桂君:《完善劳动者权益刑法保护的研究》，载《中国劳动》2016年第6期。

相较而言，西方国家在劳动刑法领域的研究已经步入成熟阶段，在立法和司法方面也已经取得了丰硕的成果，而我国劳动刑法的研究尚处于起步阶段。近年来，也有很多学者在不断努力，已经取得了一定的研究成果，但我们仍然不能否认，对劳动刑法的研究依然未能引起学界的足够重视。虽然现在有部分学者，如姜涛、张勇等致力于该领域的研究，但在学界引起的共鸣却很少。通过分析我国劳动刑法的研究概况，笔者发现我国对劳动刑法的研究存在以下问题：

第一，对大陆法系如日本和德国的劳动刑法的理论研究较多，而对英美法系劳动刑法的研究则较少。目前，我国在该领域的专著主要有姜涛的《劳动刑法制度研究》和张勇的《劳动刑法：侵权与自救的刑事一体化研究》，这两部著作也主要是以日本和德国的劳动刑法为研究对象，对其他国家的情况涉及甚少。英美法系国家的劳动刑法制度也应成为研究的对象，以博采众家之长，补自家之短。

第二，对西方国家劳动刑法的文献研究及经验介绍，主要集中于对劳动刑法学的基础理论以及与其相关立法情况的整体介绍，对具体罪名的立法和司法问题甚少涉及。例如，尚未见到关于拒不支付劳动报酬罪、强迫劳动罪以及重大劳动安全事故罪等具体罪名的专门研究与介绍。劳动刑法的基础理论研究固然重要，但研究建立在此基础上的具体罪名亦同样重要，因为其对立法和司法具有更为重要的指导意义。

第三，对我国劳动刑法的研究方向与对西方国家劳动刑法的研究方向恰恰相反。目前,我国大部分学者对本土劳动刑法的研究较多关注于对具体罪名的研究,如前所述,在每次刑法修正案出台前后涉及劳动刑法相关罪名时,会有学者对此进行专门研究。近年来,关于拒不支付劳动报酬罪、强迫劳动罪等新增或修正罪名的研究,不管是著名学者还是硕士生、博士生都有很多研究成果问世,争议和探讨也颇多。但是,关于我国本土劳动刑法理论的研究却较少,缺乏具有广度和深度的理论研究,建立起一套本土的劳动刑法理论体系仍需努力。

第四,劳动法与刑法这两个学科的交叉和联系不够紧密,二者的综合研究尚需进一步加强。劳动刑法,顾名思义,涉及劳动法和刑法两个领域。而在我国,劳动法属于社会法,刑法属于公法,二者有着难以逾越的鸿沟,两个学科的学者们都在各自的领域内辛勤耕耘,但是却甚少联系,双方之间的对话频率较少,且缺乏深度。如此一来,劳动刑法的研究难以推进。

综上所述,在我国目前的法学研究中,关于劳动刑法的研究正处于起步阶段,缺乏一套精当的、能准确描述劳动刑法的概念和术语体系,更是缺少系统的劳动刑法方面的法律体系。虽然目前的法学文献中确实有很多劳动刑法相关的要素和术语,如劳动权、劳动保护、劳动犯罪和倾斜保护等,但是大部分文献并没有清晰界定这些概念和术语的内涵和外延,其语义十分模糊,用途十分含混。而且,现有的劳动刑法也十分散乱,不成体系。因此,劳动刑法领域还有很大的空间值得我们去努力探索和研究。

四、研究思路与方法

(一)研究思路

劳动刑法目前在我国是一个方兴未艾的研究领域,其涉及的内容也十分宽泛,因此本书不可能做到面面俱到。首先,本书从劳动刑法的研究背景入手,分析劳动刑法的研究必要性和当前国内外劳动刑法研究的现状。本书认为,我国当前研究劳动刑法具有现实需要、价值需要和理论发展需要,西方国家劳动刑法研究的路径可以成为我国劳动刑法的借鉴,其主要经验有:以倾斜保护为基本原则、采取以附属刑法为主的立法模式、严格区分侵权型劳动犯罪和自救型劳动犯罪、对集体争议有明确的判断标准、引入轻罪制度。这些经验对我国的劳动刑法起到启迪作用。然后对劳动刑法及其相关概念进行界定,追溯劳动刑法的起源与发展,以及它在保护原则、调整范围和被规制主体等方面的特殊性和需要把它从传统刑法中(相对)独立出来的必要性。

其次,介绍我国劳动刑法的立法沿革,目前劳动刑法的罪名体系以及其立法特色和存在的问题。因此,本书第二章在介绍刑法典、附属刑法和我国所加入的国际人权公约中的劳动刑法规范的基础上,分析我国侵权型劳动犯罪和自救型劳动犯罪的罪名体系,从正反两方面评析我国目前的劳动刑法的立法状况。

再次,着眼于我国劳动刑法的司法适用现状,从侵权型劳动犯罪和自救型劳动犯罪两类犯罪的司法适用出发，运用实证研究的方法，以劳动刑法相关罪名的裁判文书为研究样本对其定罪量刑进行分析，得出我国劳动刑法在司法适用方面存在着具体罪名适用标准不一、倾斜保护原则未能落实和对集体争议的非罪化欠缺等问题的结论。

又次，分析我国劳动刑法在立法和司法上存在的问题是为了能更好地完善它。第四章是关于我国劳动刑法的立法完善，要明确倾斜保护原则，应该将劳动权作为独立的法益保护对象，在立法上应采取散在型附属刑法的立法模式，并从拓宽劳动刑法的保护范围、扩大劳动刑法的犯罪主体、增设危险犯、加强轻罪立法等方面来完善劳动刑法罪名体系。

最后，在司法方面，我国的劳动刑法应从贯彻落实宽严相济的刑事政策、进一步规范劳动刑法的刑罚及其执行以及加强劳动刑法司法与行政执法的衔接等方面加以努力。

本书最后是对全书观点的一个小结，并指出通过刑法调整劳动关系，是社会发展到一定历史阶段的必然产物。我国的劳动刑法理应成为一门显学，不应该被边缘化。

（二）研究方法

鉴于劳动刑法兼具理论性和实践性的特点，以及西方国家在该领域的领先情况，本书拟采取以下几种主要研究方法。

1.文献回顾法

在开始劳动刑法领域的研究之前，需要调研大量的研究成果，掌握该问题的研究现状，才能“站在巨人的肩膀上”开展更好的研究。因此，本书大量收集、整理国内外关于劳动刑法的文献、相关案例、统计数据等资料，力求资料全面真实。文献的来源主要包括学术论文、专家著作、法条、司法解释以及网络资源等。对这些文献的回顾，为本书提供了研究的理论基础，使本书能尽可能地向前迈进一步。

2.比较研究法

知识来源于比较，如果不考察一个国家与其他国家的区别，则不可能真正了解这个国家，也不可能真正达到借他山之石，琢己身之玉的目的。经过研究西方国家劳动刑法的立法和司法实践，梳理可资借鉴的立法和司法经验。运用比较研究的方法，可以使东西方劳动刑法发展的整体情况更为清晰，为分析我国劳动刑法的法律规范、反思我国在该领域内的立法和司法等实践情况，以及未来的继续发展提供参照与启迪。

3.实证研究法

对劳动刑法的研究，并不是单纯理论上的研究，而是应该来源于实践，并运用于实践。为了反映我国司法实践中劳动刑法在定罪量刑中存在的问题，本书共选取了人民法院约300例刑事裁判文书作为实证研究的样本，以真实的数据来展现我国劳动刑法领域内的司法状况。因此，选择该种分析方法有助于增强研究的客观性，体现选题的现实意义。

第一章　劳动刑法概述

本章要解决的问题是，如何界定劳动刑法及相关术语，劳动刑法是如何起源与发展的，具有什么特殊性，为什么要单独进行研究，以及构建劳动刑法的基础是什么。

第一节　劳动刑法的概念及相关术语的界定

美国著名的法学家埃德加·博登海默（Edgar Bodenheime）认为，对概念的严格限定是清楚且理性思考法律问题的前提。[1]要研究劳动刑法，首先要对劳动刑法的概念进行界定。与劳动刑法相关的概念还有劳动权、劳动关系、劳资冲突、集体争议、侵权型劳动犯罪和自救型劳动犯罪等。

---

〔1〕［美］E.博登海默：《法理学：法律哲学与法律方法》，邓正来译，中国政法大学出版社1998年版，第482页。

一、劳动刑法的概念

在导论中已经提及，西方国家在劳动刑法领域已经取得了不少成就。关于劳动刑法的概念，最初涉及的专著是日本学者神山欣治1951年出版的《劳动刑法》，但他仅仅是提出了这个概念，并没有准确定义其内涵与外延。同时期的日本劳动刑法学者莊子邦雄认为劳动刑法分为狭义和广义的劳动刑法。前者是指在违反了劳动法律法规时，也违反了与劳动关系本身相关联的刑法的行为，根据刑法的规定予以制裁。而后者指的是，劳动者违反的并不是特地为劳动关系所制定的刑法，而是普遍意义上的刑法。〔1〕但是，无论是狭义还是广义上的劳动刑法，均是通过刑罚手段来调整劳资关系的法律法规，不仅包括刑法也包括劳动法律规范中的相关条款。〔2〕我国台湾地区的劳动刑法学者黄越钦先生也认为劳动刑法有广义和狭义之分，前者是指“通常的刑事实体法规范”，而“这些刑事规范并不是专门为了劳动法规范而直接设立”；狭义的劳动刑法则是指专门为了劳动关系而设立的刑法规范。〔3〕毫无疑问，莊子邦雄与黄越钦关于劳动刑法在狭义和广义上的区分，为如何定义劳动刑法提

〔1〕 参见莊子邦雄『労働刑法（総論）』（有斐阁，1975年）21頁。转引自张勇：《劳动刑法：侵权与自救的刑事一体化研究》，上海人民出版社2011年版，第46页。

〔2〕 参见莊子邦雄『労働刑法（総論）』（有斐阁，1975年）64頁。转引自张勇：《劳动刑法：侵权与自救的刑事一体化研究》，上海人民出版社2011年版，第46页。

〔3〕 参见黄越钦：《劳动法新论》，中国政法大学出版社2003年版，第38页。

供了一个非常重要的视角。但是，这种区分方式却使得对劳动刑法的定义出现了矛盾之处。前者认为，劳动法律中的劳动刑法规范应该属于刑法规范；而后者认为，这种规范应该属于劳动法的组成部分。〔1〕我国学者姜涛通过对比国内外多个关于劳动刑法的概念，并从刑法内与刑法外、广义上与狭义上、事实域与价值域等方面进行区分，将劳动刑法界定为："以预防劳动犯罪与规范劳动者的罢工等集体争议为目的，以相对强制性规范为规范形态，以"轻轻重重"的罪刑结构安排为规范模式的一种复合法律规范体系。"〔2〕该概念吸收了中外法学家们对劳动刑法研究的成果，并且加入了自己独特的思考，比较深刻、全面，也是我国学者首次在专著中明确界定劳动刑法的概念，应该说是具有里程碑意义的。但是，具体来说，劳动刑法到底应该包括什么，还不够明确。

由于笔者水平所限，无法创造出更为科学的劳动刑法的概念，只能在总结上述各位学者观点的基础之上，批判吸收，提出一点自己的想法。笔者认为，界定一个概念，应该包括其调整对象、领域、手段、目的、规范特性及地位等方面的内容。基于此，劳动刑法可以被界定为：在劳资关系领域内，以解决劳资冲突为目的，以刑罚为主要手段来预防和惩治劳资双方因劳资冲突而引发的犯罪的具有相对独立性的法律规范体系。由该概念可知，劳动刑法的调整对象是因劳资冲突而发生的犯罪，调整领域是在劳资关系领域，调整手段是以刑罚为主要手段，目的是预防和惩治劳动犯罪，规范特性

〔1〕 参见姜涛：《劳动刑法制度研究》，法律出版社2013年版，第151页。

〔2〕 参见姜涛：《劳动刑法制度研究》，法律出版社2013年版，第154页。

是强制性。在此需要特别说明的是其“相对独立”的地位，该问题会在“劳动刑法的特殊性”一节中进行说明。

那么，根据上述概念，劳动刑法到底包括哪些内容呢？

上述劳动刑法的概念并不排斥广义和狭义这两种劳动刑法的区分。姜涛认为，广义的劳动刑法是指刑法中与劳资争议相关的所有罪名，比如聚众扰乱社会秩序罪、故意伤害罪等，这些罪名并非专门针对劳资双方，而是针对一般主体设置的罪名，如果劳资双方在劳动关系中实施了以上犯罪，则同样会构成上述犯罪。狭义的劳动刑法指的是专门针对雇佣者侵犯劳动者的劳动权所设立的罪名，如强迫劳动罪、拒不支付劳动报酬罪等，这类犯罪有着特定的主体，即雇佣者。〔1〕笔者认为，姜涛对劳动刑法的划分方式具有一定的合理性。但是，姜涛所说的外延仅仅涉及罪名，笔者认为还应该包括相应的刑罚，否则将会与前文所界定的劳动刑法的概念互相矛盾。而且，一般情况下，狭义的劳动刑法应该包含于广义的劳动刑法之中，而该学者却将它排除在外。因此，笔者在批判吸收的基础之上对广义和狭义的劳动刑法的外延分别作出如下界定。

1. 广义的劳动刑法

广义的劳动刑法包含所有规定劳资关系领域内犯罪和刑罚的刑法规范。具体来说可以分为两种：(1)劳动权是唯一或主要客体的刑法规范。(2)劳资关系领域内的其他刑法规范，其规定包括了雇佣者侵犯劳动者其他权益的犯罪、劳动者个人和集体针对雇佣者

---

〔1〕 参见姜涛：《劳动刑法制度研究》，法律出版社2013年版，第155页。

的犯罪等。在此，需要注意的是，国家工作人员针对劳动者劳动权益的渎职犯罪则不属于劳动刑法的范畴，原因在于劳资关系仅指劳动者和雇佣者双方，国家工作人员在二者的关系中是监督或救济的角色，与本书所要探讨的劳资冲突并没有直接关系。

2. 狭义的劳动刑法

狭义的劳动刑法仅指上述广义劳动刑法中的第一种情况，即以劳动权为唯一或主要客体的刑法规范。广义的劳动刑法和狭义的劳动刑法的关系如图1-1所示。

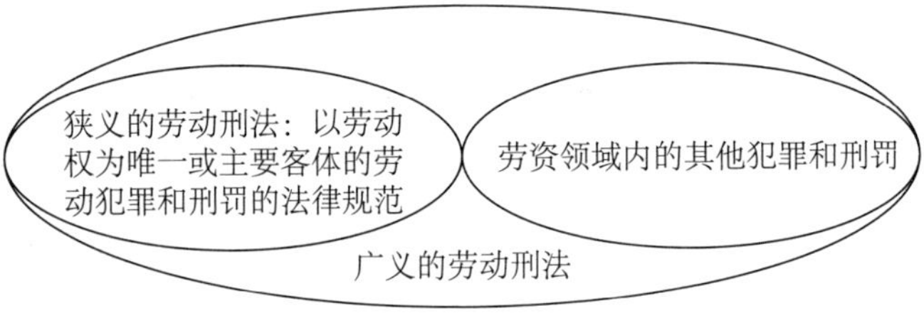

图1-1　广义的劳动刑法和狭义的劳动刑法的关系

将劳动刑法分为广义和狭义两种，是为了使劳动刑法的体系构建更有层次感，也使得本书的研究更有针对性。本书主要的研究对象是狭义上的劳动刑法，也即以劳动权为单一或主要客体的刑法规范，同时也包含与之对应的自救型劳动犯罪。

二、相关术语的界定

（一）劳动权

劳动权，作为基本人权之一，已经得到世界上绝大多数国家的认可。1948年《世界人权宣言》就规定了劳动权："人人生而有权工作，有选择职业的自由，并有权享受公正、合适的工作条件，且享受免于失业的保障；人人同工同酬，不受歧视；每一个工作的人都可以得到社会保障，有参加工会的权利，并享有休息和带薪休假的权利。"〔1〕《世界人权宣言》给世界各国做了表率，因此世界上绝大多数国家也将该项权利规定于宪法之中，如意大利、希腊、葡萄牙、日本等国均在宪法中规定劳动权是一种基本权利，受法律保护。我国的1954年《宪法》、1975年《宪法》、1978年《宪法》和1982年《宪法》均无一例外对公民的劳动权进行了规定。1994年出台的《劳动法》将《宪法》赋予公民的劳动权进行细化和具体规定，对我国劳动者依法享有的就业权、休息休假权、劳动安全卫生权、职业技能培训权、社会保险和福利权等进行了明确规定。〔2〕

关于劳动权的定义，也有狭义和广义之分。前者是指劳动者获得与选择工作岗位的权利，等同于工作权和就业权。〔3〕学者沈同仙认为，劳动权是我国《宪法》所规定的公民所享有的基本权利，在世界范围内成为通用且具有特定含义的概念，指的就是工作权。〔4〕由此可见，狭义上的劳动权仅仅是从字面上进行解释，而广义的劳动权在内涵和外延上要广得多。有学者指出，广义的劳动权包括一切与劳动相关的由宪法和劳动法律法规所规定的权利。〔5〕如王全兴认

---

〔1〕《世界人权宣言》第23条第1项。

〔2〕参见1994年《劳动法》第3条。

〔3〕参见黎建飞：《劳动法的理论与实践》，中国人民公安大学出版社2004年版，第152页。

〔4〕参见沈同仙：《劳动权探析》，载《法学》1997年第8期。

〔5〕参见冯彦君：《劳动权论略》，载《社会科学战线》2003年第1期。

为，劳动权是法律所赋予劳动者的与劳动相关联的一切权利，即由法律保障的劳动者能够获得劳动机会并通过劳动获得与之相关的一切的权利。[1]也有学者将劳动权视为由劳动而产生或与劳动密切相关的一切权利[2]，由此将劳动保护、职业培训、休息休假等方面的权利纳入进来，使劳动权的内涵得到极大的扩大，不过该观点仍然忽略了集体劳动权，而仅限于个体劳动权。而有一些学者将广义的劳动权分为个体劳动权和集体劳动权。通过个人实现的劳动权即为个体劳动权；通过集体协商或组织才能实现的劳动权为集体劳动权。[3]按照此分类，平等就业和选择职业的权利、获得劳动报酬的权利、获得劳动安全卫生保护的权利、获得休息休假的权利、接受职业培训的权利、享受社会保险和福利的权利等均属于个体劳动权；而结社权、罢工权、参与权和集体谈判权等就属于集体劳动权。[4]个体劳动权和集体劳动权的划分，使劳动权的内涵有了进一步突破，其涵盖的范围更为宽广和清晰。也有学者认为，劳动权应分为未就业和已就业两大范畴：前者享有职业培训、就业辅导和服务的权利，后者享有争议权和工作环境权等。[5]此观点将"工作环境权"纳入劳动权的范畴，不得不说是人道主义在劳动权中的具体体现。总之，劳动权的内涵随着时代的进步，其范围也越来越广，是一个动

[1] 参见李步云：《人权法学》，高等教育出版社2005年版。

[2] 参见沈同仙：《劳动权探析》，载《法学》1997年第8期。

[3] 参见叶静漪、魏倩：《〈经济、社会和文化权利国际公约〉与劳动权的保护》，载《北京大学学报（哲学社会科学版）》2004年第2期。

[4] 参见常凯：《WTO、劳工标准与劳工权益保障》，载《中国社会科学》2002 年第1期。

[5] 参见黄越钦：《劳动法新论》，中国政法大学出版社2003年版，第58~59页。

态的、变化中的概念。目前来说，广义的劳动权是建立在狭义的劳动权的基础之上的，依据法律、法规以及劳动合同的规定，劳动者所获得或应当获得的一切权利，包括工作权、职业安全权、休息权、职业培训权、社会保障权、工作环境权、结社权、罢工权、劳动争议救济权、民主管理权等内容。

（二）劳资关系、劳资冲突和集体争议

劳资关系中需要调节的内容是劳资冲突与集体争议。因此，界定好劳资关系、劳资冲突和集体争议这三个概念才能更好地定义劳动刑法。

1. 劳资关系

在笔者所查阅的文献中，劳资关系有多种名称，比如劳动关系、雇佣关系、产业关系、劳工关系等。在此，笔者统一使用“劳资关系”来表示。马克思认为，劳资关系是建立在生产资料私有制基础之上，存在于雇佣者和劳动者之间不可调和的阶级矛盾，劳动者要减轻雇佣者对自己的剥削，就要通过工会组织起来，运用集体谈判和罢工等手段来解决。[1]亚当·斯密也在《国富论》中对劳资关系进行了阐述，他认为在文明社会中，虽然劳动有分工，分配却不平等，这些负担社会最艰难劳动的人，所得到的反而最少。[2]由此可见，在市场经济中，劳方和资方是天然对立的，劳资冲突是劳资关系的主

---

〔1〕 参见中共中央马克思恩格斯列宁斯大林著作编译局编译：《马克思恩格斯全集》（第19卷），人民出版社2006年版，第282页。

〔2〕 参见［英］坎南编著：《亚当·斯密关于法律、警察、岁入及军备的演讲》，商务印书馆1962年版，第179页。

要表现形式。西方的经济人假设理论认为，每个人都会不自觉地追求一定条件下自身利益的最大化，在此过程中，各经济主体充分竞争，适者生存，优胜劣汰。[1]可以说，只要存在劳资关系，就必然存在劳资冲突，二者的对抗不可消灭。

由于生产力水平的限制，我国现阶段并不能消灭雇佣劳动。目前我国劳资关系主要有国有企业中的劳资关系、私有企业中的劳资关系和外资企业中的劳资关系。由于私有企业中的劳资矛盾较为剧烈，因此在本书中，主要聚焦于私有企业中的劳资关系。

私有企业的典型特点有：一是资本属于私人所有；二是私人企业主给劳动者支付工资；三是其根本目的是盈利。一方面，私有企业内部劳资关系主体十分复杂，但是由于其生产资料归私人所有，相较于国有企业而言，劳动者与资本所有者之间的利益关系呈现出明显的对抗状态。另一方面，由于资本对利润的追逐，我国私有企业"资强劳弱"的现象十分严重，而目前我国的劳动法律制度并不完善，对劳动者合法权益的保障并不周全，劳资矛盾十分突出，但整体而言，这种劳资矛盾是人民内部矛盾，是可以通过相关政策和法律来协调的。

2. *劳资冲突*

关于劳资冲突（亦称作劳资矛盾、劳资纠纷、劳资争议等）的定义存在以下几种观点：（1）最基本的观点认为，劳资冲突是指劳动者与雇佣者之间的利益冲突。该观点没有揭露出劳资冲突的具体形

---

〔1〕 参见刘景章：《论劳资冲突的根源与消解》，载《甘肃社会科学》2004年第3期。

式和广泛内容。(2)有学者提出,劳资冲突是指劳资矛盾和纠纷的激化与公开化,劳资双方以集体争议、集体行动或者其他特定方式来表达自己的诉求并争取自己的权益的行为。在我国,劳资冲突又称为"突发事件",表现方式主要有罢工、上访、静坐、示威、游行和集会等。[1]将劳资冲突理解为一种扰乱社会秩序的集体行为,认为该种行为影响社会稳定,这种观点只看到事情的表面却忽视了个人与企业之间的矛盾。(3)第三种观点认为劳资冲突是经济斗争的一种手段,是劳资双方因经济利益问题产生矛盾和矛盾发生激化的外在表现。[2](4)也有学者认为劳资冲突包括广义上的劳资冲突和狭义上的劳资冲突。广义上的劳资冲突是指雇佣者和劳动者因劳动关系所发生的一切纠纷,而狭义上的劳资冲突是指雇佣者与劳动者因劳动权利和义务发生分歧而产生的冲突。[3]

本书认为对劳资冲突这个概念没有必要进行如此严格、细致的划分,雇佣者与劳动者(或群体)因劳动关系发生的一切纠纷都是劳资冲突,主要有罢工、上访、围堵、静坐、游行、示威、集会等表现形式。

马克思认为,人是一切社会关系的总和。社会人属性将劳资双方从对立中解放出来,双方不仅仅是雇主与雇工的雇佣关系,而且是平等的伦理主体,在"冲突中合作,斗争中增长"。[4]对于我国目

---

〔1〕 参见常凯:《劳资冲突处理法制化:构建和谐劳动关系中一项急迫的政治任务》,载《中国党政干部论坛》2006年第12期。

〔2〕 参见郭庆松编著:《企业劳动关系》,经济管理出版社1999年版,第254~260页。

〔3〕 参见汪仕凯:《劳资冲突的新趋势与治理政策的选择》,载《天津社会科学》2017年第4期。

〔4〕 参见刘景章:《论劳资冲突的根源与消解》,载《甘肃社会科学》2004年第3期。

前的劳资冲突，主流观点认为是非对抗性的，属于人民内部矛盾，而非敌我矛盾。常凯指出，劳资冲突发生的原因主要是劳动者的合法权利受到雇佣者的长期非法侵害，绝大多数的劳动者采取集体行动，并不涉及对新的利益的争取，而是基于法定或合同约定的权利提出诉求。因此，劳资冲突亦即权利之争。〔1〕于建嵘也指出，我国的集体争议或集体行动不能与群体性事件等同起来，集体争议或集体行动是一种维权活动，但不会威胁社会稳定，反而有助于促进社会长远的稳定。〔2〕

3.集体争议

集体争议在劳动刑法中是一个重要的概念，它是劳资冲突的一个表现形式，也是可能引起自救型劳动犯罪的一个原因。集体争议是劳动者群体与雇佣者在劳资纠纷中冲突激化的表现，是一种劳动者为维护自身合法权益而联合起来，要求雇佣者为其改善劳动条件和待遇的冲突表现形式。〔3〕常凯将劳动集体争议分为集体劳动争议、集体合同争议和集体行动三种类型。〔4〕本书对此不再赘述，仅介绍集体争议的具体特征。集体争议具有如下四个特征：(1)集体争议是自发的。主要表现在集体争议是劳动者基于共同的利益自发组织起来的，不是其他有组织或预谋的人发起的，也没有相关组织能预先引导和把握集体行动的发展方向。(2)集体争议是突发的。

〔1〕 参见常凯主编：《劳动法》，高等教育出版社2011年版，第543页。

〔2〕 参见于建嵘：《罢工不是群体性事件》，载《时代周报》2010年6月8日，第3版。

〔3〕 参见常凯主编：《劳动法》，高等教育出版社2011年版，第648页。

〔4〕 参见常凯主编：《劳动法》，高等教育出版社2011年版，第649页。

没有经过必要的调节，在政府和工会没有任何预防的情况下，劳动者突然采取了封路、抗议和罢工等手段，致使政府和工会在处理的过程中比较被动。(3)集体争议类型复杂。几乎所有的劳动争议类型都可能包含在集体劳动争议之中，大多数争议的产生是因为劳动者的合法权益受到侵害却得不到合理的解决。汽车、餐饮和纺织业等行业是集体争议的高发行业，争议的发生和发展并没有特殊的规律。(4)集体争议涉及面广。因为该类案件是集体性案件，涉及面较广，往往会波及整个企业或整个行业，而不仅是涉及个别劳动者。而且，事件发展过程中，争议人数会不断扩大。

(三)侵权型劳动犯罪和自救型劳动犯罪

市场经济条件下，我国的劳资冲突数量迅速增加，劳动领域内的犯罪现象层出不穷。张勇在其著作《劳动刑法：侵权与自救的刑事一体化研究》一书中将劳动领域内的犯罪分为劳动侵权犯罪和劳动自救犯罪，[1]为避免语义上的模糊，本书将这两类犯罪称为侵权型劳动犯罪和自救型劳动犯罪。侵权型劳动犯罪和自救型劳动犯罪的两个概念是在定义劳动刑法时需要用到的关键概念，在此进行定义如下。

1.侵权型劳动犯罪

在我国目前的刑法学研究理论中，暂时还没有关于侵权型劳动犯罪的定义和专门性研究，只有少数学者在进行这方面的探讨。尽

〔1〕 参见张勇：《劳动刑法：侵权与自救的刑事一体化研究》，上海人民出版社2011年版，第96页。

管如此，笔者认为侵权型劳动犯罪是劳动刑法中的一个重要概念。首先，侵权型劳动犯罪必然是发生在劳动过程之中，不管是否签署劳动合同，只要存在事实上的劳动关系，那么劳动者和用人单位之间发生的关系均在法律保护的范围之内，劳动者的录用、劳动过程中的安全和卫生以及劳动者应得的报酬等均在此列。其次，侵权型劳动犯罪是劳动领域内的犯罪，既违反了劳动法规，也违反了刑事法律，是对劳动法和刑法的双重侵犯。最后，此类犯罪大部分属于结果犯，也就是说只有当侵害行为产生了相应的构成要件结果时才构成犯罪。不过也有例外，在某些情况下，即使没有发生严重的后果，故意侵犯劳动者权益也可以构成犯罪，如强迫劳动罪，只要情节严重，就可以构成犯罪，而不要求已经造成了严重后果。因此，综合侵权型劳动犯罪的上述特征，将侵权型劳动犯罪定义为：在劳动关系存续期间，雇佣者违反劳动管理方面的法律法规，使劳动者的合法权益受到严重侵害，并触犯了刑法，依法应受刑罚处罚的行为。该类犯罪主要包括两种类型：(1)仅以劳动权为唯一或主要客体的犯罪，又叫作纯正的侵权型劳动犯罪，主要包括重大劳动安全事故罪、拒不支付劳动报酬罪等；(2)劳资领域内，雇佣者侵犯劳动者其他权益的犯罪，又叫作不纯正的侵权型劳动犯罪，如侮辱罪、故意伤害罪、非法拘禁罪、妨害公务罪、挪用资金罪等。

2.自救型劳动犯罪

与侵权型劳动犯罪相对应的是自救型劳动犯罪。自救型劳动犯罪主要包括个体劳动者自救引发的犯罪和集体争议引发的自救型劳动犯罪（见图1-2）。我国对自救型劳动犯罪的研究尚未形成气候，不过已有少数学者关注到这个问题。如张勇在《劳动刑法：侵权与自救的刑事一体化研究》一书中就对劳动自救行为进行了分析。他认为，劳动自救是指劳动者依靠自己和其他私人力量，采取行动，使自己被侵害的劳动权益得以实现或补偿的行为。[1]与劳动者自救犯罪相关的概念有劳动者维权犯罪，或劳动者维权不当犯罪，这三个概念表达意思相同，都指的是劳动者在自己、家人、亲属或朋友的合法权益被雇佣者非法侵害，或者事实上该侵害不存在但劳动者认为受到了侵害，通过个人暴力犯罪的方式去维护自身的利益，采取故意毁坏他人财物或殴打、伤害执行公务的干警等方式去发泄不满情绪。这类犯罪主要发生在侵犯人身权利、财产权利、危害公共安全或妨害社会管理秩序等方面，涉嫌的罪名主要有故意杀人罪、故意伤害罪、非法拘禁罪、抢劫罪、绑架罪、敲诈勒索罪、聚众扰乱社会秩序罪等。

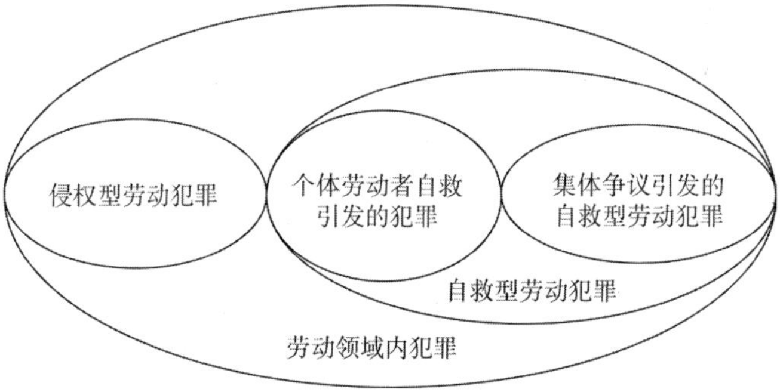

图1-2　劳动领域内犯罪类型

---

〔1〕 参见张勇：《劳动刑法：侵权与自救的刑事一体化研究》，上海人民出版社2011年版，第117页。

第二节　劳动刑法的起源与发展

有劳动刑法，就必然先有劳资关系；要追溯劳动刑法的起源，必要先追溯劳资关系的起源。劳资关系的产生源于资本主义的萌芽。在资本主义阶段，劳动成为榨取剩余价值的资本投入，因此劳资关系开始对立。而在长期的资本主义生产关系中，对资本的保护远远强于对劳动的保护，尽管劳资关系一直保持紧张状态，却长期未能形成颠覆性的劳动危机。因此，资本主义的产生并不能马上导致劳动刑法的产生，而是在劳资关系急剧恶化，将劳动权益的保障纳入法治范畴的时期，才能说劳动刑法已经产生。具体来说，劳动刑法经历了以下两个阶段，即劳动刑法的起源与劳动刑法的发展。

一、劳动刑法的起源

在西方国家，劳资关系的出现可以追溯到19世纪的产业革命时期，由于经济的发展，此时出现了一对不可调和的矛盾，即劳动力再生产与资本再循环之间相互对立的矛盾关系。资本主义社会的本质决定了法律只保护资本再循环而不保护劳动力再生产，以便更好地榨取剩余价值。在这个阶段，劳资关系属于“私权”，政府一般不予介入。[1]由于政府任其发展，不加管制，雇佣者就更加大胆地追逐利益，致使劳动者愈加处于弱势地位，最终愈演愈烈，劳动者达到忍无可忍的地步，采取了破坏机器等极端手段，导致劳资关系急剧对立。第一次世界大战结束后，西方社会面临着劳资关系不断恶化而引发大量犯罪的问题，也面临着生产方式转变的巨大挑战和金融危机的不断爆发等问题。如果不对劳资关系采取稳定的措施，社会和经济发展将难以为继，因此，在发达的资本主义社会，保护劳动者的利益必须放置于法治化的层面。也就是说，劳动法律关系的建立与发展成了资本主义国家必须考虑的问题。产业革命推动近代化的生产发展，也导致了劳资关系相互对立；而现代化的资本主义生产关系则是劳资关系既对立又统一、相互依存相互矛盾的基础。为了稳固资产阶级的统治，劳动刑法的观念和制度设计不得不产生。

马克思曾言“经济基础决定上层建筑”，外部经济环境的改变带来社会的不断进步，法律思想也随之而改变。在过去的资本主义生产关系里，单纯地把保护资本放在第一位，一味地榨取剩余价值，这种法律制度随着生产力的发展，已经不再适应社会发展的需要。首先，劳动者的基本权利如果不被维护，生产将难以为继，因此在发达的资本主义法律体系中，资产阶级开始承认应该维护劳动者的基本权利，劳动不再仅仅是榨取剩余价值的手段，而且是劳动者与

〔1〕 参见中共中央马克思恩格斯列宁斯大林著作编译局编译：《马克思恩格斯全集》（第23卷），人民出版社2006年版，第607页。

生俱来的基本权利。其次，资产阶级越来越认识到，社会发展的必由之路是由劳动来开辟的，而这不可避免地要求维系合理的劳动关系。最后，资本的固有本性是“唯利是图”，这是不会轻易改变的，它总会自觉或不自觉地破坏原本脆弱的劳动法律关系，导致劳资矛盾日趋严重。这些因素催生了劳动刑法的起源。

德国刑法学者戈特施米特（James Goldschmidt）于1902年出版的《行政刑法》中首次提到了劳动刑法的概念，[1]但是该书仅仅是初步涉及劳动刑法，并没有专门系统地进行论述。值得肯定的是，作者认识到了解决劳资冲突很有必要。直到20世纪30年代，劳资冲突到了难以控制的程度，资本主义国家才认识到，刑法必须把劳资关系纳入进来，于是最早的劳动刑法开始萌芽。

二、劳动刑法的发展

正如世界上的所有新生事物一样，劳动刑法的发展并不是一帆风顺的，在20世纪30年代劳动刑法萌芽不久之后，第二次世界大战爆发，于是劳动刑法的萌芽被“二战”暂时掐灭了。但是，由于“二战”期间纳粹分子的残暴罪行使人们更加意识到人权的重要性，在“二战”结束之后，法国刑法学者马克·安塞尔提出了“新社会防卫论”，[2]该理论的核心思想就是预防犯罪、保障人权，他也是继戈特

---

〔1〕 参见陈浩然：《应用刑法学总论》，华东理工大学出版社2005年版，第39页。

〔2〕 参见［法］安塞尔：《新刑法理论》，卢建平译，香港天地图书有限公司1990年版，第30页。

施米特之后第二次引导劳动刑法理论研究的先驱。新社会防卫论认为，社会防卫运动的展开应该遵循两个基本原则：一是传统的报复原则应该被反对；二是刑法应该坚定地站在保护权利、保护人类的立场，建立一个新的人道主义的刑事政策体系。〔1〕也就是说，刑法的设立并不仅仅是以惩罚犯罪为任务，而更应该注重保障人权。从此原则出发，马克·安塞尔的新社会防卫论为劳动刑法保障劳动者的权益提供了理论基础和思想渊源。

20世纪初，英国经济学家约翰·梅纳德·凯恩斯发表著作《就业、利息和货币通论》，提出了国家干预主义的经济政策。〔2〕在该理论中，他将保障劳动者最基本的权利上升到了国家经济政策的层面，而保障劳动者最基本权利的第一手段则是减少失业。这一理论无疑也是对劳动刑法的一个阶段性的发展。

20世纪中后期，工业革命如火如荼地展开，雇佣关系更为普及，劳动者的权利意识随之增强，劳动保护不再是意识形态上的模糊影像，而是切切实实成了现实生活中的一部分。日益激烈的劳资冲突使得劳动者的集体维权行动明显增多，这就推动了劳动刑法的迅速发展。〔3〕1949年日本颁布的《劳动组合法》规定，正当的集体维权行动不负刑事责任和民事责任，这就从法律上明确了劳动者的正当集体维权行为刑事责任免责，从而使劳动刑法在法律层面上得到了进

〔1〕参见[法]安塞尔：《新刑法理论》，卢建平译，香港天地图书有限公司1990年版，第31页。

〔2〕参见[英]约翰·梅纳德·卡恩斯：《就业、利息和货币通论》，徐毓枬译，北京时代华文书局2017年版，第231~243页。

〔3〕参见姜涛：《劳动刑法：概念模型与立论基础》，载《政治与法律》2008年第10期。

一步的扩展。

进入现代社会,劳动刑法的发展势不可当。一些经济发达的国家,如日本、法国、德国、美国等,为了加强对劳动犯罪的制裁力度,先后在基本刑法典、单行刑法或者附属刑法中规定了劳动刑法的内容。如日本著名的"劳动三法"(1948年的《劳动基准法》、1949年的《劳动组合法》和1954年的《劳动关系调整法》)、法国1973年的《劳动法典》、美国1963年的《同工同酬法》和1964年的《公民权利法》等相继发布,均详细规定了"劳动者犯罪"与"侵犯劳动者法益犯罪"的对应模式。[1]大量劳动刑法法律法规的颁布,意味着劳动刑法在发达国家已经成为一门显学,成为刑法学研究的核心问题之一。

从以上劳动刑法从萌芽到发展到如今发展成熟的历程来看,短短的几十年时间里,发达国家陆续以附属刑法等立法形式对各种各样的侵犯劳动权的犯罪进行了规定,以尽可能地为劳动者的安全与健康提供法治保障。

第三节 劳动刑法的特殊性

了解了劳动刑法的起源与发展之后,我们面临的一个问题是:

---

〔1〕 参见姜涛:《劳动刑法制度研究》,法律出版社2013年版,第101页。

为什么要把劳动刑法单独拿出来研究，它是否具有相对的独立性，其独立性和特殊性又表现在哪里？

我国《刑法》第4条规定了“刑法适用人人平等”的原则。然而，如前文所述，劳资关系中雇佣者与劳动者本就是不平等的关系，“资强劳弱”的极度不平衡关系注定了劳动刑法要突破传统刑法“人人平等”的原则，而要注意倾斜保护劳动者的合法权益，这个特点也注定了劳动刑法具有相对独立性。具体而言，劳动刑法具有以下特殊性。

一、保护原则的特殊性

“倾斜保护原则”原本是社会法中的一个基本原则。随着社会经济的发展，社会中出现极大的利益冲突和对立，即有产阶级和无产阶级的两极分化，社会矛盾日益尖锐。在充分的自由竞争过程中，出现了大量的弱势群体，社会矛盾进一步加剧。这就要求社会采取一定的手段对失灵的市场作出回应和矫正，从而对失衡的社会利益关系进行调整和再分配。法律是社会关系的调整器。我国刑法规定“刑法适用人人平等”，这种“人人平等”正是人们对正义的追求。最开始是形式平等，这种形式平等抽离了个体的身份、种族、年龄和财富等具体因素，而赋予全体公民以平等的人格和地位。然而，形式平等难免比较片面。它是一种抽象的平等，不考虑立足于现实起点上的各个具体的人是否具有对等的实力等前提条件，更不考虑自由竞争的结果是否可以达到实质的平等。在这种情况下，社会弱势群体的弱势特性被抽象的普遍人格所掩盖。[1]仅重视形式平等不利于对社会弱势群体利益的切实保护，而且在现实中会暴露出一些弊端，如社会弱势群体仅仅享有形式上的自由权，而实现这些自由权的手段往往无法保证；形式平等在现实差别面前会导致广泛的不平等，也会导致社会弱势群体处于无保护状态，其原因在于，形式平等的价值目标是绝对自由，这就排除了国家的干预，导致国家在弱势群体保护中缺位。

作为劳动法和刑法的交叉法律部门，劳动刑法兼具了“刑法适用人人平等”和“倾斜保护”两个基本原则的特点。劳动刑法是刑法的一个有机组成部分，必然也遵循“刑法适用人人平等”的原则；劳动刑法同时也是规范劳动关系的刑法，必然也要遵循“倾斜保护原则”，即在当劳动者的劳动权与雇佣者的自由权发生冲突的时候，刑法应该倾斜保护劳动者的劳动权。[2]因此，劳动刑法应以这两个原则同时作为指导，在立法层面上将对劳动者的保护加以重新调整，同时在司法层面上保持克制和坚守平等，并且在法律法规本身没有规定或规定不明确的地方，司法机关应根据“倾斜保护原则”在合法的范围内作出对劳动者更为有利的裁判。

根据我国《劳动法》和《劳动合同法》的立法内容可以总结出倾斜保护原则主要包含两个方面的内容：一方面是在雇佣者和劳动者之间出现冲突的时候，优先保护劳动者的合法权益；另一方面是

---

〔1〕 参见王家福、刘海年、李林主编：《人权与21世纪》，中国法制出版社2000年版，第224页。

〔2〕 参见姜涛：《劳动刑法制度研究》，法律出版社2013年版，第102页。

在一般的劳动者与特殊的劳动者之间出现冲突的时候，优先保护特殊劳动者的合法权益。这里的特殊劳动者主要是指妇女、未成年和残疾人劳动者等。当然，倾斜保护原则并不是无条件地保护劳动者，而是在弥补平等原则的不足，突破平等原则下所造成的形式上的平等，校正实质上的不平等，从而在实质上更好地保护弱势劳动者。从这个意义上来说，倾斜保护原则与平等原则并非冲突，而是更加有利于实现“弱势公平”，促进平等原则的实现。

二、调整范围的特殊性

我国刑法的调整范围非常宽泛，涉及社会的各个方面，从《刑法》的分则部分即可看出，其内容包含了国家安全、公共安全、市场经济秩序、公民人身和民主权利、财产、社会管理秩序、国防利益、贪污受贿、渎职和军人职责等方面。劳动刑法属于刑法的一个组成部分，其范围仅限于劳资关系领域。

社会不断变化，劳动权也随之不断发展，内容不断丰富，范围也不断扩大。在资本主义社会初期，劳动权主要是指法律层面确认的劳动权制度；19世纪80年代，劳动权则主要是指就业权或工作权。后来，受到人权意识的影响，一些国家和国际组织的立法规定将劳动权的内涵极大扩展，发展为以就业权为主导，以劳动报酬权、休息权、劳动保护权、福利权、民主管理权、团结权等相关权利为辐射的综合性权利。与此同时，还衍生出了职业自由、平等就业、反对强迫劳动、男女平等、保护女工、社会保险、弱势群体保护、按劳分配等含义。劳动权的范围随着时代的发展变得越来越广泛。

上述权利都属于劳动者的基本权利，关系到每一个劳动者及其家庭的生存与发展，是保障劳动者应有的尊严与价值的重要权利，同时也是我国当前所极力倡导的民生建设最应该关注的方面。党的十九大报告提出，我国必须坚持以人民为中心的发展思想。而劳动者正是我国人民最大的组成部分，其合法权益如果得不到有力保障，何谈坚持“以人民为中心”？因此，作为劳动刑法调整的范围，劳动关系领域是最能体现民生问题的领域，其特殊性和重要性无须多言。

三、被规制主体的特殊性

我国刑法中被规制的主体被分为自然人和单位两类，自然人犯罪主体是刑法中最具有普遍意义的犯罪主体，而具体到各个罪名，又对其犯罪主体的身份有着特定的要求。劳动刑法调整的是劳资关系，包括“劳”和“资”两个方面，“劳”毫无疑问是劳动力的所有者——“劳动者”，“资”可以是“资本所有者”，也可以是“资产所有者”，在本书中统称为“雇佣者”。简言之，笔者认为，劳资关系是指劳动者与雇佣者之间的经济利益关系，主要体现为二者在生产过程中的对立统一（合作与制约并存）以及对最终产品的占有和利益分配关系。劳动刑法规制的主体也是雇佣者和劳动者双方。雇佣者和劳动者既互相依赖，也互相对立，二者之间存在天然的不可调和的矛盾。雇佣者可能为了利益而侵害劳动者的合法权益，劳动者可能为了维护自身权益去实施针对雇佣者的犯罪。而真正导致二者关系特殊的根源在于二者经济地位的不平等。雇佣者和劳动者在经济地位上存在巨大差异，由此，在话语权等方面也存在着巨大差异。这种地位上的悬殊也会导致双方侵权的难易程度有所不同，雇佣者可以比较容易地侵犯劳动者的权益，劳动者为了保住工作多数会选择忍气吞声；当劳动者忍无可忍的时候就可能为了维权走上犯罪之路。这也就决定了雇佣者和劳动者这对劳动刑法所规制的主体必然与刑法中其他的被规制主体有所不同。因此，这对特殊的被规制主体各自所犯的罪行、面对的惩罚也应该是不一样的，在入罪和刑罚方面也理应有区别地对待。

第四节　构建劳动刑法的基础

劳动刑法的构建势在必行，但其构建必然是建立在一定基础之上的，绝不是无本之木，那么构建劳动刑法的理论基础、规范基础和现实基础分别是什么呢？ 本小节主要从这三个方面来探讨构建劳动刑法的基础。

一、理论基础

作为具有相对独立性的法律，劳动刑法必然是建立在一定的理论基础之上的。具体而言，劳动刑法因为其在保护原则、调整范围和被规制主体等方面的特殊性，其应该建立在社会优位理念、福利国家理念和实质平等理念的基础之上。

（一）社会优位理念

社会优位理念与国家优位理念紧密联系，二者是互相矛盾的关系。国家优位理念，顾名思义，就是把国家的利益和价值放在第一位，其他任何利益都为其让位。而社会优位理念则指的是以社会为根本立足点和价值取向的理念，以社会利益为第一位，强调对国家权力的制约，实现社会保护。也就是说，当国家利益与社会利益相冲突时，在这两种理念的支撑下就会出现完全相反的两种结果：在国家优位理念下，社会利益让位给国家利益，而在社会优位理念下，国家利益让位给社会利益。劳动刑法的特殊性在于强调对弱势劳动者的特殊保护，这无疑是建立在社会优位理念的基础之上的。正是因为体现了社会优位理念，劳动刑法从社会的角度出发，一方面极力强调对劳动权的刑法保护，另一方面则采取比较宽松的态度，放松对罢工等集体争议的管制。社会优位理念恰好契合了劳动刑法对劳资关系领域内犯罪的“强化管制”和“放松管制”的要求。在劳动者通过罢工等形式处理劳资争议时，劳动者必然会对社会秩序等造成一定影响，在这些不良影响发生的时候，如果仅仅强调优先保护国家利益，而丝毫不考虑对弱势劳动者合法利益的优先保护，把正当的出于维权目的的集体争议纳入犯罪的规制范畴，那么无疑是一种对社会利益的损害。在社会优位理念之下，劳动刑法应当一方面保持中立，对劳动者正当的集体劳资争议进行非犯罪化处理；另一方面应当对劳动者和雇佣者实施的劳动犯罪，采取区别对待，适当地对劳动者权益进行倾斜保护。

(二)福利国家理念

福利国家理念认为，国家的目的除维护社会秩序与国家安全之外，还有一个“文化和福利”的目的。“文化和福利”的目的使得福利国家理念成为劳动刑法得以形成和发展的重要理念支撑。在福利国家理念之下，立法者所扮演的角色就是通过设立法律制度来维护社会治安，其中的机制就是合理限制社会强者所拥有的无限制的自由，而保护社会弱者极易被侵犯的合法权利，并在一定范围之内实现二者之间利益的平衡。根据这个理念，弱势与贫穷并非弱者与贫者个人的问题，而是整个社会的原因，需要社会承担起责任，作为一个整体来共同解决这些问题。该观点在劳资领域具体表现为，劳动者之所以弱势，劳动者自身不承担主要责任，而更多的是由于社会发展尤其是经济发展所造成的后果。因此，国家有必要对其进行特殊保护，进而维护其合法权益。该理念强调国家对民生的保护，那么从刑法的角度来看，就是以人为本的民生刑法观。再具体到劳动刑法领域，劳动者的劳动权事关其生存与发展，其重要性不必多言。刑法作为“保障法”“后盾法”，必须以人为本，保障民生，对弱势劳动者给予最坚实、有力的保障与救济。一个推行福利国家理念的政府，必然会极其重视民生事业的发展。劳动刑法要体现对民生的保护，必然是建立在福利国家理念之上的。该理念要求劳动刑法将弱势劳动者放在重要位置，加强对其合法权益的保障，扩大劳动权的保护范围，并对雇佣者实施的侵权型劳动犯罪和劳动者实施的自救型劳动犯罪实行差别对待，以及对劳动者的正当维权的集体行动不予干涉，以体现劳动刑法对弱势劳动者的人文关怀。

（三）实质平等理念

刑法的基本原则是刑法适用人人平等，然而实际上这只是一种形式平等。只有实质意义上的平等才是劳动刑法的最终追求。形式平等不是规则上的平等，既没有考虑到规则作用者是不是原本就处于平等地位，也没有考虑到该规则本身是否平等。而实质平等则将形式平等所没考虑到的因素纳入进来，主要考虑规则本身的合理性和现实性。形式平等，即表面上看起来很公平，但实际上忽视了弱势群体的“弱势特质”，只是普遍人格之上的平等，而弱势群体的权益却往往被忽视。这种平等，恰恰是制造了平等的假象，以致造成了更广泛的不平等，使弱势群体完全赤裸裸地暴露于无保护的状态之下。形式平等在劳资关系中的具体表现是：强势的雇佣者与弱势的劳动者似乎处于平等状态之中，但是因为双方所享有的资源不对等，劳动对二者的重要性不对等，劳动力供需不平衡造成就业困难等原因，二者其实并不真正平等，劳动者在很大程度上只能顺从雇佣者的任意安排，因为怕失去工作，委曲求全，导致劳动者自身的合法权益无法得到保障。对本身不平等的双方采取同一个规则，看似非常平等，恰恰使这种形式上的平等演变成了实质上的不平等，最终的结果就是弱者更弱，强者更强，二者的差距将会更加扩大。长此以往，社会矛盾将愈加不可调，最终导致社会混乱。劳动刑法以“倾斜保护”为原则，目的就是尽可能地将实质的不平等缩小，将形式上的平等变成实质上尽可能地平等。实际上，这种“倾斜保护”与刑法的基本原则“刑法适用人人平等”并不矛盾，反而恰恰是保证“人人平等”得以真正实现的一种具体手段。我们常说“具体问题具体对待”，刑法也应如此，不应该过分强调“人人平等”，而应该从实质出发，抛开表面的平等，追求真正的平等，这也是刑法公正的价值底蕴。

经过上述论述，可以发现虽然表述各有不同，但这三个理念的本质是一样的，都是要强调劳动刑法对弱势劳动者的“倾斜保护”。社会优位理念从社会角度出发，强调要注重社会利益，限制国家权力，为社会中的弱势群体服务；福利国家理念倡导国家要为人民谋福祉，尽最大力量给人民带来实实在在的福利，推行民生保护政策，极力保护底层劳动者的生存与发展，通过合理范围内的倾斜保护，体现国家对弱势劳动者的人文关怀；实质平等理念更是着眼于突破强势雇佣者和弱势劳动者之间的形式平等，通过对弱势劳动者的倾斜保护使得二者达到真正的平等。劳动刑法正是建立在这三种理念的基础之上，基于雇佣者与劳动者的先天不平等，通过对弱势劳动者进行倾斜保护，探索解决劳资冲突的新路径。

二、规范基础

如前文所述，社会优位理念、福利国家理念和实质平等理念使得劳动刑法的构建有了理论上的根基，而真正能让劳动刑法落地生根的，则是行之有效的劳动法规范和刑法规范。法的理念如同设计蓝图，而具体的法的规范如同钢筋水泥，只有将法的理念付诸实践，对劳动法律规范与刑法规范进行完善，将二者有效衔接起来，才有可能建立起有生命的劳动刑法，才能有效解决劳资冲突，预防与惩治劳动犯罪，引导劳动者罢工等集体劳资冲突走向规范，实现社会的公平与正义，为刑法体系的发展与完善注入新鲜的“血液”。

（一）劳动法律规范

众所周知，劳动法律规范是介于公法与私法之间的社会法。[1]因此，劳动法律规范既具有私法的特征，要遵循劳资自治的原则，同时也具有公法的性质，要贯彻国家强力介入的精神。然而，这两者并不是矛盾的，一般来说，劳动法调节下的劳资关系是私法关系，在一定意义上强调自治，但又不是完全的自治，因为劳资双方并非处于平等的地位，当劳动者的合法权益受到雇佣者的侵害时，公权力就应该强力介入，对劳动者实行特殊保护，以实现劳资平衡。在当前劳资冲突十分激烈的情况下，劳动者的合法权益经常受到雇佣者的侵害，劳动法律规范应当更多地强调其公法作用，以保护劳动者的合法权益。

在劳动法律规范体系中，劳动者的合法权益包括劳动权、获得

〔1〕 所谓社会法，是一种旨在保护特殊群体和弱势群体权益的法律，又称为劳动与社会保障法。参见刘冬梅：《社会法范畴的界定——从历史研究和词义分析的视角》，载《北大法律评论》2017年第1期。

报酬权、休息休假权、职业培训权、社会保险权等多个方面。如果雇佣者违反这些规范，不仅会受到相应的行政处罚，严重的还会受到刑事处罚。一般违法、情节不严重时，雇佣者会受到行政处罚，主要有警告、罚款、停产停业和行政拘留等制裁措施；如果构成犯罪，司法机关则会依法追究相关责任人或单位的刑事责任。在劳动者权益受到侵害时，劳动者的救济途径也是多样的，如劳动争议仲裁、调解和诉讼等。

（二）刑法规范

刑法规定的是犯罪与刑事责任，是最严厉的处罚手段。只有在其他部门法无法有效压制不法行为之时，刑法才会出手，因此，刑法被称为最后的保障法，如此才能避免刑罚的滥用，以免造成不可恢复的伤害。在劳动者的权益保护上，刑法只对一些重要的劳动关系进行二次调整，主要体现在将雇佣者严重侵犯劳动者合法权益的行为规定为犯罪，并对严重侵害劳动权的行为处以严厉的刑罚。目前，我国《刑法》已经规定的严重侵害劳动者合法权益的犯罪主要有重大劳动安全事故罪、强令、组织他人违章冒险作业罪、强迫劳动罪、雇用童工从事危重劳动罪和拒不支付劳动报酬罪，以及其他一些调整劳资关系的罪名。不管它们是已经足够有效还是仍然稍微有所欠缺，这些犯罪与刑罚在调节劳资冲突这个问题上已经起到了不容忽视的作用。在未来，或许劳动刑法的罪名和刑罚等会有所调整，但可以断言的是，劳动刑法的罪名不可能完全被取消，只会更加完善。刑法具有其他法律规范无可比拟的严厉性，当其他法律规范对某些法律关系无可奈何的时候,刑法就像一只强有力的手臂,能起到拨乱反正的作用。

(三)劳动法律规范与刑法规范的有效衔接

从法律性质和调整手段来看,劳动法律规范与刑法规范分属不同的法的范畴,前者是社会法的属性,后者是公法属性;前者调整法律关系所运用的手段主要是行政手段,而后者主要是运用刑罚手段;在劳资关系领域中,一个调整的范围很广,涵盖劳动权益中的几乎所有权益,另一个却只调整那些严重侵犯劳动者重要劳动权益的行为,如劳动安全权、劳动自由权、劳动报酬权等。两种法律规范的上述区别决定了在对劳动权益的保护方面,二者存在明显差异。最直接的体现就是劳动法律规范所保护的劳动法益范围要远远大于刑法规范所保护的劳动法益范围。刑法所调整的是劳动法调整但又不能有效调整的严重侵权行为。劳动犯罪的本质也是劳动侵权,但是在对劳动权益侵害的程度、主观内容、数额、行为具体表现、情节以及行为实施的程度等方面不同于普通的劳动侵权行为,例如,重大劳动安全事故罪和强令、组织他人违章冒险作业罪都属于侵害劳动者的劳动安全卫生权的行为,但这两个行为只有在造成严重后果时才能被纳入刑法的调整范围;拒不支付劳动报酬罪属于拖欠劳动者劳动报酬的行为,但只有在行为人出于故意想要非法占有劳动者的劳动报酬、有能力支付却拒绝支付,并且所拖欠的数额较大的时候才构成犯罪;雇用童工从事危重劳动罪属于用人单位非法招用未成年童工的行为,与劳动法中对非法招用未成年童工的规定不同的是，前者不仅实施了雇用童工的行为，而且安排其从事危重劳动，且情节严重；再如，强迫劳动罪属于侵犯劳动者人身自由的行为，但是与劳动法规定的一般侵犯劳动者人身自由的行为不同的是，其构成犯罪须实施暴力、威胁、限制人身自由行为达到一定的程度。可见，劳动法律规范和刑法规范之间有着明确的界限。

然而，比起二者的界分，更重要的是二者的衔接。因为法律规范并非孤立存在的，彼此之间存在着千丝万缕的联系。劳动法律规范与刑法的联系体现在，劳动法律规范中有很多关于刑法的内容，如《劳动法》中会有某些行为构成犯罪、需要追究刑事责任的规定。二者的有效衔接是预防和惩治劳动犯罪、解决劳资冲突的关键。因此，如何将二者有效衔接起来是接下来要讨论的问题。

前文提到刑法只调整那些严重侵犯劳动者重要权益的行为，这体现了刑法的谦抑性。而刑法的谦抑性决定了刑法不能介入劳动法能够有效调节的那部分劳资纠纷，只有特别严重的行为才属于刑法的规制范围。因此，劳动法和刑法的有效衔接，需要从劳动侵权行为的犯罪化与劳动者集体争议的适当非犯罪化两方面着手。所谓劳动侵权行为的犯罪化，是指当侵害劳动者合法权益的行为十分严重却无法被劳动法律规范所规制时，刑法应当将这部分的行为纳入规制范围；所谓劳动者集体争议非犯罪化，是指劳动者为了维护自身合法权益而采取罢工等集体行动时，应遵循刑法的谦抑性原则，尽量通过劳动法律规范来调节。如此将劳动法律规范中的两大类劳资纠纷实现分流，在各自的领域得到更为有效的处理，使劳动法与刑法的衔接更为顺畅。此外，对于一般的劳动侵权行为与劳动犯罪，应当将各个罪名的构成要件与犯罪概念相结合，掌握好罪与非罪的界限，对情节显著轻微、危害不大的劳动侵权行为非犯罪化。通过以上两种方式的有效衔接，劳动法律规范与刑法规范将形成一股合力，能够更加有力地对劳资矛盾进行调节。构建劳动刑法，是为了更好地调节劳资冲突，不仅具有劳动法律规范的“倾斜保护”特质，还具有刑法规范严厉的制裁手段，因此能够发挥其他法律规范无可比拟的威慑力。

三、现实基础

我国劳动者的劳动权正在遭受不同程度的侵害，从劳动者的生命健康权、劳动安全权、劳动报酬权、社会保险权等个体劳动权，到罢工权、罢运权等集体劳动权，现实中的一些情况令人担忧。正是由于劳动者的基本权利被侵害，导致劳资冲突激烈，这也是我国劳动刑法构建的现实基础。具体来说包括以下其七个方面。

（一）生命健康权

公民最基本的权利就是生命健康权。然而，很多企业过分追逐经济利益，经营有污染的项目却不采取安全保护措施，或者明知项目有危险，却仍不顾劳动者的安危，要求其从事危险作业，导致劳动者的生命健康受到侵害。目前，我国的职业病是影响劳动者健康的主要因素之一，据统计，我国接触职业病危害的人群数以亿计，仅2019年全国共报告各类职业病新病例就有19428例。[1]

(二)人身自由权

依照《宪法》的规定,劳动者有选择是否劳动的权利,以及选择从事何种劳动的权利。但是在实践中,劳动者人身自由权被雇佣者肆意侵犯的案件时有发生。例如,2007年山西"黑砖窑"事件,行为人肆意殴打工人,非法拘禁、强迫工人长时间超负荷劳动,导致多名工人受伤,其残忍程度令人发指。

(三)劳动报酬权

获得劳动报酬也是劳动者的基本权利之一,直接关系到劳动者的生存与发展。然而实际生活中拖欠、克扣工资的现象却随处可见。有关统计数据显示,我国拖欠农民工工资的情况依然十分严峻,尤其是建筑业仍是拖欠农民工工资的重灾区。根据《全国劳动争议纠纷大数据报告(2019)》的统计,报告期间内,索要劳动报酬是引发劳动争议的主要原因,占比为70%。[2]尽管目前我国已经将欠薪严重的现象纳入了刑法的调整范围,但拖欠、克扣工资的问题却仍未得到有效解决,农民工为讨薪而上演"跳楼秀"的事件频频发生。

---

〔1〕 参见《2019年我国卫生健康事业发展统计公报》,载国家卫生健康委员会官网,http://www.nhc.gov.cn/guihuaxxs/s10748/202006/ebfe31f24cc145b198dd730603ec4442.shtml,2023年10月20日访问。

〔2〕 参见《国双2019劳动争议案件大数据分析报告正式发布》,载中国青年网,http://d.youth.cn/newtech/201905/t20190505_11944868.htm,2023年10月20日访问。

（四）平等就业权和择业权

平等就业权和择业权是《宪法》和《劳动法》中明确规定的劳动权利。侵害该项权利的主要表现是企业在招聘员工的时候设置与职位无关的条件，造成劳动者的就业机会被剥夺，如在本不需要特殊设定的岗位招聘时设定年龄、性别、身高、胖瘦、长相、婚育状况、宗教信仰、经济能力、地域甚至姓氏等方面的条件。再如，之前时有见诸报端的某某身高受歧视案、已婚未育受歧视案、乙肝受歧视案等，目前仍然不在少数。而择业权受侵害的表现则如某些企业在劳动合同期满之后，为了不让劳动者离职，会无故扣押劳动者的档案或者证件等，导致劳动者无法自主择业。

（五）社会保险金获得权

为解决未来可能会面临的失业、医疗、养老等问题，《劳动法》规定企业必须为劳动者缴纳社会保险金。因此，社会保险金与劳动者的切身利益息息相关，同时也与整个社会的经济发展密切相关。然而，在现实生活中，民营企业不缴或者少缴社会保险金的现象已司空见惯，或者说已成为众人皆知的潜规则。劳动者为了保住工作，也只能忍气吞声，甚至到了习以为常的地步。

（六）未成年劳动者的合法权益

自新中国成立起就明确禁止使用童工，但是随着经济的飞速发展，企业对工人的需求量极大增加，为了追求更大的经济效益，雇用、使用童工的企业或个体工商户仍然存在。雇用童工的直接后果就是侵犯了儿童的受教育权，使一大批的中小学生辍学，或使得一时辍学的中小学生因有地可去而长期辍学。

据报道，不仅仅是小工厂童工泛滥，即使在某些世界级大企业中，雇用童工的现象也同样严重，如苹果公司自曝在2008 年的审计中发现，其83家中国代工厂中，有7家雇用低于16岁的童工。[1]未成年人的合法权益受到严重侵害，将给国家的未来带来不可估量的恶劣影响。

（七）集体权益

为了维护集体权益，劳动者在走投无路的时候会采取集体行动。集体行动的主要方式包括静坐、游行、罢工、罢运等。例如，2008年11月发生的重庆出租车司机罢运事件、2009年2月发生的云南武定县客运司机罢运事件以及同年4月湖南岳阳发生的出租车司机集体罢运事件。集体行动的目的是维护劳动者自身的合法权益，劳动者联合起来希望事情能得到妥善解决。

---

〔1〕 参见《苹果自曝在华“血汗”代工厂 拒绝透露违规名单》，载台海网，https://www.taihainet.com/news/txnews/cnnews/sh/2009-07-18/431565.html，2023年10月20日访问。

第二章 我国劳动刑法的立法梳理

我国目前的劳动刑法规范，除《劳动法》中的少数几个条文规定有刑事处罚，其余主要存在于刑法之中。欲分析我国的劳动刑法，就要结合我国劳动法律法规中有关刑事责任的规定来梳理我国劳动刑法的历史沿革。为保证研究的精准性而不至于宽泛无边，本书将狭义劳动刑法意义上的五个罪名——重大劳动安全事故罪，强令、组织他人违章冒险作业罪，强迫劳动罪，雇用童工从事危重劳动罪和拒不支付劳动报酬罪——作为主要的研究对象。此外，本章还分析了我国自救型劳动犯罪的立法现状，包括对个体劳动者的自救犯罪和集体争议引发的自救型劳动犯罪的立法现状。

第一节 我国劳动刑法的立法渊源

本节从1979年《刑法》、1997年《刑法》以及与劳动刑法内容相关的刑法修正案入手，同时结合各个时期的劳动法律法规，以及国际人权公约中的有关规定进行分析，以期完整呈现我国劳动刑法的立法渊源。

一、刑法典中的劳动刑法

我国刑法典中保护劳动权的条款，是我国劳动刑法最主要的渊源。从1979年《刑法》到1997年《刑法》，再到后来的数个刑法修正案，其中均有对劳动刑法的相关规定。

（一）1979年《刑法》中的劳动刑法

纵观1979年《刑法》，只有第114条〔1〕规定了劳动刑法的相关内容，这条规定与1994年《劳动法》第93条〔2〕的规定直接对应，均是关于重大责任事故和强令、组织他人违章冒险作业行为的规定。也就是说，1979年《刑法》中仅仅是在重大责任事故罪中规定了强令、组织他人违章冒险作业的行为，可见，当时的刑法仅考虑到了强令、组织他人违章冒险作业和重大责任事故罪追究刑事责任的必要，却没有考虑到将强令、组织他人违章冒险作业的行为规定为单独的罪名，也没有考虑到将其他劳动刑法罪名入罪的可能性。这是由于当时我国刚实行改革开放，多种所有制经济尚未全面发展，劳资关系虽已出现，但还不是社会主流，立法机关能将强令、组织

---

〔1〕 1979年《刑法》第114条："工厂、矿山、林场、建筑企业或者其他企业、事业单位的职工，由于不服管理、违反规章制度，或者强令工人违章冒险作业，因而发生重大伤亡事故，造成严重后果的，处三年以下有期徒刑或者拘役；情节特别恶劣的，处三年以上七年以下有期徒刑。"

〔2〕 1994年《劳动法》第93条："用人单位强令劳动者违章冒险作业，发生重大伤亡事故，造成严重后果的，对责任人员依法追究刑事责任。"

他人违章冒险作业的行为规定于《刑法》之中已经是一个很大的进步。由于当时的社会背景下其他劳资领域内的矛盾还没有凸显出来，因此，当时的立法者仅考虑到了强令工人违章冒险的行为和重大责任事故罪。

除了第93条，1994年《劳动法》中有5条都规定了“构成犯罪的，依法追究刑事责任”，但是这5条在1979年《刑法》中却没有与之相对应的条文规定。例如，1994年《劳动法》规定了强迫劳动和重大劳动安全事故的严重情形在构成犯罪时要依法追究刑事责任，但是当时的《刑法》并没有规定与之相对应的强迫劳动罪和重大劳动安全事故罪，只能根据不同的情况以故意杀人罪、故意伤害罪、侮辱罪等来追究刑事责任。

（二）1997年《刑法》中的劳动刑法

1997年《刑法》是我国现行刑法，《刑法》中绝大部分的内容是1997年制定的。因为社会的不断进步与发展，法律要根据实际需要进行更新、修订，刑法亦不例外。迄今为止，我国的刑法修正案已有12个，其中涉及狭义的劳动刑法内容的有《刑法修正案（四）》、《刑法修正案（六）》、《刑法修正案（八）》和《刑法修正案（十一）》等。

1.1997年《刑法》中的劳动刑法

1997年是我国刑法大变革的一年，1997年《刑法》不仅将1979年《刑法》的刑事类推制度废除，正式确立了罪刑法定原则、刑法面前人人平等原则和罪责刑相适应原则，还将1979年《刑法》的192条规定扩充至452条,《刑法》条文增加了260条之多。1997年《刑法》颁布之时,正是我国社会主义市场经济体制处于初期阶段之时,彼时的政治理念是"坚持以经济建设为中心",《刑法》的修订自然也体现了时代的烙印,更多地偏重对市场经济秩序的保障,因此增加了多个关于破坏社会主义市场经济秩序和妨害社会管理秩序的罪名,却甚少关注劳动刑法领域的内容。

在劳动刑法方面,1997年《刑法》保留了1979年《刑法》中的对强令、组织他人违章冒险作业行为和重大责任事故罪的规定,但是这个条款被调整到了第134条,法条内容没有变化。前文提到1994年《劳动法》中有5条内容规定了"构成犯罪的,依法追究刑事责任",但1979年《刑法》中并没有与之对应的法条,为了改变这一现象,使《刑法》与《劳动法》的相关规定能衔接起来,1997年《刑法》相应地增加了重大劳动安全事故罪,打击报复会计、统计人员罪和强迫职工劳动罪3个劳动刑法方面的罪名。

虽然1997年《刑法》仅增加了3个劳动刑法的罪名,但是已经在很大程度上丰富了我国的劳动刑法,使侵犯劳动者合法权益的行为得到了更加有效的规制,也使《劳动法》和《刑法》在内容上更加统一和协调。

2.《刑法修正案(四)》中的劳动刑法新增罪名

为适应和保障市场经济的发展需要,在1998年至2002年的5年间,立法机关对1997年《刑法》进行了五次修订,主要内容仍然集中在对经济秩序的保障方面。在劳动刑法方面,2002年通过的《刑法修正案(四)》在保护未成年劳动者方面有了突破。从1997年至

2002年,我国发生了多起雇用未成年劳动者从事危重劳动的事故,而且此类情况屡禁不止,对未成年人的生命安全和身体健康造成极大的威胁。虽然《劳动法》第58条和第64条都规定,对未成年人要实行特殊保护,不能让未成年人从事矿山井下、有毒有害及高强度的工作,但是在此之前并没有将雇用未成年人从事危重劳动写进刑法;雇用未成年工从事危重劳动的雇佣者,最多也就是受到行政处罚,实在是无关痛痒。虽然《劳动法》和《未成年人保护法》等法律都对未成年工的合法权益进行了保护,但实践证明仅有这两部法律的保护是远远不够的,对于严重侵犯未成年人合法权益的行为,刑法应当义不容辞担起此责任。因此,2002年的《刑法修正案(四)》将雇用童工从事危重劳动罪写入了《刑法》。

3.《刑法修正案(六)》中的劳动刑法新增罪名及修改

21世纪初,随着市场经济的深入发展,我国在重大安全生产事故和破坏金融管理秩序等方面的犯罪愈加严重。为了适应社会日新月异的发展,《刑法》也在适时调整之中,2006 年出台的《刑法修正案(六)》是对我国刑法进行的一次最大规模的修改和补充,在劳动刑法方面亦是如此。《刑法修正案(六)》将强令、组织他人违章冒险作业的行为明确规定为强令、组织他人违章冒险作业罪,并对重大劳动安全事故罪进行了较大幅度的修订。当时我国正值经济建设的黄金时期,也是各种劳资矛盾急剧爆发的时期,重特大安全事故频发,尤其是雇佣者为了追求经济效益而不顾劳动者的人身安危,强令劳动者进行违章冒险作业的违法现象十分普遍。于是,《刑法修正案(六)》将强令、组织他人违章冒险作业罪从原来的重大责任事故罪中抽离出来，两个罪分别成为独立的条款，并将强令、组织他人违章冒险作业罪的法定刑幅度提高。在重大责任事故罪的罪状方面，《刑法修正案（六）》将该罪的特殊犯罪主体“工厂、矿山、林场、建筑企业或其他企业、事业单位的职工”，改成了普通犯罪主体，这就扩大了该罪的犯罪主体范围，避免了之前法条中对犯罪主体罗列不全给犯罪认定带来的困难。随着社会主义市场经济的改革不断深入，各种新的经济主体和组织不断产生，法律条文很难全部罗列，因此这种没有意义的名词限定有必要予以取消。

在修改重大劳动安全事故罪时，《刑法修正案（六）》取消了原条文犯罪场所的限制，将“安全生产条件不符合国家规定的”情形列入法条，并取消了“经有关部门或单位职工提出后”的前置条件，还扩大了本罪的犯罪主体，原条文本罪的犯罪主体只局限在直接责任人员范围内，而修正案则强调主体包括直接负责的主管人员和其他直接责任人员。这就使重大劳动安全事故罪在实践中的认定与把握更加容易，在威慑罪犯、维护劳动者生命健康和确保安全生产等方面起到的作用不容小觑。

此外，《刑法修正案（六）》还新增了不报、谎报安全事故罪，这个罪名是针对当时我国安全事故发生后，相关责任人却隐瞒不报的现实情况的立法回应。这也是我国刑法在劳动刑法方面作出的新规定，劳动刑法的范围进一步扩大。

4.《刑法修正案（八）》中的劳动刑法新增罪名及修改

尽管步入21世纪以来，我国的经济得到了极大发展，劳资冲突却进一步爆发，突出表现在“黑砖窑”等强迫他人劳动致死、农民工采取极端行动讨薪等事件上。这些行为远远超出《劳动法》《劳动合同法》等社会法的调整范围，2011年出台的《刑法修正案（八）》回应现实，将拒不支付劳动报酬的严重情形纳入刑法的调整范围，且用规制范围更广的“强迫劳动罪”替代了原来的“强迫职工劳动罪”。

针对拒不支付劳动报酬的行为，《劳动法》早就规定了相应的行政责任与民事责任，但此前一直没有追究刑事责任的规定。这是因为在这之前拖欠农民工工资的问题没有曝出来的那么严重，因此刑法也没有介入。但是随着社会矛盾的加剧，拖欠农民工工资的现象层出不穷，农民工为了讨薪而采取极端手段的现象也频频见诸报端。为顺应时代的变化，2011年《刑法修正案（八）》增加了拒不支付劳动报酬罪。

原本，强迫职工劳动罪中对犯罪对象等的各种限制，导致犯罪圈范围过小，在罪刑法定的原则之下，很多同类行为无法被纳入刑法的规制范围。针对此种情况，《刑法修正案（八）》将“强迫职工劳动罪”改为了“强迫劳动罪”，本罪的犯罪对象不仅仅限于用人单位的“职工”，犯罪主体也由“用人单位”变成单位和自然人均可，强迫的方式也更为具体和多样，而且增加了处罚强迫劳动罪共犯的规定，将本罪的适用范围进一步扩大，更有利于保护劳动者的合法权益。此外，还将本罪的法定刑幅度加大，“单处或并处罚金”统一规定为“并处罚金”。

5.《刑法修正案（十一）》中的劳动刑法新增罪名及修改

2020年12月26日，第十三届全国人大常委会第二十四次会议通过《刑法修正案（十一）》，自2021年3月1日起施行。这是在中国特色社会主义进入新时代、深入推进全面依法治国的重大时代背景下对刑法作出的一次重要修改。《刑法修正案（十一）》以习近平法治思想为根本遵循，贯彻党中央决策部署，坚持以人民为中心的立法理念，根据新时代要求，把握我国社会主要矛盾的变化，结合当前国际国内形势变化，积极回应社会关切，更加注重积极统筹发挥好刑法对于国家安全、社会稳定和保护人民的重要功能，在涉未成年人、金融秩序、产权保护、安全生产、食品药品、公共卫生安全、生态环境、劳动刑法及妨害社会管理秩序等领域作出诸多重要修改，以适应现阶段预防和惩治犯罪的需要，更好地发挥刑法对经济社会生活的规范保障和引领推动作用。

在劳动刑法方面，《刑法》第134条第2款原本规定了“强令违章冒险作业罪”，《刑法修正案（十一）》第3条对本款作了修改，增加了“或者明知存在重大事故隐患而不排除，仍冒险组织作业”的行为方式。有意见建议对本款仍沿用“强令违章冒险作业罪”，其主要理由：一是虽然此次修正增加了情形，但“明知存在重大事故隐患而不排除，仍冒险组织作业”可以解释为广义的强令违章冒险作业，目前的罪名表述既可以反映核心特征，也可以涵盖新增罪状表述；二是本罪名适用多年，不论是司法工作者还是广大人民群众均已适应，不动为宜。

《最高人民法院、最高人民检察院关于执行〈中华人民共和国刑法〉确定罪名的补充规定（七）》将修改后《刑法》第134条第2款的罪名确定为“强令、组织他人违章冒险作业罪”，取消原罪名“强令违章冒险作业罪”。其主要考虑在于:“强令”他人违章冒险作业与“明知存在重大事故隐患而不排除,仍冒险组织作业”有明显区别,增加“组织违章冒险作业”的表述,涵盖范围更全面,有利于彰显从严惩治安全生产犯罪的立法精神。

二、附属刑法中的劳动刑法

目前来说,我国劳动刑法的附属刑法就是劳动法律法规中的刑事责任条款。[1]我国劳动刑法法律法规中的刑事责任条款一般是以“构成犯罪的,依法追究刑事责任”这个兜底条款来体现。例如,《劳动合同法》第88条[2]第1项规定,“以暴力、威胁或者非法限制人身自由的手段强迫劳动的”,对应《刑法》第244条强迫劳动罪;第2项规定,“违章指挥或者强令冒险作业危及劳动者人身安全的”,对应《刑法》第134条强令违章冒险作业罪;第3项规定,“侮辱、体罚、

---

〔1〕 与境外法治相对比较发达的国家和地区的劳动刑法的附属刑法不同,我国劳动刑法的附属刑法在内容和形式上都比较简单。2009年全国人大常委会通过《关于修改部分法律的决定》,将我国非刑事法律中最后几条具有实质机能的附属刑法条文悉数变更为宣示性规定,这标志着我国附属刑法单一犯罪宣示性立法模式的最终确立。但是目前来看我国的附属刑法没有独立的体系地位,仅体现出犯罪宣示的形式机能,只是对刑法典内容的重申,定罪量刑必须依托刑法典进行。参见储槐植主编:《附属刑法规范集解》,中国检察出版社1992年版,第27页;刘艳红:《象征性立法对刑法功能的损害——二十年来中国刑事立法总评》,载《政治与法律》2017年第3期;王桢:《向死而生:我国附属刑法的立法批判与体系重构》,载《天府新论》2019年第1期。

〔2〕 《劳动合同法》第88条规定:“用人单位有下列情形之一的,依法给予行政处罚;构成犯罪的,依法追究刑事责任;给劳动者造成损害的,应当承担赔偿责任:(一)以暴力、威胁或者非法限制人身自由的手段强迫劳动的;(二)违章指挥或者强令冒险作业危及劳动者人身安全的;(三)侮辱、体罚、殴打、非法搜查或者拘禁劳动者的;(四)劳动条件恶劣、环境污染严重,给劳动者身心健康造成严重损害的。”

殴打、非法搜查或者拘禁劳动者的”，对应《刑法》中的非法拘禁罪、故意伤害罪、侮辱罪等；第4项规定，“劳动条件恶劣、环境污染严重，给劳动者身心健康造成严重损害的”，对应《刑法》第338条污染环境罪等。再如，《劳动法》的刑事责任条款有：（1）用人单位对事故隐患不采取措施，导致发生重大事故，对劳动者的生命和财产造成重大损失的；[1]（2）用人单位强迫劳动者违章冒险作业而发生重大伤亡事故后果严重的；[2]（3）用人单位以暴力、威胁或非法限制人身自由的手段强迫劳动，情节严重的；[3][4]（4）劳动行政部门或其他部门工作人员滥用职权等；[5]（5）相关人员挪用社会保险基金的。[6]上述规定分别对应《刑法》第135条重大劳动安全事故罪，第134条强令、组织他人违章冒险作业罪，第244条强迫劳动罪以及第273条挪用特定款物罪的规定。

---

〔1〕《劳动法》第92条规定：“用人单位的劳动安全设施和劳动卫生条件不符合国家规定或者未向劳动者提供必要的劳动防护用品和劳动保护设施的，由劳动行政部门或者有关部门责令改正，可以处以罚款；情节严重的，提请县级以上人民政府决定责令停产整顿；对事故隐患不采取措施，致使发生重大事故，造成劳动者生命和财产损失的，对责任人员依照刑法有关规定追究刑事责任。”

〔2〕《劳动法》第93条规定：“用人单位强令劳动者违章冒险作业，发生重大伤亡事故，造成严重后果的，对责任人员依法追究刑事责任。”

〔3〕《劳动法》第96条规定：“用人单位有下列行为之一，由公安机关对责任人员处以十五日以下拘留、罚款或者警告；构成犯罪的，对责任人员依法追究刑事责任：（一）以暴力、威胁或者非法限制人身自由的手段强迫劳动的；（二）侮辱、体罚、殴打、非法搜查和拘禁劳动者的。”

〔4〕《劳动法》第101条规定：“用人单位无理阻挠劳动行政部门、有关部门及其工作人员行使监督检查权，打击报复举报人员的，由劳动行政部门或者有关部门处以罚款；构成犯罪的，对责任人员依法追究刑事责任。”

〔5〕《劳动法》第103条规定：“劳动行政部门或者有关部门的工作人员滥用职权、玩忽职守、徇私舞弊，构成犯罪的，依法追究刑事责任；不构成犯罪的，给予行政处分。”

〔6〕《劳动法》第104条规定：“国家工作人员和社会保险基金经办机构的工作人员挪用社会保险基金，构成犯罪的，依法追究刑事责任。”

除了《劳动法》和《劳动合同法》，其他劳动方面的法律法规中也不乏关于刑事责任的规定，比较有代表性的有《职业病防治法》第78条，[1]但是该条规定目前尚无直接对应的刑法条文，是否能够依据《刑法》第135条重大劳动安全事故罪的规定来处罚，理论和实践中尚存在争议。

除了具体条款里面对于刑事责任的规定，基本上每部法律法规中都有一个关于刑事责任的兜底条款。例如，《职业病防治法》第84条、《社会保险法》第94条、《工会法》第55条、《就业促进法》第68条中均有此规定。此类附属刑法的常见表述是"构成犯罪的，依法追究刑事责任"，不创制新的罪名，也不作出内容的修补和解释，因此不具有实质意义。[2]

虽然，我国劳动刑法的附属刑法与境外法治相对比较发达的国家和地区的附属刑法相比还处于比较落后的状态，内容和形式都有待完善，但是劳动法律法规中的刑事责任条款大大地丰富了劳动刑法的内容，也将更多侵犯劳动权的行为纳入了刑法的调控范围，更好地保护了劳动者的合法权益。

三、我国加入的国际人权公约中的劳动刑法

迄今为止，我国已经批准和加入的国际人权公约已经有24个，

---

〔1〕《职业病防治法》第78条规定："用人单位违反本法规定，造成重大职业病危害事故或者其他严重后果，构成犯罪的，对直接负责的主管人员和其他直接责任人员，依法追究刑事责任。"

〔2〕参见储槐植：《附属刑法规范集解》，中国检察出版社1992年版，第27页。

主要包括《儿童权利公约》《消除对妇女一切形式歧视公约》《残疾人权利公约》《消除一切形式种族歧视公约》《禁止酷刑和其他残忍、不人道或有辱人格的待遇或处罚公约》《经济、社会及文化权利国际公约》《就业和职业歧视公约》《公民权利和政治权利国际公约》等，这些公约中就有很多保护劳动者权益的条款，主要涉及平等就业权、禁止强迫劳动等内容。根据这些公约和文件的要求，我国采取了包括立法在内的一切措施，将国际人权公约中有关劳动权保护的内容转化为国内法予以实施。一是在相关法律规范中增加或修改某些规定，将上述公约中的条款转化成为国内法的一部分。例如，2002年《刑法修正案（四）》增加了雇用童工从事危重劳动罪，2006年《刑法修正案（六）》将有关安全事故类犯罪进行了修改。二是制定新的法律来执行国际人权法在劳动权保护方面的内容。如我国在1980年签署和批准了《消除对妇女一切形式歧视公约》，为了保障该公约的落地实施，我国于1992年颁布了《妇女权益保障法》，详细规定了妇女的政治、文化教育、劳动以及财产等方面的权利。2005年、2018年进行了两次修正，2022年进行了全面修订。该法将实现男女平等上升为我国的基本国策。再如，1990年我国签署了《儿童权利公约》，1991年12月批准通过该公约，1992年1月1日《未成年人保护法》正式施行，1999年11月1日《预防未成年人犯罪法》也正式施行。2001年我国批准了《经济、社会及文化权利国际公约》，为了加强对劳动者的经济、社会权利的保护，于2002年出台了《安全生产法》，2007年出台了《劳动合同法》《就业促进法》《劳动争议调解仲裁法》等相关法律。

国际人权公约虽然没有直接规定劳动刑法的内容，但是我国加入这些国际人权公约之后，将国际人权公约中关于劳动权保护的规定纳入国内法，在刑事立法和司法实践中予以施行。目前，我国刑法已在强迫劳动、侵占或拒不支付劳动报酬、劳动安全事故或责任事故等方面设置了相应的罪刑规范，但是在非法用工、侵占或拒不支付社会保险金、限制或妨害集体劳动权等方面尚未有所跟进。未来，刑法应根据社会发展的情势调整和完善保护策略，以充分保护劳动权利。

综上所述，我国劳动刑法的立法沿革可以用图2-1表示。

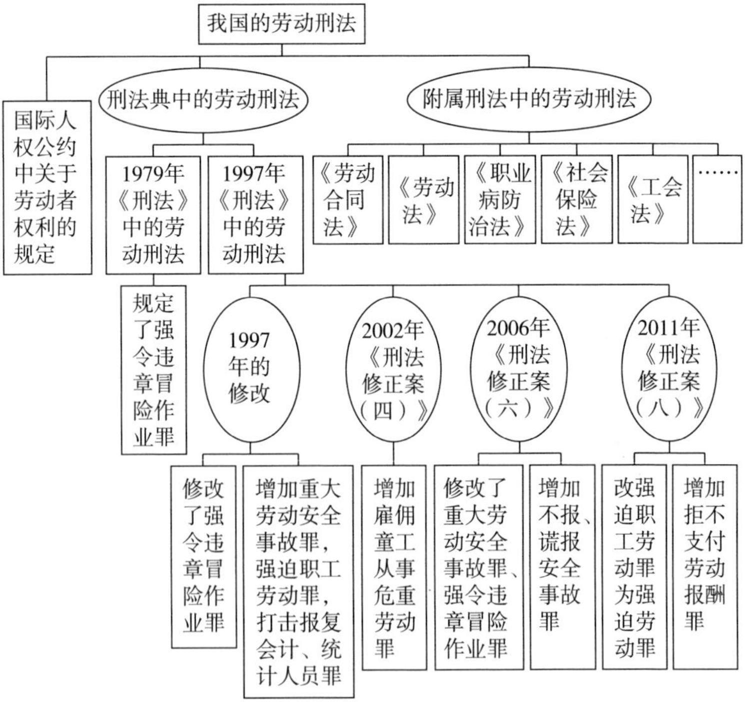

图2-1　我国劳动刑法的立法沿革

第二节　侵权型劳动犯罪的罪名体系

截至目前，我国《刑法》从1979年颁布，后于1997年全面修订，至此又历经12次修正案修订，我国的劳动刑法的罪名在不断增加。即便如此，目前也只有五个罪名属于前文所说狭义的劳动刑法的范畴，即重大劳动安全事故罪，强令、组织他人违章冒险作业罪，强迫劳动罪，雇用童工从事危重劳动罪和拒不支付劳动报酬罪，且这五个罪名散落于刑法的不同章节，并没有将其整体规定于专门的章节之中。下文将逐一分析这五个罪名的立法现状与缺陷。

一、侵犯劳动安全卫生权的犯罪

重大劳动安全事故罪和雇用童工从事危重劳动罪属于侵犯劳动安全卫生权的犯罪，是我国劳动刑法最重要的组成部分，此类犯罪在实践中的犯罪数量非常大。其具体立法情况如下。

（一）重大劳动安全事故罪

1.重大劳动安全事故罪的立法现状

重大劳动安全事故罪规定于我国《刑法》分则第2章危害公共安全罪中的第135条第1款，其实是1997年《刑法》新增的罪名。实际上，国务院早在1956年就公布了《工厂安全卫生规程》，对工厂的安全卫生等方面的要求进行了详细规定。1963年，针对企业安全生产责任制的问题，国务院还发布了《关于加强企业生产中安全工作的几项规定》。此外，针对锅炉、气瓶、沥青和工业企业噪声、工人照明和设计卫生、防尘防毒、建筑安装工程安全、矿山安全等特殊问题，国务院还出台了一系列的具体规定，如《锅炉压力容器安全监察暂行条例》《关于防止沥青中毒的办法》《工业企业照明设计标准》《关于加强防尘防毒工作的决定》等。1994年颁布的《劳动法》规定了，劳动安全卫生保护权是劳动者应该享有的劳动权利；同时，该法第92条也规定了，用人单位的劳动安全设施和劳动卫生条件不符合国家规定或者未向劳动者提供必要的劳动防护用品和劳动保护设施的，由劳动行政部门或者有关部门责令改正，可以处以罚款；情节严重的，提请县级以上人民政府决定责令停产整顿；对事故隐患不采取措施，致使发生重大事故，造成劳动者生命和财产损失的，对责任人员比照《刑法》第187条的规定追究刑事责任。尽管1994年《劳动法》当时规定了劳动安全事故的刑事责任条款，但1979年《刑法》当时却并没有规定重大劳动安全事故罪。之后，用人单位为追求经济效益而无视劳动者生命安全的问题愈演愈烈，由于劳动法律规范对该问题无能为力，立法机关就在1997年《刑法》第135条中规定了重大劳动安全事故罪。为了加强对该类犯罪行为的惩处力度，立法机关将该罪从重大责任事故罪中独立出来。实践表明，该罪在惩治安全生产事故类刑事犯罪方面发挥了积极作用。但是，21世纪以来，这类案件仍然处于高发态势，该罪在惩治该类刑事犯罪方面越来越力不从心。正是在这种背景下，2006年《刑法修正案（六）》修改了该罪的犯罪构成要件。相较于之前的规定，《刑法修正案（六）》主要修改了重大安全劳动事故罪的犯罪主体和犯罪客观方面：（一）将犯罪发生的场所扩大到了所有的生产经营单位；（二）不再要求“经有关部门或者单位职工提出后，对事故隐患仍不采取措施”的条件，而且将“劳动安全设施”扩大到了“安全生产设施或安全生产条件”；（三）行为主体也修改为“直接负责的主管人员和其他直接责任人员”。此外，我国《矿山安全法》第46条和第47条、《矿山安全法实施条例》第56条、《使用有毒物品作业场所劳动保护条例》第58条、《内河交通安全管理条例》第82条等都分别规定了与重大劳动安全事故罪相关的情况。2007年，最高人民法院和最高人民检察院出台了《关于办理危害矿山生产安全刑事案件具体应用法律若干问题的解释》，对重大劳动安全事故罪中的“直接负责的主管人员和其他直接责任人员”、“情节特别恶劣”以及“重大伤亡事故或者其他严重后果”等问题进行了详细的解释。同年，最高人民检察院还发布了《人民检察院〈关于加强行政机关与检察机关在重大责任事故调查处理中的联系和配合的暂行规定〉的实施办法》的通知，对检察机关参与重大责任事故调查工作的主要任务进行了规定。2009年，最高人民法院研究室就陕西省高级人民法院《关于被告人阮某重大劳动安全事故案有关法律适用问题的请示》进行了答复：用人单位违反《职业病防治法》的规定，其职业病预防设施不符合国家规定，导致重大伤亡事故的发生，对其直接负责的主管人员等，可以依照《刑法》第135条的规定，以重大劳动安全事故罪定罪处罚。该答复将重大职业病危害事故纳入重大劳动安全事故罪的调整范围内。2011年,最高人民法院于发布了《关于进一步加强危害生产安全刑事案件审判工作的意见》,规定了危害生产安全刑事案件的审判原则。2015年,最高人民法院还发布了《关于充分发挥审判职能作用切实维护公共安全的若干意见》,强调了要依法惩治危害安全生产的犯罪。同年,"两高"又发布了《关于办理危害生产安全刑事案件适用法律若干问题的解释》,再次解释了何为"直接负责的主管人员和其他直接责任人员",何为"造成严重后果"、"发生重大伤亡事故或造成其他严重后果"和"情节特别恶劣",将犯罪所涉及的金额进一步提高。2022年,最高人民法院、最高人民检察院联合发布《关于办理危害生产安全刑事案件适用法律若干问题的解释(二)》,该解释一方面明确了安全评价中介组织人员犯提供虚假证明文件罪和出具证明文件重大失实罪的定罪量刑标准,同时对如何正确认定刑法规定的故意提供虚假证明文件行为作了列举性和提示性规定,以利于司法实践中依法认定犯罪,准确确定刑罚打击范围;另一方面明确实施危险作业犯罪行为,积极配合有关部门采取措施消除事故隐患,确有悔改表现,认罪认罚的,可以依法从宽处罚。其还对行政执法与刑事司法衔接工作作了原则性规定,要求人民法院、检察机关对于依法被不起诉或者免予刑事处罚的危害生产安全犯罪和关联犯罪的犯罪人,需要给予行政处罚、政务处分或者其他处分的,要依法移送有关主管机关处理,确保行政执法与刑事司法程序有效衔接、法律责任落实到位。这些司法解释为重大劳动安全事故罪的司法适用提供了非常重要的法律依据。

2.重大劳动安全事故罪的立法不足

经过上述立法和司法解释，重大劳动安全事故罪的相关规定已经逐渐完善，为打击侵犯劳动安全的行为作出了重要贡献。但是，长期的司法实践表明该罪的立法规定仍然存在以下不足[1]：

（1）单位能否成为该罪的犯罪主体尚不够明确。单位负有提供符合国家规定的劳动安全设施的义务，且一般来说，如果劳动安全设施不符合国家规定，大多都是单位逐利所致。倘若如此，发生劳动安全事故时首先要承担责任的应该是单位。但是，《刑法》第135条并没有明确将单位规定为该罪的刑事责任主体。根据罪刑法定原则，如果单位是刑法中某一罪名的犯罪主体，那么该条文会直接规定"单位犯前罪的……"。例如，《刑法》第244条第3款对单位犯强迫劳动罪进行了明确规定，单位犯前两款罪的，则对单位判处罚金。再如，《刑法》第198条对保险诈骗罪的规定中也明确规定了单位犯第一款罪的，要对单位判处罚金。也就是说，我国绝大多数的单位犯罪在刑法条文中都有明确规定，并且实行"双罚制"，如此一来，重大劳动安全事故罪就不是单位犯罪，这显然不符合立法者的意图，因此在立法上应该在重大劳动安全事故罪的法条中明确增加单位犯罪。

（2）刑罚结构不合理，处刑较轻，且刑种单一。根据《刑法》第135条的规定，该罪的刑罚只有拘役和有期徒刑两种。笔者认为，该

〔1〕参见刘昭陵：《重大劳动安全事故罪应予修改》，载《人民检察》2018年第18期。

罪的刑罚存在如下缺陷:其一,与其他过失犯罪相比,该罪具有更大的社会危害性,处罚却相对偏低。与过失致人死亡罪和过失致人重伤罪相比,该罪侵害的是不特定多数人的生命、健康安全,其危害性较前两个罪要大得多,法定刑比上述两罪要高才比较合理。然而,该罪与过失致人重伤罪的法定刑设置却一样,没有体现出罪责刑的差异所在,明显不够合理。其二,刑种过于单一。《刑法》对重大劳动安全事故罪只配置了自由刑,法官在量刑时,没有更多选择。实际上,此类犯罪的发生往往与有关单位不计代价地追逐经济利益息息相关,因此在将单位作为本罪犯罪主体的同时,也应该增加罚金和没收财产等附加刑,实行"双罚制",否则无法有效遏制单位再犯。也可以考虑增加资格刑,对犯重大劳动安全事故罪的单位,取消其在某段时间之内从事某种营业的资格,以期从根源上断绝其再犯的可能。

(二)雇用童工从事危重劳动罪

1.雇用童工从事危重劳动罪的立法现状

雇用童工从事危重劳动罪规定于《刑法》第244条第2款。关于雇用童工这个问题,我国目前已经形成了以《宪法》为首,以《劳动法》为主体,《刑法》也成为其中的一个有机组成部分的法律调控体系。我国最早规制非法用工方面问题的法律有《宪法》《禁止使用童工规定》《未成年人保护法》《劳动法》等。作为最高位阶的法,《宪法》第46条和第49条规定了我国未成年人的基本权利,是其他部门法规定未成年人所享有权利的基本依据。《未成年人保护法》

是专门针对未成年人的特别法，其第3条、第38条具体规定了未成年人的合法权益，第68条规定了非法招用童工要受到行政处罚的规定。《禁止使用童工规定》第2条规定，不满16周岁的未成年人属于童工；第6条明确规定了非法使用童工的行政责任；第11条则规定了使用童工从事危重劳动的应当承担刑事责任。我国《劳动法》第15条和第94条也规定了禁止雇用童工及其行政责任。

综上，《宪法》对未成年人的保护作了原则性、统领性和宣言性的规定，《未成年人保护法》对未成年人的保护作了相对具体一些的规定，《劳动法》则确立了非法使用童工的行政责任，《禁止使用童工规定》对未成年工的问题有多方面的关注，但是仅仅是规定了强迫童工劳动要被追究刑事责任，但是没有相应的罪名对应。为了弥补上述附属刑法规范的不足，更有力地保障未成年劳动者的权利，全国人大常委会于2002年颁布的《刑法修正案（四）》规定了雇用童工从事危重劳动罪。

2.雇用童工从事危重劳动罪的立法不足

雇用童工从事危重劳动罪将非法雇用童工从事危重劳动的行为纳入了刑法的调整范围，无疑对预防和减少非法雇用童工从事危重劳动的行为有重要意义，但是该罪的规定仍然存在不妥之处，主要体现在：

（1）罪名不够周延。雇用童工从事危重劳动罪是劳动刑法中唯一针对雇用未成年人从事劳动的犯罪行为设置的罪名。从形式上来看，该罪名的设计似乎并没有很明显的缺陷，但是从实质上来理解却能发现其并不够周延。比如，如果不是雇用，而是无偿使用未成年人从事危重劳动，是否也需要纳入刑法的规制范围呢？此外，我国法律明文规定因为体育或文艺等特殊要求的职业允许招用未成年人，那么此时如果未成年人被要求从事危重劳动是否也要被纳入刑法保护的范围内呢？笔者认为，该罪应该也将以上两种情况考虑在内，对未成年人的保护才能更为周延。

（2）没有明确规定单位犯罪。雇用童工从事危重劳动罪系强迫劳动罪的一个分罪，而强迫劳动罪明确规定了单位犯罪。实际上，同强迫劳动罪一样，单位也可以成为雇用童工从事危重劳动罪的犯罪主体。该罪仅处罚直接责任人员，而直接责任人仅是雇用童工从事危重劳动的具体决策者和直接执行者，且司法实践中，雇用童工劳动的主要是用人单位，那么本罪的主体也应该包括用人单位，而不仅是用人单位的直接责任人员。此外，至于本罪对“单位”性质的要求，要求单位是否合法成立，是否从事合法的业务，在实践中也存在诸多争议。有的学者认为，此处的用人单位不仅仅是指合法的单位，也包括某些黑工厂在内，否则有违立法者的初衷；而大部分的学者却认为，此处的“单位”仅仅是指具有合法地位的单位。

二、侵犯劳动自由权和报酬权的犯罪

我国侵犯劳动自由权的犯罪主要有强迫劳动罪和强令、组织他人违章冒险作业罪，侵犯劳动报酬权的犯罪主要有拒不支付劳动报酬罪。其立法状况具体分析如下。

（一）强迫劳动罪

1.强迫劳动罪的立法现状

我国《刑法》分则第4章侵犯公民人身权利、民主权利罪中的第244条规定了强迫劳动罪。我国的强迫劳动罪起源于强迫职工劳动罪，该罪最早规定于1997年《刑法》中。在此之前，1994年《劳动法》对强迫劳动的行为就已有规定：用人单位以暴力、威胁或非法限制人身自由的手段强迫劳动，构成犯罪的，由公安机关对责任人员依法追究刑事责任。虽然1994年《劳动法》对该行为规定了“依法追究刑事责任”，但是当时仅是“纸上谈兵”，因为在当时的《刑法》中尚找不到直接追究该行为的刑事责任的相关条款，只有在该行为同时构成刑法规定的其他犯罪时才可以追究相关刑事责任，直到1997年《刑法》修订才增设此罪名。

2011年，《刑法修正案（八）》对强迫劳动罪进行了较大修改，主要包括以下几点：

（1）扩大了犯罪主体的范围。通过新旧条文对比，我们可以发现，《刑法修正案（八）》对强迫劳动罪最大的改动就是对犯罪主体的变更，取消了“用人单位”这个限定，犯罪主体的范围被扩大了，用人单位和自然人都可以成为该罪的主体。根据2011年最高人民法院和最高人民检察院共同发布的《关于执行〈中华人民共和国刑法〉确定罪名的补充规定（五）》，原《刑法》第244条的强迫职工劳动罪的罪名取消，修改为强迫劳动罪。

（2）取消了“情节严重”的入罪条件。原条文规定，“情节严重”

是入罪条件之一；修改之后，"情节严重"的入罪条件被取消了。也就是说，不管情节严重与否，只要实施了以暴力、威胁或者限制人身自由的方法强迫他人劳动这个行为，均构成该罪。"情节严重"成为加重构成要件要素，此种处理办法，降低了强迫劳动罪的入罪门槛，提高了处罚的严厉性，更有利于劳动者自由劳动权利的保护。

（3）"协同犯罪"情形入罪。本罪修改之前，只有强迫劳动行为的具体实施者才以该罪论处，而修改之后，为其招募、运送人员或有其他协助强迫他人劳动者亦可以依照强迫劳动罪的规定处罚，这更符合实践中的情况。这不仅扩大了入罪的范围，也将打击强迫劳动行为的时间提前，更好地保护了劳动者自由劳动的权利。

（4）"单处罚金"的规定被取消。修改之前的强迫职工劳动罪，从其罪名和犯罪主体可以看出，该罪是典型的单位犯罪，但刑法并没有规定针对单位的刑罚，只规定了对直接责任人员的处罚。而修改之后，实行"双罚制"，既处罚单位又处罚直接责任人员，有效防治了部分犯罪分子"以钱代罪"的问题，加大了对强迫劳动犯罪的打击力度。

2.强迫劳动罪的立法不足

《刑法修正案（八）》对强迫劳动罪有了较大的修改，犯罪主体和对象的范围被拓宽，增加了犯罪手段和形式，也加大了刑罚惩治力度，这些修改是对当时强迫劳动现象所暴露出来的问题的直接回应，满足了我国司法实践中对打击强迫劳动犯罪的现实需要。但是，本罪在立法方面仍然有完善的空间，如现在法条中仍然对该罪的犯罪手段采取有限列举的方式，且所列举的手段与《劳动法》中对该问题的规定并不一致。我国《劳动法》第96条将两类强迫劳动的犯罪手段详尽地列了出来，[1]第一类犯罪手段已经被全部纳入了强迫劳动罪的规制范围，但是强迫劳动罪法条的条文表述，将法条中所提到的三种手段之外的手段排除在外。有限列举强迫劳动手段的方法，可以说是出于刑法谦抑性的考虑，确实应该审慎确定该范围。而且修改之后的强迫劳动罪，由结果犯变成了行为犯，只要实施了符合构成要件的强迫劳动行为，该罪就可成立，而“情节严重”则成为法定刑升格的条件。因此，必然要对入罪的行为手段进行严格限制。但是，这并不证明，除了法条中所列举的三种手段之外，其他的手段就不应被纳入刑法的规制范围。

笔者认为，其他手段只要与法条中规定的三种手段的严重程度相当，也是可以入罪的。对于《劳动法》中规定的其他五种强迫手段，即侮辱、体罚、殴打、非法搜查和拘禁，要仔细甄别。体罚和殴打应该属于暴力的范围，拘禁等同于限制人身自由，非法搜查是指没有合法依据就对劳动者的住所或劳动者随身携带的物品进行肆意检查和没收，属于对劳动者人身自由的一种限制和“侮辱”。而这五种手段与限制人身自由的强迫程度较为接近，因此，笔者认为这五种手段也可以列入强迫劳动罪的规制范围，以解决强迫劳动罪的法条采取有限列举导致很多行为不能入罪的问题。

---

〔1〕 即第一类是暴力、威胁或非法限制人身自由的手段，第二类是侮辱、体罚、殴打、非法搜查和拘禁的手段。

（二）强令、组织他人违章冒险作业罪

1. 强令、组织他人违章冒险作业罪的立法现状

强令、组织他人违章冒险作业罪规定于《刑法》分则第二章危害公共安全罪中的第134条第2款。2006年《刑法修正案（六）》将该罪纳入进来，但是，直到2007年11月最高人民法院、最高人民检察院发布《关于执行〈中华人民共和国刑法〉确定罪名的补充规定（三）》才将此单独定为强令违章冒险作业罪，2021年《刑法修正案（十一）》和《关于执行〈中华人民共和国刑法〉确定罪名的补充规定（七）》取消强令违章冒险作业罪，变更为强令、组织他人违章冒险作业罪。从1979年至2006年，该罪的设立过程可见，该罪与重大责任事故罪有着难以割裂的渊源关系。在此之前，强令、组织他人违章冒险作业的行为被放到重大责任事故罪中予以规制。回到1979年《刑法》第114条，该法条将重大责任事故罪的主体限定为"工厂、矿山、林场、建筑企业或其他企业、事业单位的职工"这一范围，且将管理人员和一般职工区分开来。因为当时我国还处于改革开放的起始阶段，受限于当时的经济形势，我国绝大多数的企业、事业单位属于国有或集体所有，而此类案件也只发生在这一类单位内。而后来我国经济体制有所变化，民营企业等新的所有制形式不断涌现，该罪的犯罪主体也随之成为一个颇具争议的话题。1986年至1989年最高人民法院和最高人民检察院就此分别发布了一系列的文件，这些文件进一步扩张解释了该罪的犯罪主体，群众合作经营组织和个体经营户的从业人员也先后被纳入进来，而且文件明确指出，不管是

否有照经营，只要在施工过程中强令工人违章冒险作业，造成了重大安全事故，都可以构成重大责任事故罪。然而遗憾的是，1997年《刑法》修订时，却并没有将这一点采纳进去。虽然该罪对惩治重大安全生产责任事故犯罪发挥了重要作用，但是很显然主体范围过窄，仍不能适应目前生产经营主体多元化的现实。为了解决这个问题，2006年的《刑法修正案（六）》作出了回应。修改之后，重大责任事故罪的行为主体是对生产、作业负有组织、指挥或者管理职责的负责人、管理人员、实际控制人、投资人等人员，以及直接从事生产、作业的人员；而强令、组织他人违章冒险作业罪的主体则是管理者。由此，前者不属于狭义劳动刑法的内容，而后者属于狭义劳动刑法的内容。《刑法修正案（六）》将强令、组织他人违章冒险作业行为从原来的重大责任事故罪中分离了出来，更加严厉的刑罚意味着在当时矿难频发的情况下，我国特意采取有针对性的措施来治理这些无视职工生命安危的问题。但是，由于法条设计上的粗疏，司法实践中对如何理解和适用该罪名存在较大分歧。《工会法》第33条规定，工会有权对企业的违章指挥和强令职工冒险作业的行为提出建议。《劳动合同法》第46条规定，用人单位强令、组织他人违章冒险作业危及劳动者人身安全的，劳动者可以提出解除劳动合同，并由用人单位支付经济补偿金。《安全生产法》第51条规定，生产经营单位不得因从业人员拒绝违章指挥、强令冒险作业而降低其工资、福利等待遇或者解除与其订立的劳动合同。从立法技术上来看，《刑法修正案（六）》将该罪的基本法定刑上限定为五年，情节特别恶劣的，处五年以上有期徒刑，规定较严厉刑罚是为了将该罪与一般的违反安全管理规定的犯罪区别开来。与一般个体违反安全管理规定的犯罪相比，该罪的行为情节更为恶劣，对社会的危害性更大，主观罪过也更为严重。《刑法修正案（六）》作出的调整恰恰说明了强令、组织他人违章冒险作业罪和重大责任事故罪在不法与责任上的差异，更好地实现了各罪在达到罪责刑方面的均衡状态。《刑法修正案（十一）》将“冒险组织作业”新增设为该罪的行为方式，即“明知存在重大事故隐患而不排除，仍冒险组织作业”。《安全生产法》第118条第2款规定：“国务院应急管理部门和其他负有安全生产监督管理职责的部门应当根据各自的职责分工，制定相关行业、领域重大危险源的辨识标准和重大事故隐患的判定标准。”据此，本条中规定的“重大事故隐患”应当按照法律、行政法规或者国务院应急管理部门和其他负有安全生产监督管理职责的部门发布的有关国家、行业标准确定；“明知”指行为人在主观上对事故隐患的存在可能导致的危害后果虽然不是积极追求，但存在鲁莽、轻率心态；“不排除”是指对重大隐患不采取有效措施予以排除危险；“仍冒险组织作业”是指明知具有重大事故隐患未排除，仍然组织冒险作业，如已发现事故苗头却不听劝阻、一意孤行，拒不采纳工人和技术人员意见，导致事故发生的，或者通过恶劣手段掩盖安全生产隐患，蒙骗工人作业，在出现险情的情况下仍然继续生产、作业或者指挥工人生产、作业等。至此，该罪所涵盖的行为进一步扩大。

2. 强令、组织他人违章冒险作业罪的立法不足

自《刑法修正案（六）》中规定的强迫或指使他人冒险作业罪被引入《刑法修正案（十一）》以来，这项罪名已经对那些忽略工作人

员的生命和身体安全的强迫或指导他人冒险作业的行径产生了某种程度的限制效果，同时，它也推动了中国社会主义市场经济的稳步增长。尽管如此，这项罪名依旧存在以下的立法问题：

（1）犯罪主体不够明确。需要特别强调的是，此罪行的实施者，涵盖所有承担“生产或工作的组织、指导或管理责任”的个体，不分其所在的级别高低，亦不论其是否遵从上级命令，均属于该罪行的实施主体。在此，我们必须明确实际的掌握者和投资者的职能，也就是他们的具体职责。也就是说，他们是否有组织、指挥或管理生产和作业的义务。然而，在实际操作过程中，我通过查找公开的案例，并未找到这个罪行追究到实际的控制者或投资者，只有一些案例被确定为“重大责任事故罪”。例如，在《李某甲、吕某某强令、组织他人违章冒险作业、重大责任事故二审刑事裁定书》中，法院认为，被告人吕某某、陈某甲、在处理与危及生产安全有关的刑事案件时，《刑法修正案（六）》确立了管理层作为“胁迫违规冒险施工罪”的主要犯罪人，而该定位在《刑法修正案（十一）》中并未作出变更。与此同时，最高人民法院及最高人民检察院在2015年颁布并实施了《关于办理危害生产安全刑事案件适用法律若干问题的解释》（以下简称“2015解释”），其中进一步厘清了该罪行的责任主体，包括负有组织、指挥、管理任务的负责人员、管理者、实际控制者以及投资者等相关人员。

笔者推测，本案中法院将管理人员认定为“强令、组织他人违章冒险作业罪”，对投资人、实际出资承建人认定为“重大责任事故罪”，系综合考虑了犯罪嫌疑人的知识能力，即法院认为一线管理人员对安全管理规定、对现场安全隐患应当具有更高要求的把握，而对投资人、实际出资人的要求较低。笔者认为，这种观点值得商榷，在当下安全生产领域预防为主的要求下，层级越高越应当充分学习和了解各类安全管理规定、安全事故隐患等，从上到下执行依法生产、作业，更有利于从源头上控制事故风险。

需要特别指出的，就是本罪的刑事责任人包括所有负责“组织、指挥或管理生产、作业”的工作人员，不论其职位高低、是否遵从上级命令，均属该罪行的责任主体。在《王某因命令及策动他人从事违规危险操作行为罪的二审民事判决书》中提到，被告王某连同辩护人提起上诉声称自己并未满足违规操作犯罪行为的法定责任主体条件，并指出涉案的建筑项目是由胡某全权负责的，胡某作为项目的直接总负责人，王某仅在其下从事工作，并依照胡某的安排去聘请劳工进行手工打桩作业。在接到监理单位发出的停止施工命令后，王某依旧根据胡某的命令继续施工。对此，法院却持反对意见，认为王某的上诉理由并不符合法律条文和经查证的真实情况，因此不接受其上诉。故笔者认为，在生产、作业中，无论处于什么岗位，只要身负安全管理责任，就必须有独立的判断能力，对违章冒险作业行为坚决说“不”。另外，与重大劳动安全事故罪相似，命令或动员别人违反规章制度从事危险作业的行为，也应该把组织作为犯罪行为的实施者包括进去。

（2）刑罚单一。颁布命令、策动别人进行违规冒险劳作的罪行，仅仅设定了限制人身自由的刑罚，也就是定期监禁和羁留。若对强制下属或组织他人进行违规危险操作的行为设立高额罚款作为刑罚，在企业犯罪的案例中，不仅涉案的高层管理者和其他有直接责任的员工会遭受刑事制裁，企业本身也将遭受严重打击。企业因违背安全操作规程所获得的利益，会因此大幅减少甚至有可能全部被罚金所抵扣。鉴于此情此景，众多机构将自行审慎评估得失，主动遵循相关的安保管理条例，建立符合国家规范的生产装备和保障生产作业安全的条件，依照法律规定的安全操作流程进行生产活动，务求减少因重大安全事件带来的进一步损害。因此，刑罚的单一也是该罪应该完善的方面。

（三）拒不支付劳动报酬罪

1.拒不支付劳动报酬罪的立法现状

我国《刑法》分则第5章侵犯财产罪中的第276条之一规定了拒不支付劳动报酬罪。用人单位拒不支付劳动报酬是一个长期困扰着劳动者的问题。在《刑法修正案（八）》将其纳入刑法规制范围之前，我国规制拒不支付劳动报酬的法律主要是《劳动合同法》和《劳动法》。在遭遇拒不支付劳动报酬的情况时，劳动者首先要通过行政手段维护自身权益。因为劳动争议仲裁前置程序的存在，劳动者必须先申请劳动仲裁。我国《劳动法》第50条和第91条、《劳动合同法》第74条和第85条均规定，劳动者遭遇欠薪时可以向劳动行政部门申请，由用人单位来支付报酬与赔偿金。如果经过劳动仲裁，问题还是没能得到解决，劳动者可就欠薪问题向人民法院提起民事诉讼，走到最后的执行程序，用人单位则可能被按照《刑法》第313条的规定，根据拒不执行判决、裁定罪予以起诉。可以看出，关于拒不支付劳动报酬的行为，我国的行政法、民法和刑法都有直接或间接的规定，但是这种看似多种途径的维权选择，却恰恰因为环节过多而导致劳动者维权相当困难。英国法谚云："迟到的正义非正义。"从劳动仲裁到民事诉讼再到强制执行，其间的艰辛只有当事人自己才能了解。正因如此，当民法、行政法等部门法缺位时，刑法就应该义不容辞地站出来，于是《刑法修正案（八）》将拒不支付劳动报酬的行为纳入了刑法的规制范畴。由于该罪关于劳动报酬等问题的规定不够明确，最高人民法院2013年又发布了《关于审理拒不支付劳动报酬刑事案件适用法律若干问题的解释》，就"劳动报酬"的范围，如何确定"以转移财产、逃匿等方法逃避支付"，如何认定"经政府有关部门责令支付却仍不支付"以及在行为人逃匿情形下"经政府有关部门责令支付"等问题作了较详细的规定，并且将该罪的定罪量刑标准予以明确，如规定了"数额较大""严重后果"等认定标准。

2.拒不支付劳动报酬罪的立法不足

如前所述，司法解释出台后，拒不支付劳动报酬罪的罪状已经较为明确，但是该罪在立法上仍存在一定不足，具体表现如下：

（1）罪状表述不够明确。拒不支付劳动报酬罪的罪状中有很多比较含混的表述，如"劳动报酬"的内涵和外延、"有能力支付而不支付"的认定标准，"政府有关部门"的范围、"数额较大"的界定标准等。尽管2013年最高人民法院发布的司法解释已经对其中的一些概念进行了界定，如"劳动报酬"的范围、"责令支付"的方式、"数额较大"的范围等，但该罪的罪状仍然有不够明确之处，需要进一步完善。具体而言，存在下列问题：①"劳动报酬"的范围过窄；②何为

"有能力支付而不支付"有待明确；③"政府有关部门"的外延不清楚；④"数额较大"标准不够科学；⑤主观上的"故意"不易界定。

（2）法定从宽量刑情节不尽合理。有人认为，该罪第3款关于"可以减轻或者免除处罚"的规定，与该罪第1款中的"经政府有关部门责令支付仍不支付"这一前置程序重复，因为在"政府责令支付"之后，欠薪者只要按照规定支付，就不需要追究该欠薪者的刑事责任。〔1〕笔者不同意上述观点，因为该第3款的适用条件是，当政府下达责令支付通知之后，欠薪者仍不支付——此时欠薪者的行为在实质层面上已经是犯罪行为了，只有在提起公诉之前将劳动者的报酬支付完毕并承担相应的赔偿责任，才有可能减轻或免除处罚。由此，第3款的适用前提与第1款的适用前提不一样，并不重复。但是笔者认为，第3款的从宽量刑情节应该具体问题具体分析，对于初犯、偶犯和再犯、累犯应区别对待，因此，法定从宽的量刑情节还应进一步完善。

（3）法定刑设置不合理。拒不支付劳动报酬罪在法定刑设置上的不足主要表现为两个方面：①法定刑设定过高。本罪的有期徒刑最高是7年，而同样用来解决欠薪问题的拒不执行判决、裁定罪，其法定自由刑也是最高7年有期徒刑。如此一来，就会带来两个问题：第一，罪责刑不一致。从社会危害来看，拒不执行判决、裁定罪侵犯的是司法机关所作出的判决、裁定，且其前提是有特定债务或

〔1〕 参见杨朝飞：《拒不支付劳动报酬罪的立法之争及其适用问题研究》，兰州大学2012年硕士学位论文，第34页。

义务的存在，也就是说该罪侵犯的是双重权益，不仅侵犯了私人权利还藐视了公权；而拒不支付劳动报酬罪侵犯的仅是私人的合法权益，虽然有时会造成严重的危害后果，但是两相对比，无疑前者的危害更加严重，而二者的处罚却一样，导致二者的刑罚结构不平衡，这也是罪责刑不一致的表现。第二，违背了设立该罪的初衷。该罪设立的目的是督促欠薪者支付劳动者的劳动报酬，维护劳动者的合法权益，惩罚只是手段，而不是为了惩罚而惩罚。②刑种设置缺乏管制刑。《刑法修正案（八）》对本罪设置了有期徒刑、拘役和罚金三个刑种，并未设置管制刑。而管制刑的缺失是该罪刑罚结构不合理的一个重要表现，管制刑属于限制自由刑，把罪犯置于群众中进行监督改造，发挥群众或者单位监督改造的威力，也不影响该罪犯正常的工作和生活，对于其改造和社会秩序的安定十分有意义。对于拒不支付劳动报酬罪的罪犯来说，采取管制刑，不但可以让其正常工作，更有利于其及时支付劳动者的报酬，既达到了教育和改造的目的，又更好地保障了劳动者的利益。因此，缺乏管制刑是该罪的法定刑设置不合理的另一个方面。

第三节　自救型劳动犯罪的罪名体系

侵权型劳动犯罪与自救型劳动犯罪不同于普通犯罪，二者之间是对立统一的关系。其一，雇佣者与劳动者是一对合作伙伴，是一个典型的"利益共同体"。雇佣者依靠劳动者的劳动而获取经济利润，劳动者向雇佣者付出劳动而获取经济收入，二者谁都离不开谁。其二，这两类犯罪起因具有特殊性。侵权型劳动犯罪和自救型劳动犯罪都源自劳动纠纷，是雇佣者和劳动者在劳动过程中产生的矛盾和冲突的集中体现。其三，侵权型劳动犯罪与自救型劳动犯罪存在一定的关联性。雇佣者以劳动者为对象实施侵权型劳动犯罪，劳动者以雇佣者为对象实施自救型劳动犯罪，自救型劳动犯罪是对侵权型劳动犯罪的一种对抗。我国并没有专门对自救型劳动犯罪进行立法，而是适用其他普通犯罪的立法。按照犯罪主体和形态的不同，可以将自救型劳动犯罪分为个体劳动者自救引发的犯罪和集体争议引发的自救型劳动犯罪。

一、个体劳动者自救引发的犯罪

我国劳动者数量众多，尤其是农民工占比很大，随着经济的发展，有大幅上升的趋势。根据国家统计局的数据，2022年全国农民工总量29562万人，比上年增加311万人，增长1.1%。[1]可是，对于如此庞大的一个群体，我们国家却没有一部专门的法律来进行保护。实际上，国务院于2003年就针对这个问题发布了《关于做好农民工进城务工就业管理和服务工作的通知》，这个通知具有历史性意义，因为它将农民工纳入了《劳动法》的调整范围，规定农民工可以和

---

〔1〕 参见国家统计局:《2022年农民工监测调查报告》，载中华人民共和国中央人民政府网，http://www.stats.gov.cn/tjsj/zxfb/202004/t20200430_1742724.html，2023年11月1日访问。

其他劳动者一样，享有《劳动法》中针对一般劳动者所规定的各项权利。但是《劳动法》仅是一部社会法，并不能对自救型劳动犯罪起到有效的规范作用。从目前来看，个体劳动者自救引发的犯罪和其他普通犯罪一样，都被规定在《刑法》当中，没有其他特殊规定，涉及的罪名主要有以下几种类型：

第一，危害公共安全的犯罪。劳动者竭尽全力得不到应得薪酬，被逼无奈就有可能采取极端方式来解决问题，而这些方式可能会危害到不特定或多数人的生命、健康或财产安全，因此构成危害公共安全罪。例如，2015年上海浦东新区一家“山东手擀面”饭店的员工王某，向店主杨某某讨要工资不成后恼羞成怒。为泄愤，他竟然将室外摆放的一个液化气钢瓶搬到店内，在明知店内有明火的情况下，打开阀门释放液化气。其间，同事张某上去阻止时，还被王某殴打致伤。经鉴定，该液化气钢瓶内含有乙烷、丙烷等易燃气体。法院审理后认为，王某以危险方法危害公共安全，虽尚未造成严重后果，其行为已构成以危险方法危害公共安全罪，被判处有期徒刑3年。

第二，侵犯公民人身权利的犯罪。此类犯罪主要包括非法拘禁罪、绑架罪、故意杀人罪和故意伤害罪等。此类案件屡见报端，如2014年重庆秀山土家族苗族自治县陈某到某电器厂做搬运工，因与厂方没有明确约定工资如何结算，陈某一直没有拿到工价表。4月14日，陈某书面辞工，要求厂方结清工资，厂方一直没有算工资给他。之后，陈某天天到该厂要求结算工资。4月19日，厂方为其结算了3月份工资1700多元。陈某要求厂方将4月份的工资也算出来给他，厂方主管赵某一直推辞，陈某每隔一两天就到工厂要工资。4月30日中午，陈某又到厂索要4月份的工资，主管赵某告诉他4月份的工资还没算出来，尚不能结算。陈某说："我不想活了，你们也不要活了。"当晚6时许，陈某喝了瓶白酒，携带匕首再次来到工厂车间找到赵某。要求结算工资再次无果后，陈某刺伤赵某、仓管员蒲某、大老板谭某和老板娘叶某等人。后法院以故意伤害罪判处其有期徒刑一年。

第三，侵犯财产权的犯罪。得不到报酬的劳动者可能会想办法从别的地方得到补偿，如将单位的产品、原料或生产工具等偷出来变卖，或者以暴力、胁迫等方式从老板处截取财物，或者纠集同乡砸东西、打架斗殴等，从而构成盗窃罪、抢劫罪或故意毁坏财物罪、破坏生产经营罪等。例如，2018年浙江省台州市黄岩区人民法院审理了一起因讨薪未果而损坏工厂财物的案件。2016年6月，郑某来到黄岩区一家家私厂打工，在包工头周某手下从事精雕工作。2017年年初，郑某想回老家过年，向周某提出辞职，可还有1000多元的工资周某却迟迟不肯支付。郑某离开工厂后一直催讨，但周某每次都借故推托。2017年7月23日，倍感无奈的郑某一气之下乘车直奔原来工作过的家私厂。郑某来到木工车间时，已是中午时分，车间里没有人，他便操起一把铁锤，直接往木雕雕刻机上砸，将精雕机锥刀、变频器、显示器、驱动器等机器设备砸毁，共计价值8550元。出了一通气后，郑某直接离开了家私厂。同年8月29日，郑某在租住处被公安机关抓获。之后，其家属赔偿了家私厂的经济损失，并取得谅解。法院审理后认为，郑某因琐事故意毁坏他人财物，数额较大，其行为已构成故意毁坏财物罪，依法应予惩处。2018年1月17日，郑某被黄岩区人民法院以故意毁坏财物罪判处拘役5个月。

二、集体争议引发的自救型劳动犯罪

在西方国家，一般规定对正当的集体争议免除刑事责任，对不正当的集体争议才予以刑事干预。[1]其中，有不少国家把正当的集体争议视为刑法中的正当化事由。例如，现行《日本劳动组合法》第1条第2款规定："工会的团体协商，或其他的行为系达成前项所写之目的行为正当者，则适用刑法第35条的规定。但在任何情况下，暴力的行使均不得解释成为正当的集体争议。"

在我国，《刑法》和《劳动法》都对集体争议没有明确规定。我国关于"集体争议"（集体维权行为）的规定，主要体现在《工会法》中，其中第28条是我国处理集体罢工事件的基本法律依据，明显体现出对罢工工人予以保护的倾向。但是罢工权并没有得到《宪法》以及其他法律的认可，尤其是在刑事和民事法律中没有免责规定，因此可以说我国尚未形成关于集体争议的处理机制。正因如此，我国在不同地区、不同时期，对于集体争议的处理方式各不相同，如有些集体争议就被按照妨害社会管理秩序的犯罪来处理。

---

〔1〕 参见姜涛：《劳动刑法：西方经验与中国建构》，载《环球法律评论》2009年第2期。

在相当长一段时期内，工人发起的这种集体行动都被当成突发性事件或群体性事件来处理，政府把此类事件定位为“政治性质的维稳事件”[1]。这种做法可能使劳资矛盾更加激化和复杂化。

随着社会的发展，这种简单粗暴化解集体争议的方式已经不能起到理想的效果了。2007年《劳动合同法》实施之后，中央提出“执政为民”和“改进社会治理方式”等具有人文思想的执政理念，基于此，各地方政府也开始反思和调整原先对集体争议的处理方式。

2015年3月，中共中央、国务院颁布《关于构建和谐劳动关系的意见》，其中“因签订集体合同发生的争议和集体停工事件”与“群体性事件”被明确区分开来，被定义为两类不同性质的事件。对于这两类不同的事件，要采取不同的处理方法。一般的停工事件，并不能等同于“群体性事件”，只有在集体争议超出了劳资纠纷的范围，对社会秩序和稳定造成了严重影响的时候，才能被定为聚众扰乱社会秩序罪、聚众冲击国家机关罪、聚众斗殴罪等群体性犯罪。将二者进行区分，纠正了原来对集体争议“一刀切”的做法，在一定程度上有利于构建劳资集体争议的处理机制，但是我国目前仍然没有彻底将集体争议与群体性事件分割开来，且对集体争议的适度非罪化处理很不明确。

---

〔1〕 常凯：《我国劳资集体争议的法律规制体系建构研究》，载《南京大学学报（哲学·人文科学·社会科学）》2017年第5期。

第四节　我国劳动刑法的立法评析

我国劳动刑法历经40余年的发展，取得了一定成就，形成了自己的一些立法特色，例如，体现了立法上的宽严相济刑事政策，涉猎罪过形式较为全面，对劳动权的保护呈扩张和完善趋势等。但不可否认的是，我国劳动刑法在立法上仍然存在着诸多问题。

一、立法特色

我国刑法历经多次修正，也多次涉及劳动刑法的立法，至此已经初步建立起了较为严密的劳动刑法体系。统观我国的劳动刑法体系，可以发现如下特色。

（一）体现了立法上的宽严相济刑事政策

我国劳动刑法的相关规定在一定程度上体现了宽严相济刑事政策。具体而言，由于大多数的侵权型劳动犯罪，一般情况下所侵害的法益不是很严重，大部分罪名所设置的刑罚较轻，主要是短期自由刑；而对于侵害劳动者法益比较严重的犯罪，则设置更为严厉的刑罚。例如，拒不支付劳动报酬罪不涉及劳动者的人身安全，刑罚设置得比较轻。且该罪的入罪门槛比较高，要求“经政府有关部门责令支付仍不支付”。也就是说，如果经政府有关部门责令支付后，及时支付了劳动报酬，即使之前采取了转移财产或逃匿等方式实施了拒不支付劳动报酬的行为，也不成立犯罪，这体现了从宽的刑事政策要求。再如，强令、组织他人违章冒险作业罪和强迫劳动罪采取强迫、威胁等手段，性质更加恶劣，危害更加直接，所以和其他侵权型劳动犯罪相比，两罪的法定刑更重，这体现了从严的刑事政策要求。

（二）涉猎罪过形式较为全面

《刑法》第14、15条规定了故意、过失两种主观罪过，学理上对故意和过失作了进一步的划分，分为直接故意、间接故意、过于自信的过失和疏忽大意的过失。和刑法的其他罪名一样，我国的劳动刑法中的相关罪名可以分为故意型劳动犯罪和过失型劳动犯罪。其中最严重的一类犯罪即劳动安全事故性犯罪，具体包括强令、组织他人违章冒险作业罪，重大劳动安全事故罪。该类犯罪一般是因为安全生产设施等不符合国家规定，或在生产作业中违反了安全规定，才导致事故的发生。也就是说，主观方面是过失，而不是故意。而强迫劳动罪和拒不支付劳动报酬罪等则是故意犯罪，即犯罪主体对犯罪结果持故意态度。因此，我国的劳动刑法在罪过形式上既包含了故意犯罪又包含了过失犯罪，还是较为全面的。

（三）对劳动权的保护呈扩张和完善趋势

从发展历程来看，从最初的1979年《刑法》到1997年《刑法》以及1997年《刑法》的12个修正案，我国的劳动刑法也经历了从无到有、从少到多、从不够科学到趋于完善的过程。具体来说，我国的劳动刑法最开始仅局限于保护劳动者的生命、健康和重大的公私财产安全等，而随着社会和法治的不断发展，我国劳动刑法也向保护劳动者的自由权、改善未成年人的劳动环境以及保障劳动者的报酬权等方面扩张。每一次新的立法，每一个新罪名的产生，每一项罪刑结构的变化，每一次刑罚的调整，都证明了我国的劳动刑法呈扩张和完善的发展态势。以强迫劳动罪为例，该罪的设立过程就是劳动刑法扩张和完善的生动诠释。强迫劳动罪最初的罪名表述为强迫职工劳动罪，规定于1997年《刑法》第244条，该罪将强迫职工劳动的行为纳入了刑法的规制范围，但是该罪仍然存在一定的局限性，如仅保护“职工”，且仅规制实施强迫职工劳动的行为。在该罪名实施后不久，强迫非“职工”劳动的行为，以及各种协助或帮助强迫他人劳动的行为不断出现且形势愈加严峻。2009年，我国加入的《联合国打击跨国有组织犯罪公约关于预防、禁止和惩治贩运人口特别是妇女和儿童行为的补充议定书》要求缔约国必须将通过暴力威胁、使用暴力手段或其他形式胁迫，招募、运送、转移人员并强迫其劳动、劳役等行为规定为犯罪。在国际、国内的双重背景之下，《刑法修正案（八）》和《关于执行〈中华人民共和国刑法〉确定罪名的补充规定（五）》将原来的“强迫职工劳动罪”修改成了“强迫劳动罪”，并将该罪的犯罪主体扩大为一般人，而不是限定为合法“用人单位”。可以预见，未来的劳动刑法，在对劳动权的保护方面必然会有更大的扩张和发展。

二、存在问题

与西方国家劳动刑法的立法相比，我国的劳动刑法起步比较晚，而且研究者相对较少，虽然近几年来这个状况有所改变，劳动刑法方面的立法也正在不断完善，但是其中仍然存在很多问题，如劳动法律法规与刑法衔接不够紧密，劳动刑法内容比较散乱、条理不够清晰、保护范围较为狭窄，刑罚规定混乱且刑种较为单一，犯罪主体设定比较狭窄，刑法介入比较滞后，个别罪名立法层次不清，以及对个体自救型劳动犯罪和集体争议引发的自救型劳动犯罪没有专门规定等，具体如下。

（一）我国劳动法律法规与刑法衔接不够紧密

从以上分析中可以看到，我国目前的劳动法律法规中有很多关于刑事责任的规定，是我国劳动刑法的重要组成部分，但是这些规定也存在一些问题，主要表现为以下方面。

1.劳动法律法规中的刑事责任条款不够明确

从劳动法律法规的规定中可以看到，这些法条虽然写明了“构成犯罪的，依法追究刑事责任”，但是对于如何追究刑事责任，按照什么法律规定进行追究，这些都没有写清楚。如同我们粘贴了一条“构成犯罪的，依法追究刑事责任”的超链接在劳动法律法规中，点进去却不能直接找到追究该刑事责任的法律依据。虽然说我们可以根据法条的文字表述找到刑法规定中与之相关的文字表述，但是从法律适用的准确性来说，还是作更为准确的规定更加适宜和便捷。

2.劳动法律法规中的部分刑事责任条款在刑法中尚不能找到对应法条

对于劳动法律法规中大部分的刑事责任条款，我们可以从刑法条文中找到与之相对应的罪名。但是，仍然有一部分的刑事责任条款，我们找不到与之对应的刑法条文。例如，前文中提到的《职业病防治法》第78条。有人认为，造成重大职业病危害事故的，应该按照《刑法》中第135条重大劳动安全事故罪来处理，但是立法上对此尚未进行明确规定。也有观点认为应该增设“重大职业病事故罪”[1]，因为职业病事故具有特殊性，与一般的劳动安全事故并不完全一样，基于“罪刑法定”的原则，不宜直接并入重大劳动安全事故罪进行处罚。

3.劳动法律法规与刑法中的用词是否同义有待进一步明确规定

如在《劳动法》和《刑法》中都有“用人单位”这个词，二者的范围是否完全一致？事实上，我国《劳动法》中并没有对“用人单位”这个概念予以界定，《刑法》亦是如此。但是，从《劳动法》相关法条的表述中，我们可以看到，用人单位包括企业、个体经济组织、国家机关、事业组织、社会团体等。但是，这些是否可以直接应用到《刑法》中？这与《刑法》中单位犯罪的“单位”能否等同？这些问题都有待进一步明确。

---

〔1〕 参见黄秀丽等:《刑法能治职业病?》,载《南方周末》2011年6月2日,第2版。

(二)劳动刑法内容比较散乱且保护范围较为狭窄

我国目前没有专门的劳动刑法，现有的附属刑法如前所述，与刑法的衔接不够紧密；刑法典中有关劳动权的刑法规范的分布亦十分散乱。前述5项罪名中，其中的强令、组织他人违章冒险作业罪和重大劳动安全事故罪属于《刑法》分则第2章危害公共安全罪的范畴，强迫劳动罪和雇用童工从事危重劳动罪属于《刑法》分则第4章侵犯公民人身权利、民主权利罪的范畴，而拒不支付劳动报酬罪属于《刑法》分则第5章侵犯财产罪的范畴。这种分布散乱的情形，不仅显得条理不清，也显得我国对劳动刑法不够重视。

从本书第一章对劳动权的概述中可知，劳动权具有自由权、平等权、生存权、发展权、社会权与收益权的综合属性。而我国目前的《刑法》中涉及劳动权保护的条文很少，虽然已经比之前有了很大进步，但是还远远不够，无法惩处大量新型的侵害劳动权的严重违法行为，如对不缴或少缴劳动者的社会保险金、放任职业病扩散等诸多严重侵犯劳动者合法权益的行为还没有相关的刑法条文予以规范。

(三)刑罚规定混乱且刑种较为单一

与其他犯罪的刑罚相比，劳动刑法领域的刑罚相对不够严厉，尤其是对生产安全类犯罪规定的刑罚显著较轻，除强令、组织他人违章冒险作业罪和强迫劳动罪的法定最高刑分别为15年和10年有期徒刑之外，其余各罪的法定最高刑均为7年有期徒刑。像重大劳动安全事故罪、雇用童工从事危重劳动罪等，均属于严重危害劳动者生命、健康安全和重大财产安全的犯罪，应该说其社会危害性非常大，但是这类犯罪的法定刑居然与过失致人重伤罪、过失致人死亡罪的法定刑相同，其罪责刑明显不均衡。换言之，生产安全类犯罪属于业务过失犯罪，从事安全生产业务的人负有高于普通人的预见义务，该类业务过失犯罪引起的伤亡情况和财产损失往往更为严重，其社会危害性往往大于普通的过失犯罪。因此，只有对此类犯罪实行较重的刑事处罚才符合罪责刑相适应的原则，才能达到预防犯罪的效果。

此外，我国劳动刑法规定的刑种较为单一。仔细梳理我国劳动刑法相关条文，除了强迫劳动罪、雇用童工从事危重劳动罪和拒不支付劳动报酬罪规定了罚金刑外，其他各罪均只规定了自由刑。实际上，劳动刑法领域的犯罪大多是因雇佣者过分追逐经济利益才发生的，《刑法》却没有对此类犯罪普遍设置财产刑和资格刑，而这两种刑罚却恰恰是治理经济利益诱发犯罪的有效措施。罚金、没收财产可以让行为人失去获得的财产，取消从业资格的适用可以让行为人在一定时期内不能生产，一针见血地戳其痛处，从而达到预防犯罪的目的。

（四）犯罪主体设定比较狭窄

除强迫劳动罪和拒不支付劳动报酬罪明确规定了单位犯罪之外，其他各罪都没有规定单位犯罪，犯罪主体的设定比较狭窄。侵犯劳动者合法权益的行为发生于劳动关系领域，地点一般是劳动场所。

由于劳动场所环境的复杂性和侵权方式的多样化，侵权主体的范围往往比较广泛，但我国《刑法》规定的侵权型劳动犯罪主体大多为一般主体，看似主体比较宽泛，却很少明确规定单位犯罪，如雇用童工从事危重劳动罪，原本单位也可以是该罪的犯罪主体，但是承担刑事责任的却是直接责任人员，导致犯罪主体的设定较为狭窄。

（五）刑法介入比较滞后

我国劳动刑法中规定的各罪绝大多数是结果犯，就狭义劳动刑法中的上述五个罪名而言，只有雇用童工从事危重劳动罪是情节犯，其余均为结果犯。确实，由于刑法的谦抑性和刑法作为最后的保障法的功能，一般来说，是需要该行为造成严重后果，也即造成了实际的法益侵害，才能被纳入犯罪。但是在那些造成人身伤害和财产损失十分惨重、无法弥补的犯罪中，如果也以造成严重后果为犯罪构成要件，那么刑法的规定无疑就成了“马后炮”。例如，强令、组织他人违章冒险作业罪和重大劳动安全事故罪两罪，目前均要求“发生重大伤亡事故或者造成其他严重后果”。但是因为工地生产安全关系着众多人员的生命、财产安全，如果等到安全事故的严重后果发生之后，刑法才能介入，那么由此造成的人身伤亡和财产损失将难以弥补。如果强令、组织他人违章冒险罪和重大劳动安全事故罪这样性质极其恶劣的犯罪也以严重后果的发生作为其犯罪构成要件，行为人就会存在侥幸心理，这种侥幸心理极易引起重大安全生产事故的发生。此外，对于职业病犯罪，劳动者只有在自己的身体状况遭受十分严重的侵害时，才能使用法律武器来保护自已。而更有甚者，即使危害结果发生，很多时候也得不到有力保护，不然又怎么会有“开胸验肺”的事情发生呢？因此，刑法介入的滞后使得类似这样的犯罪只单纯作为结果犯，导致一些危险行为并不能在行为之初就得到制裁。

（六）个别罪名立法层次不清

一般来说，针对一般的违法行为，法律首先是通过民事法律手段或行政法律手段来解决，当民事和行政法律手段都无能为力时，才会动用刑法予以定罪处罚。如拒不支付劳动报酬罪，笔者认为，这是对司法资源的双重浪费。拒不支付劳动报酬，在入罪之前，该行为先是通过行政手段调解、仲裁，无法解决时再提起民事诉讼，这是劳动者遭遇欠薪时处理该问题的必由之路。在拒不支付劳动报酬行为入罪之后，从民事诉讼程序、行政程序再到刑事诉讼程序，该过程是一场旷日持久的战斗，导致劳动者的讨薪过程更加艰辛。从受害人的角度出发，劳动者本来就是弱者，尤其对于被欠薪的农民工来说，背井离乡到城市工作是为了在经济上尽快有回报，因此其对经济回报的期待十分迫切，如果要讨回被拖欠的工资，必须经过行政程序、民事诉讼程序、刑事诉讼程序，那将是非常漫长的过程。一边是急切的需要经济回报的劳动者，另一边却是历经数月仍无回应的法律程序，忍无可忍的劳动者暴力讨薪也便是意料之中的事情了。其他国家对拒不支付劳动报酬行为的规制，一般不会将行政手段作为前置条件。因此，有学者认为，以政府有关部门责令支付作为前置程序，让讨薪过程变得更加复杂，时间上更加拖延，将本可以及时实现的正义，变成了“迟到的正义”，得不偿失。[1]鉴于此，笔者认为，为了更快实现立法目的，避免个别罪名立法层次不清，可以简化立法，省去政府有关部门责令支付这一限定条件。

（七）对个体自救型劳动犯罪和集体争议引发的自救型劳动犯罪没有专门规定

如前所述，劳动者的自救犯罪包括个体劳动者的自救犯罪和集体争议引发的自救型劳动犯罪，均属于私力救济。有学者曾指出：“私力救济犹如蔓草，在实现私权时不免会张扬野性的正义。”[2]但是，在自身合法权益遭受不法侵害的时候，劳动者难免采取极端手段来实现私力救济，因此触犯法律甚至导致犯罪。从西方国家劳动刑法的立法经验来看，多数国家都对自救型劳动犯罪进行了专门规定，有些国家规定对于劳动者通过自救手段导致轻微损害的，不属于违法行为，如日本刑法规定：“…… 在不能得到法律规定的救助的情况下，自己救助的行为，大多不构成犯罪；自救超过必要限度的时候，可酌情减刑或者免刑。”对于集体争议，大多数的西方国家都认为罢工和闭厂行为是合法的，对于集体维权行动也基本上采取既不放任也不压制的折中态度。[3]从这些例子可以看出，西方国家

---

〔1〕 参见李梁：《拒不支付劳动报酬罪的行政附属性规定研究》，载《政法论坛》2017年第5期。

〔2〕 徐昕：《论私力救济与公力救济的交错——一个法理的阐释》，载《法制与社会发展》2004年第4期。

〔3〕 参见张勇：《劳动刑法：侵权与自救的刑事一体化研究》，上海人民出版社2011年版，第200页。

大多对劳动者的自救犯罪采取倾向于劳动者一方的措施，对自救所造成的轻微的损害不予追究刑事责任，而对一般的自救犯罪采取从轻或减轻的处罚。

但是，我国劳动刑法对劳动自救犯罪目前尚无专门规定，找不到相关的原则，甚至理论界和实务部门对于自救行为的合法性问题尚存在较大争议。现实中，我国的司法资源十分紧张，公力救济的门槛相对较高，自救行为不断涌现，但是我国刑法对此却没有明确规定，难以实现对劳动者权益的保护。

第三章　我国劳动刑法的司法适用

司法实践是检验立法的“试金石”。劳动刑法的立法为劳动者合法权益的保护提供了规范上的保障，是对劳动权的静态保护，而司法实践则将劳动权的刑事立法落实在具体个案当中，是对劳动权的动态保护。立法给予劳动者的是宣告式的权利，而司法却能带给劳动者实实在在的权利。本章主要采取实证研究的方法，从具体的数据和案例出发，总结劳动刑法在司法适用中存在的问题。

第一节　侵权型劳动犯罪的司法适用

目前，我国比较权威的案例样本网站主要有中国裁判文书网、北大法律信息网（北大法宝）和北大法意网（中国法律资源库）等。本章中的案例样本就是选取以上三个网站的案例数据库作为检索对象，通过分类和检索关键词的方法，选取2010年1月1日至2021年12月31日的相关案例作为研究样本，共检索到有效的劳动刑法各罪的裁判文书和媒体案例约3万起。

1.中国裁判文书网（http://wenshu.court.gov.cn/）

通过在中国法院网裁判文书栏搜索重大劳动安全事故罪，共检索到裁判文书3512份。

通过在中国法院网裁判文书栏搜索强令、组织他人违章冒险作业罪，共检索到裁判文书416份。

通过在中国法院网裁判文书栏搜索强迫劳动罪，共检索到裁判文书266份。

通过在中国法院网裁判文书栏搜索雇用童工从事危重劳动罪，共检索到裁判文书16份。

通过在中国法院网裁判文书栏搜索拒不支付劳动报酬罪，共检索到裁判文书13541份。

2.北大法宝（www.chinalawinfo.cn）

通过“司法案例”检索系统，搜索案例与裁判文书，搜索刑事，搜索重大劳动安全事故罪，检索到裁判文书2312份。

通过“司法案例”检索系统，搜索案例与裁判文书，搜索刑事，搜索强令、组织他人违章冒险作业罪，检索到裁判文书114份。

通过“司法案例”检索系统，搜索案例与裁判文书，搜索刑事，搜索强迫劳动罪，检索到裁判文书289份。

通过“司法案例”检索系统，搜索案例与裁判文书，搜索刑事，搜索雇用童工从事危重劳动罪，检索到裁判文书7份。

通过“司法案例”检索系统，搜索案例与裁判文书，搜索刑事，搜索拒不支付劳动报酬罪，检索到裁判文书6932份。

3.北大法意网(www.lawyee.net)

通过北大法意网“中国法律资源库”—“案例”搜索重大劳动安全事故罪,共检索到重大劳动安全事故刑事案件判决书2415份。

通过北大法意网“中国法律资源库”—“案例”搜索强令、组织他人违章冒险作业罪,共检索到强令、组织他人违章冒险作业刑事案件判决书146份。

通过北大法意网“中国法律资源库”—“案例”搜索强迫劳动罪,共检索到强迫劳动刑事案件判决书 267份。

通过北大法意网“中国法律资源库”—“案例”搜索雇用童工从事危重劳动罪,共检索到雇用童工从事危重劳动刑事案件判决书8份。

通过北大法意网“中国法律资源库”—“案例”搜索拒不支付劳动报酬罪,共检索到拒不支付劳动报酬刑事案件判决书7243份。

虽然这三个网站是我国目前法院裁判文书检索的权威数据库,但是因为历史以及现实原因,并不是所有的法院判决书都被公开在网络上,因此所检索到的案例并不是司法实践中所有的案例。只能说,这三个数据库的案例具有较好的包容性,基本囊括了目前公共网站上所能检索到的关于劳动刑法各罪的全部案例。由于中国裁判文书网在时间、地域和审级上划分得比较细致,更便于研究使用,故笔者主要从中国裁判文书网选取相关案例进行分析。

一、侵犯劳动安全卫生权犯罪的司法适用

（一）重大劳动安全事故罪

1. 我国重大劳动安全事故的基本状况

从频发的煤矿安全事故，到一直不绝于耳的建筑行业安全事故，我国的工业化进程面临严峻的挑战。因此，在经济飞速发展的同时，安全生产也愈加成为国家和社会关注的焦点。

以安全事故重灾区之一的煤炭行业为例，我国的煤矿事故主要类型有瓦斯事故、顶板事故、水害事故、电事故、运输事故、火灾事故、放炮事故等，其中瓦斯事故已经成为威胁煤矿生产的第一大灾害。根据国务院办公厅2013年发布的《关于进一步加强煤矿安全生产工作的意见》，近年来我国的煤矿安全生产形势有所好转，但事故总量仍不容忽视，造成的死亡人数仍让人触目惊心。例如，2016年，陕西榆林市神木县刘家峁煤矿发生重大事故，造成11人死亡；2016年，吉林白山市江源县吉煤集团通化矿业有限责任公司松树镇煤矿发生煤与瓦斯突出事故，造成12人死亡。2018年6月，国务院安委会办公室发布的《关于近期煤矿较大事故的通报》显示，我国2018年煤矿接连发生多起较大事故，如4月黑龙江龙煤集团鸡西矿业公司滴道盛和煤矿立井发生煤与瓦斯突出事故，造成5人死亡。当前，我国能源供应仍以煤为主，煤炭占到全部能源消费的67%，且

在未来长时间内不会低于60%。[1]因此，煤矿业的安全生产关系到整个煤炭行业和国家的安全与发展，同时也关系到无数矿业工人的人身健康和生命安全。

此外，建筑行业也是安全事故多发性行业。作业点多、人员流动性大、交叉作业多、作业环境多变等特点，决定了建筑行业不仅事故多发，而且重大伤亡事故所占比例不低。尤其是近年来，高、新、特建筑的迅速发展，给原本相对落后的建筑企业安全生产管理带来了愈加严峻的挑战。国务院安全卫生办的通报显示，我国建筑业事故频发，仅2018年上半年全国的建筑业安全生产事故就多达1732起，死亡人数达1752人，同比分别上升7.8%和1.4%，形势不容乐观。2018年上半年部分地区和行业领域建筑业较大事故多发，其中有9个省份发生2起以上的较大事故，所涉及的行业主要是房屋建筑和市政工程领域，其余依次是交通建设工程和电力建设工程领域。[2]

可以说，我国经济的迅速发展与相对滞后的矿业和建筑业企业的安全管理体制的矛盾是当前矿业和建筑业企业面临的主要矛盾之一。

2.重大劳动安全事故罪司法适用的概况

笔者以2013年1月1日至2022年12月31日为时间节点，在中国裁

〔1〕 参见史立山:《以煤矿为主的能源结构难以支撑现代化》，载《中国能源报》2014年12月22日，第1版。

〔2〕 参见《国务院安委会办公室关于2018年上半年全国建筑业安全生产形势的通报》(安委办函)〔2018〕67号。

判文书网上共检索到重大劳动安全事故罪案例3512份，其中，判决书3476份，裁定书554份，决定书14份，通知书1份。一审案件2450件，二审案件1190件，再审案件4件，刑罚变更案件97件，再审审查与审判监督案件1件，其他案件4件。下面将就这些案件的时间变化趋势、地域分布、案情及审理结果等进行图表分析。

（1）重大劳动安全事故刑事案件的时间变化趋势

2013—2022年的10年间，每年的重大劳动安全事故刑事案件数如图3-1所示，样本范围内重大劳动安全事故刑事案件一共为3143起，其中，2017年最多为387起，2013年最少为70起。[1]从图3-1可以发现，2017—2021年重大劳动安全事故刑事案件数量相差不大，无明显规律性。

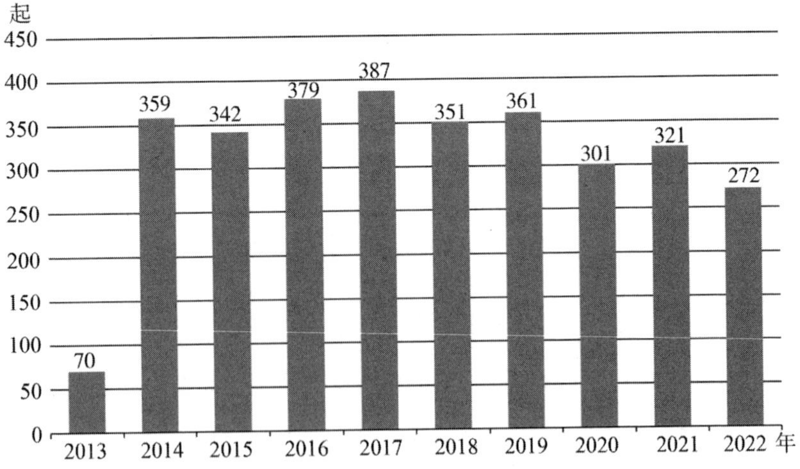

图3-1　2013—2022年我国每年重大劳动安全事故刑事案件数量统计

〔1〕 可能是年代比较久远，数据没有完全上传的原因。——笔者注

正如前文所说，近年来我国的重大劳动安全事故仍然数量较多，安全生产形势依然严峻复杂。例如，根据河北省安全生产委员会办公室发布的《关于2021年1—7月份全省建筑业安全生产形势的通报》，2021年1月至7月，河北省的事故总量同比上升，部分地区事故多发。

（2）重大劳动安全事故刑事案件的地域分布

在样本统计范围内（上文所说中国裁判文书网上共检索到重大劳动安全事故罪案例3512例），重大劳动安全事故刑事案件的地域分布如图3-2所示。在图3-2中，我们可以看到，河南省、江苏省、安徽省、山东省和浙江省名列前五，广东省、河北省、福建省、湖南省、吉林省、湖北省等省份该类案件也较多。

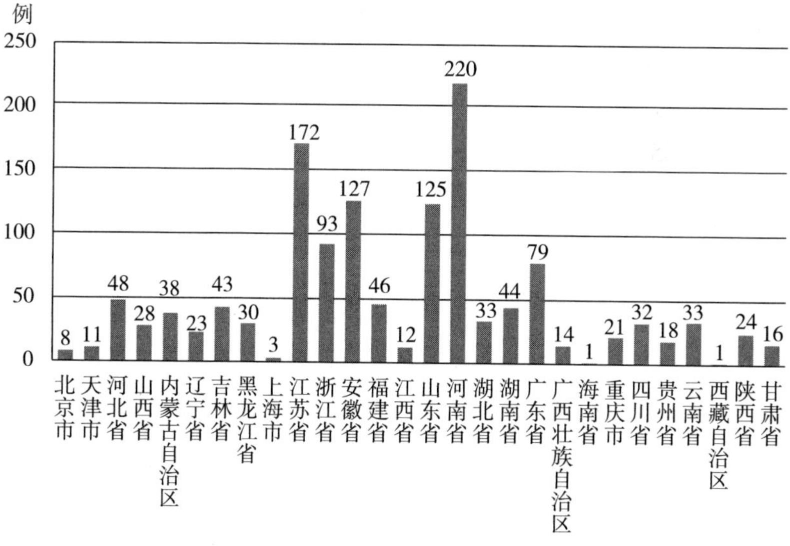

图3-2 2013—2022年我国重大劳动安全事故刑事案件地域分布

从图3-2数据可以看出，我国中东部地区，尤其是建筑业和矿业比较发达的地区，重大劳动安全事故罪案件数量较多；西部地区等工业比较少的地区，重大劳动安全事故罪案件数量较少。

（3）重大劳动安全事故刑事案件案情及审理结果分析

笔者随机选取了50例重大劳动安全事故罪二审的案件和4例再审案件进行分析，以研究该罪案件的案情和审理结果。具体见表3-1和表3-2。

表3-1　重大劳动安全事故刑事案件案情及审理结果分析（二审）

案件名称	行业	基本案情	一审罪名	一审量刑情况	二审罪名（含改判理由）	二审量刑情况（含改判理由）
1.吴某重大劳动安全事故罪案	建筑	明知安全设施有隐患，却仍然违法在建筑工地现场进行施工并发生重大事故，致一人死亡	重大劳动安全事故罪	有期徒刑一年六个月	驳回上诉，维持原判	驳回上诉，维持原判
2.焦某甲、肖某锦重大劳动安全事故罪案	造纸	未办理建设项目环保手续、安全“三同时”手续，未向生产、作业人员提供进入纸浆池作业相应的防护用具等，致六人硫化氢中毒死亡	重大劳动安全事故罪	判处被告一有期徒刑三年；判处被告二有期徒刑三年六个月	驳回上诉，维持原判	驳回上诉，维持原判
3.程某甲、谢某响重大责任事故罪案	煤矿	铎山煤矿作业的区域发生垮塌，导致铎山煤矿在现场作业的三人被掩埋致死	重大劳动安全事故罪	谢某响有期徒刑三年。程某甲判处有期徒刑三年	驳回上诉，维持原判	驳回上诉，维持原判

续表

案件名称	行业	基本案情	一审罪名	一审量刑情况	二审罪名（含改判理由）	二审量刑情况（含改判理由）
4.付某金重大劳动安全事故罪案	建筑	在未取得建筑资格，不具备安全生产条件的情况下组织人员建筑施工，被害人在楼下拉固定绳，独杆吊的杉木杆突然滑落下坠，将被害人头部砸伤倒地，经抢救无效死亡	重大劳动安全事故罪	判处有期徒刑一年九个月	驳回上诉，维持原判	驳回上诉，维持原判
5.石某军重大劳动安全事故罪案	塑钢门窗厂	私拉乱接厂房内电线及设备电，施工现场未配备安全警示标志情况下便组织工人进行塑钢门窗生产，工人唐某甲在操作塑钢窗热熔机时被电击伤，后经医院抢救无效死亡	重大劳动安全事故罪	有期徒刑二年十个月	重大劳动安全事故罪	有期徒刑二年三个月，缓刑三年（根据上诉人犯罪情节及悔罪表现，其没有再犯罪的危险，故可对上诉人适用缓刑）
6.张某川、杨某明重大劳动安全事故罪案	水泥厂	安全生产设施不符合国家规定，因而引发森林火灾，造成价值人民币3980526元的林木被烧毁，二人死亡二人重伤的严重后果	重大劳动安全事故罪	张某川有期徒刑三年，缓刑四年；杨某明有期徒刑二年，缓刑三年；戚某梅有期徒刑二年，缓刑三年	驳回上诉，维持原判	驳回上诉，维持原判

续表

案件名称	行业	基本案情	一审罪名	一审量刑情况	二审罪名（含改判理由）	二审量刑情况（含改判理由）
7.周某青、马某阳重大劳动安全事故罪案	化工	由于公司的安全生产条件不达标，发生重大伤亡事故	重大劳动安全事故罪	马某阳有期徒刑五年；周某青有期徒刑四年六个月	重大劳动安全事故罪	维持周某清有期徒刑四年零六个月；改判马某阳有期徒刑四年零六个月（马某阳积极赔偿受害者家属，并取得受害者家属谅解）
8.陈某甲、蒋某重大劳动安全事故罪案	打磨车间	由于该打磨车间的安全生产设施不符规定，导致重大伤亡事故发生，致四人死亡	重大劳动安全事故罪	陈某甲有期徒刑三年、蒋某有期徒刑三年	重大劳动安全事故罪	陈某甲有期徒刑二年六个月、蒋某有期徒刑二年六个月（已赔偿了被害人近亲属全部损失）
9.陈某树等五人重大劳动安全事故罪案	页岩矿业	没有依法取得安全许可证，发现透水预兆后，未采取果断措施撤离相关区域的作业人员，导致发生六人死亡、直接经济损失486万元的重大矿山安全事故	重大劳动安全事故罪	陈某树有期徒刑二年。向某设有期徒刑二年。贵某新处有期徒刑一年八个月	驳回上诉，维持原判	驳回上诉，维持原判

续表

案件名称	行业	基本案情	一审罪名	一审量刑情况	二审罪名（含改判理由）	二审量刑情况（含改判理由）
10.陈某华重大劳动安全事故罪案	文化传媒	被告人陈某华违反吊车操作规程，发生重大伤亡事故	重大劳动安全事故罪	有期徒刑二年	重大责任事故罪。本案所涉安全生产事故发生的直接原因系陈某华在作业过程中违规操作引起，而非相关单位提供的劳动场所的硬件设施等引发。	判处有期徒刑一年九个月
11.宋某甲重大劳动安全事故罪案	砂石经销	由于该经销处安全生产设施不健全，以致在生产过程中发生一人死亡的安全事故	重大劳动安全事故罪	判处有期徒刑二年六个月	驳回上诉，维持原判	驳回上诉，维持原判

注：由于篇幅所限，在此仅随机选取50个案例中的11个案例作为展示。

表3-2　重大劳动安全事故刑事案件案情及审理结果分析（再审）

案件名称	行业	基本案情	原审罪名	原审量刑情况	再审罪名（含改判理由）	再审量刑情况（含改判理由）
1.蒋某江重大劳动安全事故罪案	建筑	在不具备安全生产条件下违章建房，导致一人死亡	重大劳动安全事故罪	有期徒刑二年缓刑三年	驳回申诉	驳回申诉
2.纪某兵重大劳动安全事故罪案	交通	违规下海作业，作业过程中使用未经检验合格的交通设施，未配备救生设备，现场管理处置不当，造成员工意外落水，致二人死亡二人受伤	重大劳动安全事故罪	有期徒刑三年缓刑四年	重大劳动安全事故罪	有期徒刑二年，缓刑二年六个月（原审被告人的行为造成二人死亡的后果，不属"情节特别恶劣"的情形）
3.刘某树重大劳动安全事故罪案	工程安装	安全设施不符合国家规定，明知有安全隐患且在他人提醒要注意安全隐患的情况下，没有采取相应措施，导致贺某酒后施工，不使用爬梯，不慎坠地死亡	重大劳动安全事故罪	有期徒刑八个月	驳回申诉	驳回申诉

续表

案件名称	行业	基本案情	原审罪名	原审量刑情况	再审罪名（含改判理由）	再审量刑情况（含改判理由）
4.谭某、柳某、唐某、江某等玩忽职守罪案	交通	事发时没有取得执法证，仍借用他人执法资格发出《海事行为违法通知书》，水布垭库区存在的滚装船违法行为和风险，致使一人死亡	重大劳动安全事故罪	判处被告一有期徒刑二年，缓刑二年；判处被告二有期徒刑一年六个月，缓刑二年；判处被告三有期徒刑一年六个月，缓刑二年	玩忽职守罪	均免于刑事处罚

注：由于篇幅所限，在此仅随机选取50个案例中的4个案例作为展示。

根据上述两个表格分析如下。

①行业分布。从所选的50个案例的情况来看，重大劳动安全事故罪主要发生在建筑业和矿业，共16起（占32%），与建筑业相关的行业，如水泥、砂石、门窗等行业，共13起（占26%），煤矿或者其他矿业共16起（占32%），其他行业仅5起（占10%）（见图3-3）。

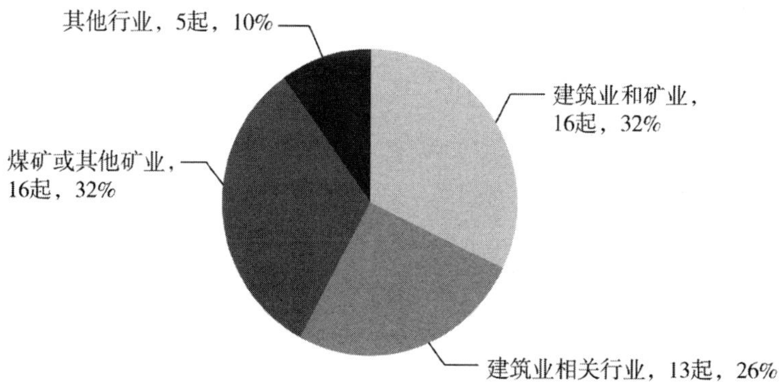

图3-3 重大劳动安全事故刑事案件行业分布

②二审/再审改判情况。从中国裁判文书网的检索数据看，重大劳动安全事故刑事案件有1269件，其中一审案件有1165件，二审是100件，再审是4件，可得出该罪案件的二审率是8.6%。

如图3-4所示，从所抽取的50个案例来看，其中二审维持原判的有37件，改变罪名的有3件，不改变罪名仅减轻刑罚的有10件。

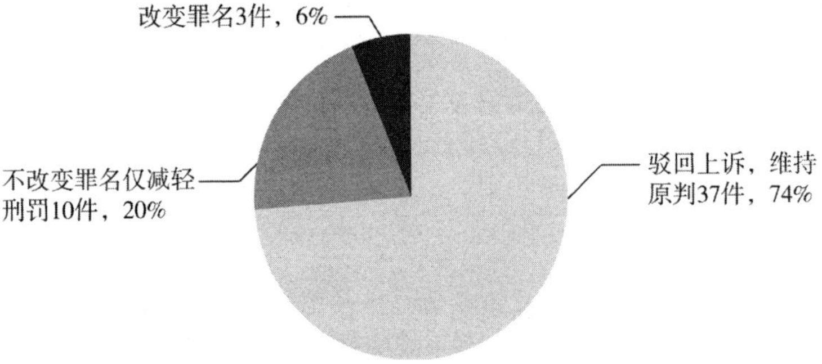

图3-4 重大劳动安全事故刑事案件二审改判情况

如图3-5所示，4件再审案件中，有2件改判，2件驳回申诉。

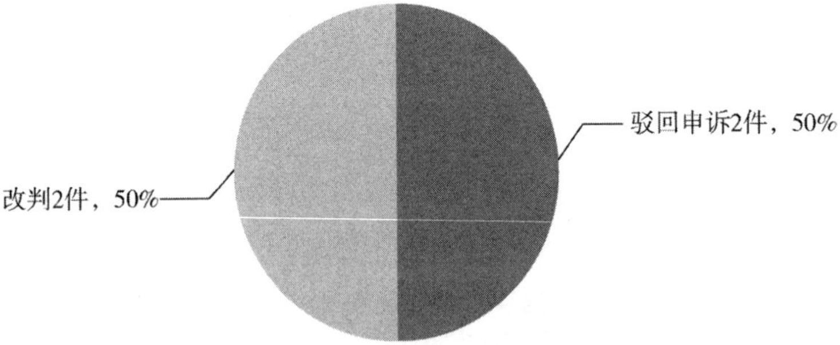

图3-5 重大劳动安全事故刑事案件再审改判情况

③量刑情况。根据《刑法》第135条的规定，犯重大劳动安全事故罪的，对直接负责的主管人员和其他直接责任人员处三年以下有

期徒刑或拘役，情节特别恶劣的，处三年以上七年以下有期徒刑。

如图3-6所示，在所选的50例重大劳动安全事故刑事案件中，一共有76名被告人，免于刑事处罚的6人，没有人被判处拘役，三年以下有期徒刑的33人，三年以上七年以下有期徒刑的37人。

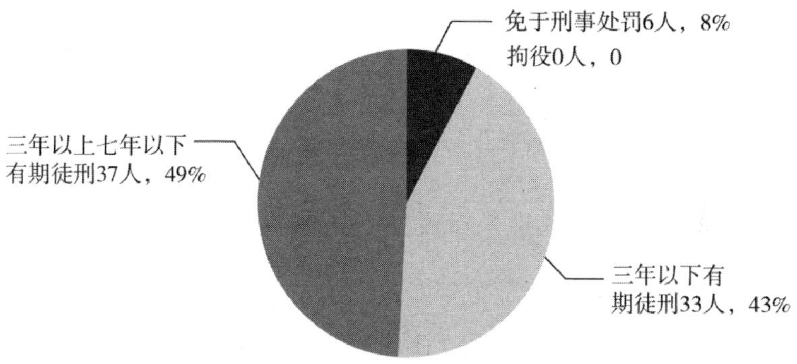

图3-6　重大劳动安全事故刑事案件量刑情况

从这些数据可以看出，重大劳动安全事故罪在具体的司法实践中，法官往往会选择有期徒刑，而较少使用拘役等刑罚。

3.我国重大劳动安全事故罪审判阶段司法适用状况评析

实证研究表明，重大劳动安全事故罪在司法实践中尚存在各种问题，具体分析如下：

（1）罪与非罪的区分问题：重大劳动安全事故罪在罪与非罪的区分问题上容易造成混淆的点主要在于：①本罪的犯罪主体是特定的，即工厂、矿山、林场、建筑或其他企业、事业单位，其他的主体无法构成本罪。②这里的安全生产设施，是指用于保护劳动者人身安全的各种设施、设备，如隔离栏、防护网、危险标志、紧急逃生通道等。安全生产条件，主要是指保障劳动者安全生产、作业必不可少的安全防护用品和措施，如用于防毒、绝缘、避雷、防爆、防火、通风等方面的用品和措施。安全生产设施或者安全生产条件不符合国家规定在实践中表现为多种形式，例如，生产经营单位新建、改建、扩建工程的安全设施未经有关部门审查批准，擅自投入生产或使用；生产经营单位由于不具备安全生产条件或者存在重大事故隐患，被行政执法机关责令停产、停业或者取缔、关闭后，仍强行生产经营等，均属不符合国家规定的情形。③只有在发生重大伤亡事故或造成严重后果的才能构成该罪。[1]

（2）此罪与彼罪的区分问题：①从表3-1和表3-2可见，重大劳动安全事故罪与重大责任事故罪易混淆，二者有一定的共同点，两罪都是安全生产方面的过失犯罪。重大劳动安全事故罪是指安全生产设施或者安全生产条件不符合国家规定，因而发生重大伤亡事故或者造成其他严重后果的行为，而重大责任事故罪则是指生产、作业中违反有关安全管理的规定，因而发生重大伤亡事故或者造成其他严重后果的行为。从犯罪主体来看，二者也有区别，前者的主体是“工厂、矿山、林场、建筑或其他企业、事业单位”，而后者还包括“不服管理、违反规章制度、违规操作的职工”。

②根据表3-1和3-2中的案例，也显示该罪与玩忽职守罪易混淆。实际上，在1997年《刑法》修订之前，我国企业、事业单位遇到此类情况，确实是按照玩忽职守罪来处理的，因此这也是一个历史问题。而1997年《刑法》修订之后，重大劳动安全事故罪已经从玩

〔1〕 参见陈兴良主编：《刑法学》（第3版），复旦大学出版社2016年版，第339页。

忽职守罪中分离出来，二者不再是同一种性质的犯罪。前者是侵权型劳动犯罪，而后者是渎职犯罪。二者之间的区别在于：首先，犯罪主体不同，前罪的犯罪主体是工厂、矿山、林场、建筑或其他企业、事业单位，而后罪的犯罪主体则是国家工作人员；其次，犯罪行为的发生场合不同，前罪是发生在作业过程中，而后罪则是发生在国家机关工作人员不履行或非正确履行职责的过程之中。二者的区别分析起来很简单，但是在实践中却容易混淆。

（3）量刑方面的问题：一是拘役刑适用过少。从上述案例可以看出，法官很少判处拘役刑，而更倾向于适用有期徒刑。二是作为法定刑升格条件的“情节恶劣”难以判定。司法实践中，对于情节是否特别恶劣比较难以把握，笔者认为可以从以下几点判定：①造成的后果是否特别严重，如是否造成死亡3人以上，或者重伤10人以上，直接经济损失300万元以上，社会影响特别恶劣的；②犯罪行为十分恶劣，如经有关部门或职工多次提出意见仍不对隐患采取措施而导致事故发生，或已发生事故却仍对此不重视，再次造成特别严重的后果的；③事故发生后，行为人的表现特别恶劣的，如行为人在事故发生之后不是积极采取措施抢救伤残人员或防止危害后果扩大，而是逃跑，导致危害结果扩大的，或者为逃避罪责故意破坏、伪造现场，隐瞒事实真相，企图嫁祸于人的。

（二）雇用童工从事危重劳动罪

1.雇用童工从事危重劳动行为的基本状况

目前，雇用童工从事危重劳动的行为主要发生在矿业、建筑业、加工业等存在危险劳动的行业，且情况较严重。2007年，400多位绝望至极的父亲在网上联名发出求救信——《孩子被卖山西黑砖窑 400位父亲泣血呼救》，在天涯杂谈上，该帖仅仅6天点击率超过58万，回帖高达3000多篇，[1]揭开了山西“黑砖窑”的内幕。这一张张暴力到不堪入目的图片，一件件冲击人类道德与法律底线的事件，让我们注意到，雇用童工从事危重劳动的行为，绝对不是一个偶然现象。近年来，山西省处理了一批又一批的“黑砖窑”案；浙江省在“十五”期间查到的涉及童工案件达2263件，被清退的童工达2318人；2016 年8月，河南省进行童工专项检查，仅一个月的时间就查处非法使用童工案件381件。[2]

2.雇用童工从事危重劳动罪司法适用的概况

以“雇用童工从事危重劳动”为关键词在中国裁判文书网上检索得到16个结果，却只有1个刑事案件，其余都是民事案件和行政案件。该刑事案件的基本案情是：陈某在明知该公司仓库存放易燃和具有危险性的甲苯或乙苯等溶剂的情况下，仍安排被害人李某某（不满16周岁）进入仓库工作。被害人李某某在上述仓库内抽取上述溶剂，因操作不慎导致溶剂发生燃烧并蔓延，造成被害人李某某三级伤残，属于情节特别严重。被告人陈某犯雇用童工从事危重劳动罪，判处有期徒刑三年，缓刑三年六个月，并处罚金人民币三千

〔1〕 参见《山西黑砖窑事件：可能有上千孩子被骗卖做苦工》，载中国法院网，https://www.chinacourt.org/article/detail/2007/06/id/252514.shtml，2024年3月21日访问。

〔2〕《图解｜童工事件再现：全球1.68亿童工，何去何从？》，载澎湃新闻网，https://www.thepaper.cn/newsDetail_forward_1572975，2024年3月21日访问。

元。此外，2007年的山西“黑砖窑”事件也是雇用童工从事危重劳动罪的案例。[1]

3.雇用童工从事危重劳动罪司法适用状况评析

从中国裁判文书网的数据来看，雇用童工从事危重劳动罪的案件目前为止只找到一例，可见雇用童工从事危重劳动罪的适用率特别低。在此，本章仅分析其在适用中要注意的问题。

（1）罪与非罪的问题。构成本罪的前提是雇用未满16周岁的未成年人从事超强度体力劳动，或者从事高空、井下作业，或者在爆炸性、易燃性、放射性、毒害性等危险环境下从事劳动，且情节严重。因此，除《劳动法》第15条第2款所规定的“文艺、体育和特种工艺单位招用未满十六周岁的未成年人，必须遵守国家有关规定，并保障其接受义务教育的权利”之外的未成年人都是本罪的对象。[2]而如何认定情节严重，笔者认为可以从以下三种情况来认定：①童工身体受到比较严重的损伤，如患上严重的职业病或后遗症，或者其身体发育受到严重影响；②雇用多人或多次雇用不满16周岁的未成年人从事危重劳动；③不给或者给予极低的劳动报酬；④在危险环境下工作却没有采取任何保护措施；⑤因本罪受到过处理，再犯此罪；⑥超出工作时间十分严重。

（2）此罪与彼罪的问题。①该罪与强迫劳动罪的关系。在用人单位雇用不满16周岁的未成年人强迫其从事超强度体力劳动或者

---

〔1〕《黑砖窑案16人涉及非法雇佣童工从事危重劳动犯罪》，载新浪网，http://news.sina.com cn/c/l/2007-7-17/160613467027.shtml，2024年3月21日访问。

〔2〕参见阮齐林：《中国刑法各罪论》，中国政法大学出版社2016年版，第239页。

高危劳动，情节严重的场合，该行为既构成了强迫劳动罪，也构成了雇用童工从事危重劳动罪，二者之间属于想象竞合犯的关系，按照从一重罪处罚的原则，应当以强迫劳动罪处罚。[1]②雇用童工从事危重劳动造成人员伤亡事故，又构成其他犯罪的定罪问题。根据《刑法》第244条之一第2款的规定，犯雇用童工从事危重劳动罪，造成事故，又构成其他犯罪的，应数罪并罚。例如，在雇用童工从事危重劳动的过程之中，又构成了重大责任事故罪，强令、组织他人违章冒险作业罪或重大劳动安全事故罪等，则应数罪并罚。[2]

二、侵犯劳动自由权和报酬权犯罪的司法适用

（一）强迫劳动罪

1.我国强迫劳动行为的基本状况

世界范围内，强迫劳动的行为主要以直接、间接或变相强迫等形式存在，与世界上其他国家一样，我国强迫劳动的现象也是存在于各行各业中，其形式也十分多样。其中，在我国表现较为恶劣的强迫劳动行为是前几年曝出来的“黑窑厂”事件，代表性案件有2007年的山西“黑砖窑”案和2011年的河南智障奴工案。近年来，我国强迫劳动现象也有一些新的表现，如以强迫乞讨、偷窃为目的而拐卖儿童和妇女，以拖欠工资、故意扣留为手段强迫农民工劳

〔1〕 参见黎宏：《刑法学各论》，法律出版社2016年版，第684页。
〔2〕 参见阮齐林：《中国刑法各罪论》，中国政法大学出版社2016年版，第239页。

动等。

2.强迫劳动罪司法适用的概况

笔者在中国裁判文书网共检索到强迫劳动刑事案件文书468份，其中判决书257份，裁定书205份，包括一审案件268件，二审案件137件，刑罚变更案件63件。下面将就这些案件的时间变化趋势、地域分布、案情及审理结果等进行数据分析。

（1）强迫劳动刑事案件的时间变化趋势

2013—2023年每年的强迫劳动刑事案件数如图3-7所示，样本范围内共461起，年均审判数量约为46.1起，其中2016年最多（72起），2013年和2022年最少（分别为2起和11起）[1]从图3-7可以发现，近五年来我国强迫劳动罪的审理与判决数量的变化，没有明显的规律性。

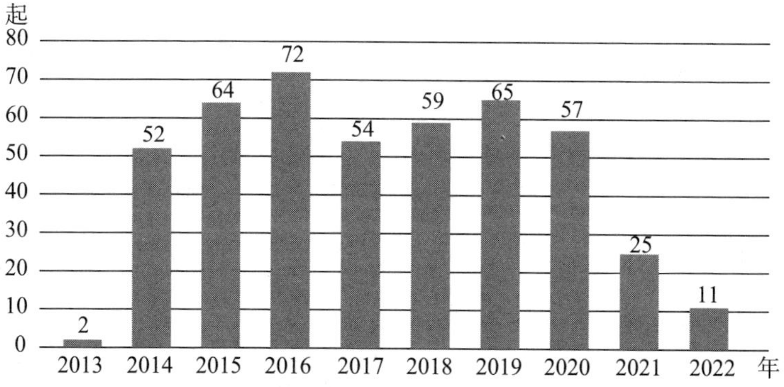

图3-7　2013—2022年我国每年强迫劳动刑事案件数量

从图3-7可知，与其他劳动刑法的罪名相比，我国强迫劳动罪

〔1〕 可能是年代比较久远或者太近，数据没有上传的原因。——笔者注

的案件数量不是很多，但是如前所述强迫劳动的行为在实际生活中却并不少见，可见强迫劳动罪的适用率也不算高。

（2）强迫劳动刑事案件的地域分布

样本统计范围内（即前文所述中国裁判文书网共检索到的强迫劳动刑事案件468例），强迫劳动刑事案件的地域分布如图3-8所示，我们可以看到，云南省、山东省、河南省、河北省名列前四。强迫劳动刑事案件比较少的省份主要有陕西省、北京市、内蒙古自治区等。

从图3-8中可以看出，强迫劳动罪主要分布于砖窑、煤矿等劳动力密集型产业集中的地区，而经济比较发达的地区则比较少见。

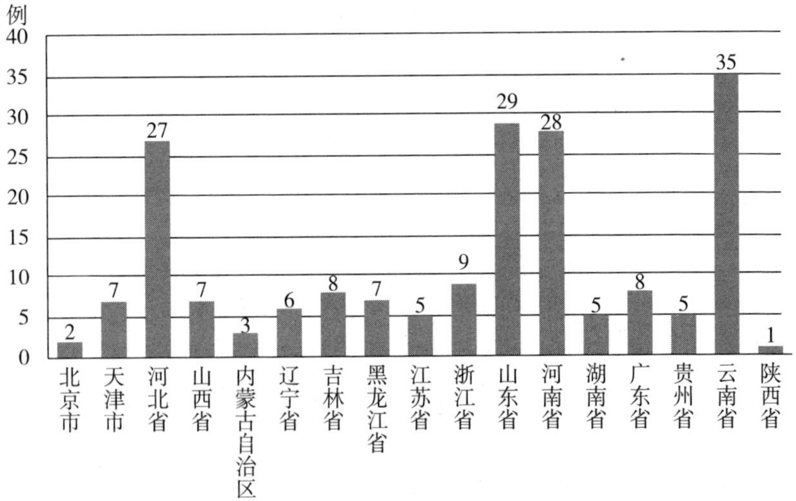

图3-8　强迫劳动刑事案件地域分布情况

（3）强迫劳动刑事案件的案情及审理结果分析

笔者随机选取了50例（27例二审和23例一审）强迫劳动罪的案件进行分析，以研究该类案件的案情和审理结果（见表3-3）。

表3-3 强迫劳动刑事案件案情及审理结果分析

案件名称	行业	基本案情	一审罪名	一审量刑情况	二审罪名（含改判理由）	二审量刑情况（含改判理由）
1.杜某荣强迫劳动罪案	“黑心棉”加工	以辱骂、殴打等形式对被害人谢某实施管控，强迫被害人谢某从事“黑心棉”作业劳动，十年间不支付任何工资报酬	强迫劳动罪	有期徒刑一年六个月，并处罚金两万元	驳回上诉，维持原判	驳回上诉，维持原判
2.张某国故意伤害、强迫劳动罪案	红砖厂	被告人张某国把一名流浪人员（身份不详）骗至曼歇坝营盘山红砖厂内，强迫其搬砖，致人死亡	故意伤害罪，强迫劳动罪	故意伤害罪，死刑，缓期二年执行，剥夺政治权利终身；强迫劳动罪，判处有期徒刑五年	驳回上诉，维持原判	驳回上诉，维持原判
3.李某某强迫劳动罪案	装卸水泥	长期限制三名精神病人人身自由，强迫三名精神病人为其装卸水泥且不支付劳动报酬	强迫劳动罪	有期徒刑三年，并处罚金人民币三万元	驳回上诉，维持原判	驳回上诉，维持原判
4.肖某万、陈某强迫劳动罪案	服务	要求黄某等人每天做工必须在十二小时以上且必须达到规定的大额数量，并采用扣留身份证和手机、禁止随意进出等手段限制被害人外出	强迫劳动罪	强迫劳动罪，判处肖某万有期徒刑三年，并处罚金人民币二万元；判处陈某有期徒刑三年，缓刑三年，并处罚金人民币一万元	驳回上诉，维持原判	驳回上诉，维持原判

续表

案件名称	行业	基本案情	一审罪名	一审量刑情况	二审罪名（含改判理由）	二审量刑情况（含改判理由）
5.衡某良强迫劳动罪案	砖窑	限制工人人身自由，强迫职工劳动，情节严重	强迫职工劳动罪	有期徒刑二年，缓刑二年，并处罚金一万元	驳回上诉，维持原判	驳回上诉，维持原判
6.朱某某强迫劳动罪案	砖窑	为牟取高额利润，寻找一些外地的智力低下或精神不正常的人员来砖厂从事体力劳动，对工人实施打骂催促干活、克扣工资等方式防止工人逃跑或与外界联系，强迫工人高强度、长时间劳动	强迫劳动罪	有期徒刑三年，并处罚金人民币一万元	驳回上诉，维持原判	驳回上诉，维持原判
7.赵某甲、赵某乙等强迫劳动罪案	娱乐	采取限制人身自由、暴力殴打、威胁等方式，组织、控制十余名未成年被害人在娱乐场所进行营利性陪侍活动	强迫劳动罪	判处赵某甲有期徒刑六年，并处罚金人民币五万元；判处赵某乙有期徒刑四年，并处罚金人民币两万元	组织未成年人进行违反治安管理活动罪（组织的未成年人在十名以上，人数众多；且违法所得在20万元以上）	判处赵某甲有期徒刑六年，并处罚金人民币五万元；判处赵某乙有期徒刑四年，并处罚金人民币二万元

续表

案件名称	行业	基本案情	一审罪名	一审量刑情况	二审罪名（含改判理由）	二审量刑情况（含改判理由）
8.王某元、王某军、王某生强迫劳动罪案	砖窑厂	在承包工程期间，对打工人员采取非法限制人身自由、不发工资、随意打骂的方式强迫多人进行劳动，且持续时间较长，两名被害人在劳动过程中死亡，属犯罪情节严重	强迫劳动罪	判处王某元有期徒刑三年，并处罚金人民币二万元；判处王某军有期徒刑二年，并处罚金人民币二万元；判处王某生有期徒刑一年六个月，并处罚金人民币一万元	强迫劳动罪	判处王某元有期徒刑八年，并处罚金人民币二万元；判处王某军有期徒刑六年，并处罚金人民币二万元；判处王某生有期徒刑二年六个月，并处罚金人民币一万元（量刑不当，应予改判）
9.熊某强迫劳动、诬告陷害、非法拘禁罪案	服务	侵犯公民人身权利，采取扣发工资、扣留证件、限制与家人联系等手段，对其经营的健君按摩店员工实施精神强制，强迫他人劳动，其行为已构成强迫劳动罪	强迫劳动罪	有期徒刑一年，并处罚金人民币一万元	驳回上诉，维持原判	驳回上诉，维持原判

续表

案件名称	行业	基本案情	一审罪名	一审量刑情况	二审罪名（含改判理由）	二审量刑情况（含改判理由）
10.于某甲等强迫劳动罪案	装运	以暴力、威胁或者限制人身自由的方法强迫包括智障人员在内的多名流浪人员劳动，情节严重	强迫劳动罪	有期徒刑四年，并处罚金人民币一万元	驳回抗诉、上诉，维持原判	驳回抗诉、上诉，维持原判

注：由于篇幅所限，在此仅随机选取50个案例中的10个案例作为展示。

根据表3-3分析如下：

①强迫劳动刑事案件行业分布。从所选的50个案例的情况来看，强迫劳动罪主要发生在砖窑、服务等行业，砖窑厂共18起（占36%），服务业共13起（占26%），加工业共10起（占20%），其他行业仅9起（占18%）（见图3-9）。

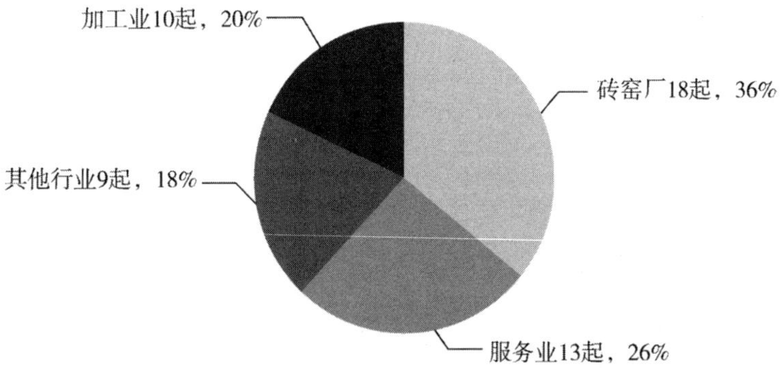

图3-9　强迫劳动刑事案件行业分布

②强迫劳动刑事案件的二审改判情况。从中国裁判文书网的数据来看，强迫劳动罪的刑事案件有468件，其中一审案件有268件，

二审案件有137件，可得出该类案件的二审率是29.3%。

从所抽取的27个二审案例来看，其中二审维持原判的有20件，改变罪名的有3件，不改变罪名仅改变刑罚的有4件（见图3-10）。

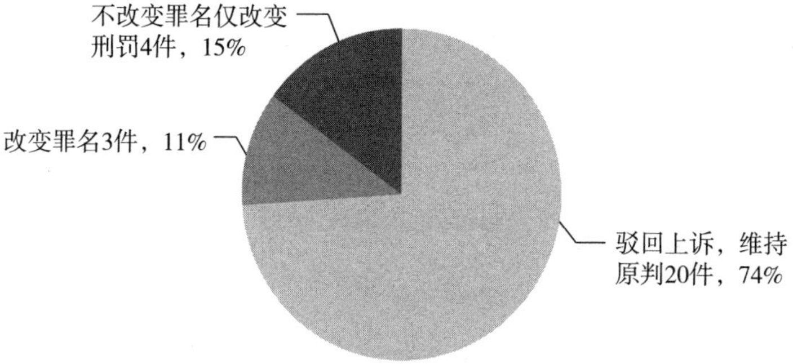

图3-10　强迫劳动刑事案件的二审改判情况

由此可以看出，相比劳动刑法中其他的罪名，强迫劳动罪案件上诉率比较高，而且改判的比率也较高，主要是因为该罪易与其他罪名混淆，在司法适用中造成错误判断。

③强迫劳动刑事案件的量刑情况。根据《刑法》第244条规定，犯强迫劳动罪的，处三年以下有期徒刑或者拘役，并处罚金；情节严重的，处三年以上十年以下有期徒刑，并处罚金。

在所选的50例案件中，一共有82名被告人，免于刑事处罚的1人，没有被告人被判处拘役，三年以下有期徒刑的48人，三年以上十年以下有期徒刑的33人（见图3-11）。

从图3-11数据可以看出，在司法实践中，法官往往会选择有期徒刑，三年以下有期徒刑占比最高，其次是三年以上十年以下的有期徒刑，而较少判处被告人拘役。

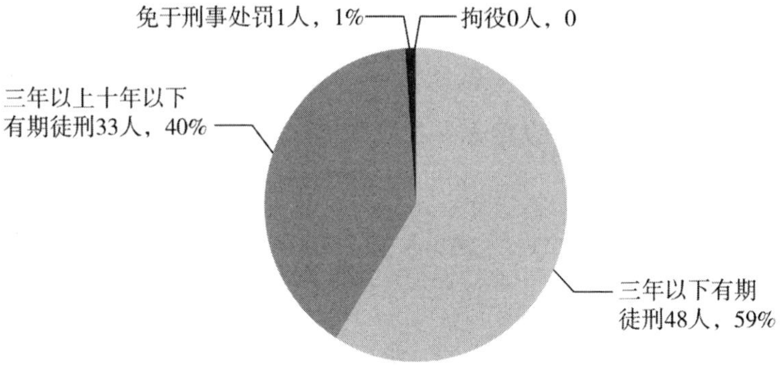

图3-11　强迫劳动刑事案件的量刑情况

3.强迫劳动罪司法适用状况评析

实证研究表明，强迫劳动罪在司法实践中尚存在如下问题：

（1）司法适用率低。前文显示，强迫劳动罪在司法实践中适用率较低，多年来只找到468件案例。虽然强迫劳动的行为非常普遍，但法院审理的案件却少之又少。从法条规定来看该罪法定最高刑为有期徒刑十年，亦属于危害劳动者人身自由的重罪。尽管《刑法修正案（八）》出台之前的强迫职工劳动罪对于遏制合法雇佣关系中的强迫劳动行为起到了重要作用，但是并不能作用于非法雇佣关系中的强迫劳动行为。《刑法修正案（八）》将其改成了强迫劳动罪，降低了入罪门槛，扩大了适用范围，但是由于其适用时间不是很长，虽然较之前的适用率有所提高，但比起其他罪名还是偏低。

（2）罪与非罪的区分问题。从犯罪主体来说，《刑法修正案（八）》对本罪进行修改之后，强迫劳动罪并不仅仅局限于合法的用人单位，非法用工者也可以成为本罪的犯罪主体，这就突破了原来“强迫职工劳动罪”对用人单位的限制，只要劳动者的劳动自由受到限制和强迫，都可以被纳入本罪的规制范围。从客观方面来说，虽然强迫劳动罪强调“强迫”二字，但也不能将用工中对劳动者提出严格要求等正常现象纳入规制范围，只有在行为人违背劳动者的意愿，通过限制人身自由或者胁迫等方式强迫劳动者进行劳动，或为此提供帮助才属于强迫劳动。需要注意的是，在采用扣押身份证、收取押金，但是并未限制职工的身体自由，并未阻止职工外出的情形中，由于职工仍然可以通过有效途径得到救济，因而不应构成本罪。[1]《刑法修正案（八）》还将原条文中“情节严重”这一构成要件要素删去。也就是说，无论情节严重与否都不影响本罪的成立。“情节严重”不再是强迫劳动罪成立的必要前提，而成了法定刑升格条件。此外，强迫劳动罪的成立，并不建立在行为人是否通过强迫劳动者劳动而获得利益的基础之上，即使没有出于营利目的，即使没有盈利，该罪的成立也不受其影响。

（3）此罪与彼罪的区分问题。①强迫劳动罪与非法拘禁罪易混淆。在强迫劳动罪中，拘禁是其中的一种手段，因此采取拘禁手段的强迫劳动的行为，有时与非法拘禁罪容易混淆。从在《刑法》条文中所处位置来看，两个罪名均位于“侵犯公民人身权利、民主权利罪”这一章。但是二者的不同之处也很明显。首先，犯罪主体不同，前者的犯罪主体包括自然人和单位，而非法拘禁罪的犯罪主体仅限于自然人。其次，犯罪客体不同，后者主要侵犯的是公民的人身自由权，而前者侵犯的是劳动者的劳动自由权。再者，在犯罪客

---

〔1〕 参见陈兴良主编:《刑法学》(第3版)，复旦大学出版社2016年版，第247~248页。

观方面，后者只是单纯地限制人身自由，而前者，限制自由只是强迫劳动者劳动的一种方式，还可以通过暴力、威胁等多种方式强迫劳动者劳动。《刑法修正案（八）》出台之后，使用限制乃至剥夺人身自由的方法强迫他人劳动，无须另定非法拘禁罪。[1]②强迫劳动罪与过失致人重伤、死亡罪及故意伤害、故意杀人罪易混淆。行为人在强迫劳动的时候使用暴力造成劳动者受伤。如果只是轻伤，以强迫劳动罪处罚即可。如果造成劳动者重伤或死亡，则应从一重罪处罚；如果被强迫的劳动者被行为人以暴力、胁迫或限制人身自由的方法强迫劳动，而被害人自己难以承受，或自己也存在过失的情况下，自杀身亡，则强迫劳动者同时触犯了强迫劳动罪和过失致人死亡罪，也应从一重罪处罚。在强迫他人劳动的过程中，有关人员又对他人实施了其他故意犯罪行为，如故意伤害、故意杀人行为的，应当数罪并罚。[2]③强迫劳动罪与雇用童工从事危重劳动罪易混淆。如果不存在雇佣关系，强迫未成年工从事危重劳动，那么目前显然只能按照强迫劳动罪来处罚。为了更有力地打击非法强迫未成年工从事危重劳动的现象，立法和司法机关应当进一步对不存在雇佣关系的强迫童工从事危重劳动的行为进行规制。

（二）强令、组织他人违章冒险作业罪

1.我国强令、组织他人违章冒险作业行为的基本状况

强令、组织他人违章冒险作业行为也一直是采矿业和建筑业中

---

〔1〕 参见阮齐林：《中国刑法各罪论》，中国政法大学出版社2016年版，第238页。

〔2〕 《百位父母寻子揭开黑工之路，豫晋酝酿联手解救》，载新浪网，http：//news.sina.com.cn/c/2007-06-14 /100713227796.shtml，2023年4月13日访问。

经常发生的问题。在采矿业中，个体的中小矿山企业，往往为了追逐利益最大化，违规开采矿山，罔顾采矿工人的生命安全，强令其在没有安全保障的环境下开采和勘探。据统计，在所有的矿难事故中，由强令、组织他人违章冒险作业引起的矿难占到了20%。[1]建筑业也存在同样的问题，根据2017年1月14日《工人日报》的报道《他们对危险违章作业无法说“不”》，虽然法律明确规定了劳动者享有拒绝强令违章作业的权利，但是绝大多数的劳动者并不会拒绝，因为“端人碗，服人管”，否则“还能上哪儿找工作”？劳动者处于弱势地位，说“不”还得顾虑是否保得住饭碗。[2]所以，劳动者为了能保住工作机会，即使被他人强令、组织违章冒险作业，他们往往也会选择听从命令。因此，强令、组织他人违章冒险作业行为在采矿业、建筑业等危险行业非常普遍，远远超过我们平时所能发现的数量。自2006年《刑法修正案（六）》出台以来，强令、组织他人违章冒险作业的行为被纳入刑法的规制范围，我国在强令、组织他人违章冒险作业方面的刑事立法空白被填补，但是针对该罪所作的宣传还是很不够，没有发挥出其应有的警示预防作用，导致悲惨的矿难仍在不断发生。

2.强令、组织他人违章冒险作业罪司法适用的概况

笔者在中国裁判文书网共检索到强令、组织他人违章冒险作业刑事案件144例，其中，判决书111份，裁定书22份；包括一审案件

〔1〕 参见陈娟、赵耀江:《近十年来我国煤矿事故统计分析及启示》，载《煤炭工程》2012年第3期。

〔2〕 参见刘旭:《他们对危险违章作业无法说“不”》，载《工人日报》2017年1月14日，第5版。

101件，二审案件为8件，刑罚变更案件为4件，再审审查与审判监督案件1件。下面将就这些案件的时间变化趋势、地域分布、案情及审理结果等进行数据分析。

（1）强令、组织他人违章冒险作业刑事案件的时间变化趋势

从图3-12可见2013—2022年每年的强令、组织他人违章冒险作业刑事案件的数量，样本范围内年均该罪的审判数量约为14.4起，其中，2017年最多（27起），2013年最少（2起）[1]，从图3-12可以发现，2018—2022年我国强令、组织他人违章冒险作业罪的审理与判决数量的变化，没有明显的规律性。

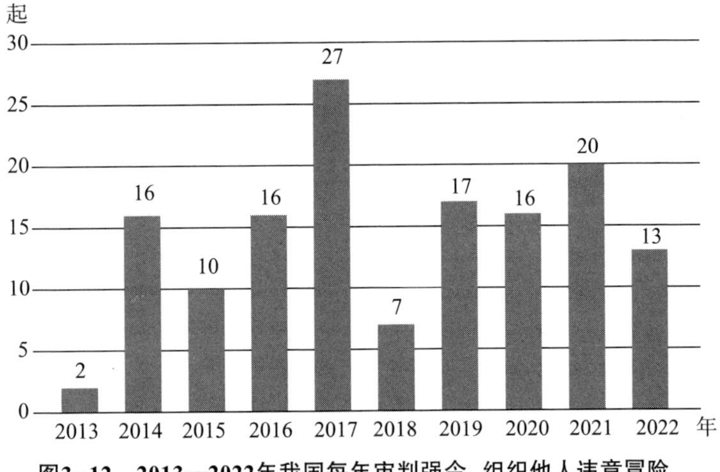

图3-12 2013—2022年我国每年审判强令、组织他人违章冒险作业事故刑事案件数量

从图3-12可以看出，我国的强令、组织他人违章冒险作业的刑事案件近年来的总数不算多，平均到每一年更是少之又少，与全国

〔1〕 当然也有可能是年代比较久远，数据没有上传的原因。——笔者注

范围内如此之多的矿业、建筑业、化工业等危险行业的用人单位和劳动者比起来，比例相当之低。诚如前文所言，绝大部分的劳动者对用人单位强令、组织他人违章冒险作业的行为采取了无奈而忍耐的态度，如果不发生非常严重的后果，基本上不会被立案，而一旦发生严重后果则悔之晚矣。

（2）强令、组织他人违章冒险作业刑事案件的地域分布

在样本统计范围内（前文所述中国裁判文书网共检索到的强令、组织他人违章冒险作业刑事案件案144例），由图3-13可见强令、组织他人违章冒险作业刑事案件的地域分布。我们可以发现，江苏省、湖南省、安徽省、浙江省与河南省名列前五，而北京市、上海市、天津市、新疆维吾尔自治区、西藏自治区、贵州省、青海省等一起案件都没有。

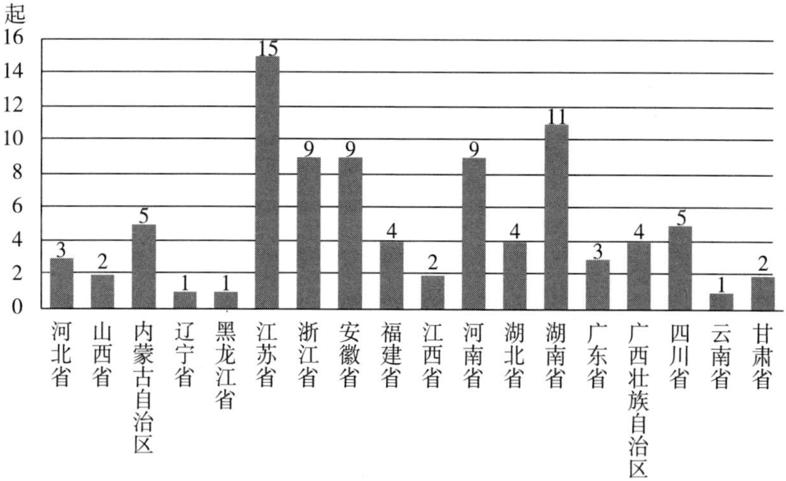

图3-13　2013—2022年我国审判强令、组织他人违章冒险作业刑事案件地域分布情况

从图3-13可以看出，强令、组织他人违章冒险作业罪的分布与重大劳动安全事故罪的分布有相似之处，均主要分布于我国中东部地区，尤其是建筑业和矿业比较发达的地区；西部地区或其他行业比较发达而工业比较少的地区，强令、组织他人违章冒险作业罪的案件数量则较少。

（3）强令、组织他人违章冒险作业刑事案件的案情及审理结果分析

为使研究更加具体、可行，笔者随机选取了50例强令、组织他人违章冒险作业的刑事案件进行分析，以研究该类案件的案情和审理结果（见表3-4）。

表3-4　强令、组织他人违章冒险作业刑事案件案情及审理结果分析

案件名称	行业	基本案情	一审罪名	一审量刑情况	二审罪名（含改判理由）	二审量刑情况（含改判理由）
1.蒋某强令他人违章冒险作业罪案	煤矿	蒋某私自决定并强制工人违章冒险工作将63#钻场的叉车移动到62#钻场下方，因未按照规定操作导致叉车脱手下滑冲出轨道，致使在场工人3人死亡	强令、组织他人违章冒险作业罪	有期徒刑二年	驳回上诉，维持原判	驳回上诉，维持原判

续表

案件名称	行业	基本案情	一审罪名	一审量刑情况	二审罪名（含改判理由）	二审量刑情况（含改判理由）
2.王某坤强令、组织他人违章冒险作业罪案	建筑	施工期间，被告人在存在重大安全隐患和接到监理机构下达的“暂时停工指令”的情况下，仍然组织工人施工挖桩，导致吴某被泥石掩埋后窒息死亡	强令、组织他人违章冒险作业罪	有期徒刑六个月	驳回上诉，维持原判	驳回上诉，维持原判
3.李某甲、吕某某等强令、组织他人违章冒险作业罪案	建筑	在施工过程中，明知存在隐患，仍违反规定强制他人违章作业，导致5人死亡，9人受伤的重大伤亡事故	强令、组织他人违章冒险作业罪	吕某某有期徒刑三年六个月；李某甲有期徒刑二年六个月	驳回上诉，维持原判	驳回上诉，维持原判
4.李某喜、侯某元强令、组织他人违章冒险作业罪案	建筑	施工过程中，明知存在隐患，仍违反规定，强制他人违章作业，导致1人受伤	裁定驳回（不属于自诉案件）	裁定驳回	驳回上诉，维持原裁定	驳回上诉，维持原裁定

续表

案件名称	行业	基本案情	一审罪名	一审量刑情况	二审罪名（含改判理由）	二审量刑情况（含改判理由）
5. 陈某平强令、组织他人违章冒险作业罪案	矿业	作为管理员，明知绞车存在安全隐患，仍让工人冒险使用绞车，因而发生重大伤亡事故	强令、组织他人违章冒险作业罪	有期徒刑六年	驳回上诉，维持原判	驳回上诉，维持原判
6. 任某强令、组织他人违章冒险作业罪案	建筑	强令工人违章冒险作业，其行为已构成强令、组织他人违章冒险作业罪	强令、组织他人违章冒险作业罪	有期徒刑一年，缓刑一年	未上诉	未上诉
7. 储某某强令、组织他人违章冒险作业罪案	建筑	明知王某无吊车操作证，仍让其操作吊车，在明知吊车线控不灵的情况下，强行让王某进行吊车施工，造成吊车出轨倒塌，两死一伤的后果	强令、组织他人违章冒险作业罪	有期徒刑两年，缓刑三年	未上诉	未上诉

注：由于篇幅所限，在此仅随机选取50个案例中的7个案例作为展示。

从表3-4可见，关于强令、组织他人违章冒险作业罪司法适用情况的分析如下：

①强令、组织他人违章冒险作业刑事案件的行业分布。从所选

的50个案例的情况来看，强令、组织他人违章冒险作业罪主要发生在建筑业，共24起（占48%），与建筑业相关的行业，如水泥、砂石、门窗等行业，共4起（占8%），煤矿或者其他矿业共22起（占44%）（见图3-14）。

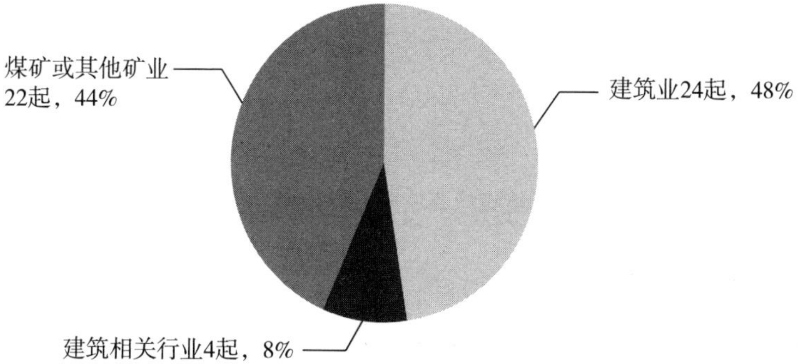

图3-14 强令、组织他人违章冒险作业刑事案件的行业分布

②强令、组织他人违章冒险作业案件二审改判的情况。从中国裁判文书网的数据来看，强令、组织他人违章冒险作业案件的数量有146件，其中一审案件有136件，二审案件有10件，可得出该罪案件的二审率是7.3%。从所抽取的5个二审案例来看，所有的上诉请求均被驳回。

③强令、组织他人违章冒险作业案件的量刑情况。根据《刑法》第134条第2款的规定，犯强令、组织他人违章冒险作业罪的，处五年以下有期徒刑或者拘役；情节特别恶劣的，处五年以上有期徒刑。

在前文所选的50例强令、组织他人违章冒险作业案件中，一共有64名被告人，裁定驳回的2人，没有人被判处拘役，三年以下有期徒刑的48人，三年以上七年以下有期徒刑的14人（见图3-15）。

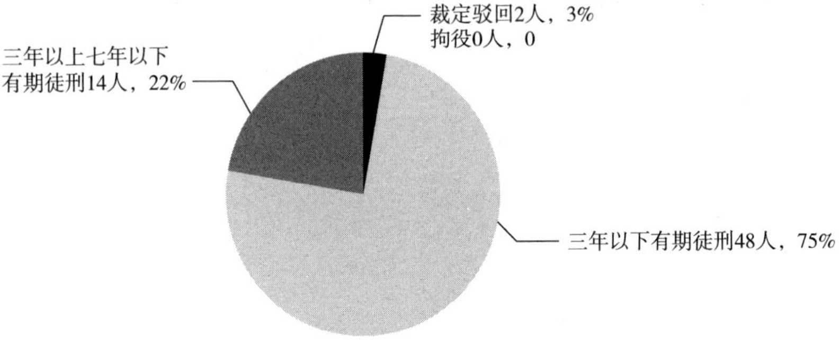

图3-15　强令、组织他人违章冒险作业案件的量刑情况

从图3-15数据可以看出，强令、组织他人违章冒险作业罪在具体的司法实践中，法官在大多数情况下会选择三年以下有期徒刑，其次是三年以上七年以下有期徒刑，而较少适用拘役的刑罚规定。

3.强令、组织他人违章冒险作业罪司法适用状况评析

从上述强令、组织他人违章冒险作业罪司法适用的概况来看，我国的强令、组织他人违章冒险作业案件的数量比较少，且从时间变化趋势来看比较平稳，但是实际生产生活中强令、组织他人违章冒险作业的行为其实较为普遍，说明该罪在实践中适用率比较低。实证研究表明，强令、组织他人违章冒险作业罪在司法实践中尚存在以下问题：

（1）司法适用率低。数据显示，强令、组织他人违章冒险作业罪在司法实践中适用率很低，虽然强令、组织他人违章冒险作业的行为非常普遍，但法院审理的案件却少之又少。该罪是2006年《刑法修正案（六）》新增的罪名，于2021年《刑法修正案（十一）》被修改，

也许由于该条款实施的时间不是很长，部分司法机关对此理解不够深入、对本罪名与重大责任事故罪的区别不是太熟悉等，导致实践中该罪的适用率偏低。从具体的司法实践来看，该罪适用率偏低还可能存在以下原因：①劳动者敢怒不敢言。如前文所述，为了保住“饭碗”，劳动者大多数时候并不敢对主管的强令行为说“不”，只能忍气吞声。②对“强令”一词的理解各有不同，司法机关可能将某些强令、组织他人违章冒险作业的行为错误定位为普通的责任事故犯罪，处刑过低，不利于严惩犯罪。③根据刑法规定，该罪属于结果犯，造成了严重后果才能入罪，只有强令、组织他人违章冒险作业的行为不能入罪。因为以上原因，该罪并没有很好地落地，未对实践中普遍存在的强令、组织他人违章冒险作业行为起到应有的遏制与预防作用。

（2）罪与非罪的区分问题。只有具备以下条件，该罪才能成立：①本罪的犯罪主体是具有强令资格的人，一般情况下包括生产、作业中的指挥者、调度者和领导者等。②犯罪主观方面是过失，即对于所发生的后果来说不是故意，但对于既违章又冒险则是明知。③犯罪客观方面表现为强令他人冒险违章作业以致发生了严重后果。在司法实践中，必须严格判断以上条件，否则易造成罪与非罪的混淆。此外，关于是否属于强令的问题，与强令者是否用生硬的语言进行命令无关，也与强令者是否出现在生产、作业现场无关，只要命令者发出的信息内容所产生的决定性影响，达到了使他人不得不违心继续生产、作业的心理强制程度，即属于强令。由于强令、组织他人违章冒险作业的行为只有在严重后果已经发生之后才能入罪，如果没有引发严重后果，则只能行政处罚，这也是罪与非罪的严格界限之一。[1]

（3）此罪与彼罪的区分问题。①本罪与重大责任事故罪易混淆。本罪和重大责任事故罪有相似之处，均是“违反安全管理规定”的违章行为，导致重大安全事故的发生。但二者的区别在于本罪和重大责任事故罪的实行行为在危害程度上存在差别：强令他人冒险作业比一般不服管理、违反规章制度的行为性质更严重，社会危害性更大。[2]②本罪与重大劳动安全事故罪易混淆。二者都是在生产、作业的过程中发生了重大安全事故。但是二者的区别主要在于：强令、组织他人违章冒险作业罪是通过“作为”的方式，强令他人违章冒险作业；而重大安全事故罪则有可能是通过“不作为”的方式，不改善安全生产条件或生产设施造成了严重后果。但是，二者的区分仍然存在难点，即在生产经营中，负有安全管理责任的人员恰又是指挥和领导生产经营的人员，明知作业的生产条件或设施不合格，仍然强令他人违章冒险作业，且发生了严重后果，应该以何罪论处呢？笔者认为，如果能认定是生产条件或设施不安全和强令违章操作共同导致了严重后果的发生，则应数罪并罚；如果不能证明是生产条件和设施不安全还是违章操作导致的严重后果，则应根据对被告人有利的原则，判处较轻的罪名，即重大劳动安全事故罪。

---

〔1〕 参见陈兴良主编：《刑法学》（第3版），复旦大学出版社2016年版，第338页。
〔2〕 参见陈兴良主编：《刑法学》（第3版），复旦大学出版社2016年版，第339页。

（三）拒不支付劳动报酬罪

1.拒不支付劳动报酬行为的基本状况

拒不支付劳动报酬，俗称恶意欠薪。在我国劳动关系领域，尤其是针对农民工，拒不支付劳动报酬的现象十分严重。据报道，截至2021年，我国的农民工总量达28652万人，[1]其中在建筑、交通、水利、化工、轻纺、加工制造和餐饮服务等行业，拖欠农民工工资的现象非常严重。2021年，检察机关依法惩治拒不支付劳动报酬犯罪典型案例中，全国检察机关共受理审查起诉拒不支付劳动报酬犯罪案件2813件3243人，同比分别上升12.3%和12%。通过办案追缴欠薪约1.68亿元。[2]虽然《刑法修正案（八）》已将该行为纳入了刑法的规制范围，且2013年发布的《关于审理拒不支付劳动报酬刑事案件适用法律若干问题的解释》为拒不支付劳动报酬罪的定罪量刑提供了标准，但是时至今日，农民工在面临讨薪问题时，仍然可能会选择采取极端手段，而不是拿起法律的武器，导致因拖欠工资所引发的讨薪事件依然层出不穷。中华人民共和国中央人民政府官网的信息显示，2021年《保障农民工工资支付条例》实施一年来，各级劳动保障监察机构共查处工资类违法案件5.5万件，为64.3万名劳

〔1〕 参见《2021年农民工监测调查报告》，载中国政府网，https://www.gov.cn/xinwen/2022-04/29/content_5688043.htm，2024年3月21日访问。

〔2〕 参见《检察机关依法惩治拒不支付劳动报酬犯罪典型案例》，载中华人民共和国最高人民检察院网，https://www.spp.gov.cn/spp/xwfbh/wsfbh/202201/t20220106_540896.shtml，2024年3月21日访问。

动者追发工资等待遇64.3亿元；向社会公布重大欠薪违法案件1873件，列入拖欠农民工工资黑名单962条，向公安机关移送涉嫌拒不支付劳动报酬罪案件2836件，司法审判1556起恶意欠薪案件。〔1〕欠薪案件是几万起，而启动刑事审判的程序却只有1000多起，两相比较的差距明显。可见，尽管拒不支付劳动报酬罪已于2011年设立，欠薪案件却仍旧大量存在。

2.拒不支付劳动报酬罪司法适用的概况

《刑法修正案（八）》出台之后，关于“拒不支付劳动报酬”的入刑是否对该行为起到了良好的规制效果，其重要的衡量标准就是入刑后此类案件的数量是否明显减少。也就是说，增设的拒不支付劳动报酬罪对拒不支付劳动报酬案件及其引发的群体性事件等的遏制效果是否比入刑之前更好。在此，本书主要从拒不支付劳动报酬案件的时间变化趋势、拒不支付劳动报酬行为入刑前后因恶意欠薪而导致的群体性事件的具体发案情况，以及拒不支付劳动报酬行为入刑后该罪发案的时间趋势进行考察。〔2〕

（1）拒不支付劳动报酬案件的时间变化趋势

2013年至2022年，每年的拒不支付劳动报酬案件数如图3-16所示。

〔1〕《平均每人追回1万元！人社部一年化解欠薪64.3亿元》，载中国政府网，https://www.gov.cn/xinwen/2021-05/07/content_5605130.htm，2024年3月21日访问。

〔2〕参见刘昭陵：《“拒不支付劳动报酬”入刑以来的效果、问题与对策》，载《周口师范学院学报》2018年第1期。

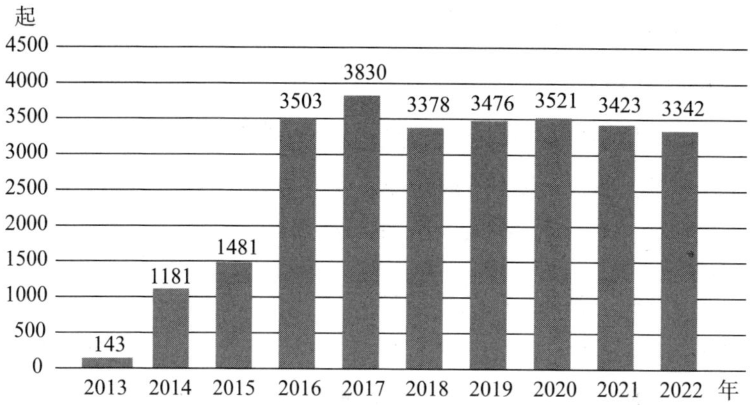

图3-16　2013—2022年拒不支付劳动报酬案件数量

从图3-16可以看出，2013年之后，拒不支付劳动报酬案件数整体上是呈上升趋势，而且每年增加的数量比较大。再看看各地的情况，2024年3月4日徐州市住房和城乡建设局将中铁六局集团、中铁建工集团、陕西建工第八建设集团等19家公司拉黑，不准它们进入徐州建筑市场，原因是拖欠农民工工资；2023年11月，广州市越秀区人社局对中铁二局第四工程有限公司罚款1万元，原因是存在拖欠农民工工资行为，经责令限期改正，逾期仍不改正；同样是2023年，浙江东阳市人社局对中铁北京工程局集团有限公司罚款1万元，原因是拖欠34名农民工工资共计52万多元，并且拒不改正。〔1〕从这些情况来看，连央企都拖欠农民工工资，各地近几年的欠薪情况都不容乐观。

（2）拒不支付劳动报酬行为入刑前后因恶意欠薪而导致的群体

〔1〕　参见《拖欠工资！中铁六局、中铁建工被“封杀”，这一地出手了！》，载新浪财经，https://cj.sina.com.cn/articles/view/5946180155/1626b823b020012cbo，2024年3月21日访问。

性事件的具体发案情况

群体性讨薪事件就是拒不支付劳动报酬问题引发的严重后果之一。农民工是被欠薪的主要群体，也是被欠薪之后最走投无路的群体。农民工难以通过正常的渠道获得应得的报酬，于是不得不聚集在一起，采取上访、静坐、请愿、罢工、集会甚至围堵机关企事业单位等比较极端的方式以引起社会的关注。比如2012年武汉包工头带10余位农民工跳骑马舞讨薪、2013年莱芜农民工讨薪等事件；2018年10月，江西省萍乡市湘东区某陶瓷有限公司停产，拖欠700多名农民工工资高达数百万元；2019 年 4 月，广东省东莞市某资源回收公司出现严重经营困难，拖欠了魏某等562名农民工工资，导致部分农民工被迫离职。一时间，大批农民工不断聚集，一场重大群体事件一触即发。2018年9月，湖南省常德市石门县政府决议关停某煤矿，某镇政府承担某煤矿关闭后的农民工安置工作，补偿费由镇政府专户监管。镇政府成立农民工安置组，着手清欠农民工工资。因某煤矿账簿混乱，205名农民工均没有欠薪条，无法确认具体欠薪额，工资清欠陷入僵局，导致欠薪农民工群体上访。[1]2015年，北京义联劳动法律援助与研究中心的《法律援助检测报告》显示，近年来群体性讨薪案件不断增加，在此仅以2009年至2015年7年间每年第一季度的数据为例，见图3-17。

---

〔1〕 参见司法部发布2019年度法律援助维护农民工权益十大典型案例。

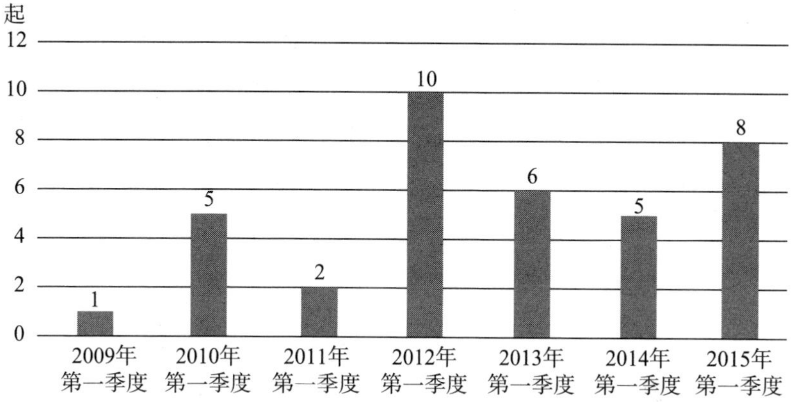

图3-17　农民工讨薪群体性案件数量

从图3-17中，我们可以看出，“拒不支付劳动报酬”入刑之后，群体性案件也有所增加。这说明劳动者维权意识提升，但这是否也从另一侧面反映出拒不支付劳动报酬入刑五年的规制效果一般呢？

（3）拒不支付劳动报酬行为入刑后该罪发案的时间趋势

在中国裁判文书网，以“拒不支付劳动报酬罪”“刑事案由”为关键词搜索，可以查询到13018起刑事案件。其中，2016年最多（1845起），2011—2013年最少。[1]上述案件共有判决书9334份、裁定书1762份、调解书5份、决定书7份、通知书1份；一审案件有9715件、二审案件有1747件、再审案件有2件、刑罚变更案件有94件、再审审查与审判监督案件有4件、其他案件有8件。

从图3-18可以看出，自2011年“拒不支付劳动报酬”入刑以来，该罪的案件数量越来越多，上升趋势明显，但2016年后逐步呈下降趋势。

---

〔1〕 共106起，当然有可能是年代比较久远，数据没有上传的原因。——笔者注

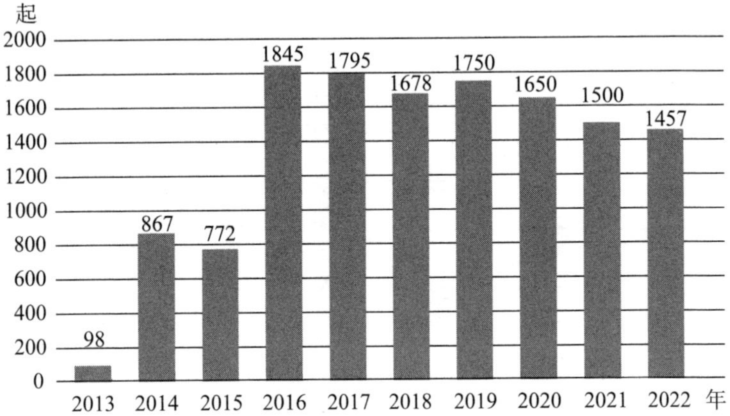

图3-18　2013—2022年拒不支付劳动报酬刑事案件数量

（4）拒不支付劳动报酬刑事案件的地域分布

样本统计范围内（在中国裁判文书网，以“拒不支付劳动报酬罪”“刑事案由”为关键词搜索到的13018件刑事案件），拒不支付劳动报酬刑事案件的地域分布如图3-19所示。我们可以看到，安徽省、浙江省、广东省、江苏省和湖北省名列前五，河北省、福建省、四川省、辽宁省、湖南省等省份的案件数也较多。拒不支付劳动报酬刑事案件较少的省份主要有北京市、西藏自治区、天津市、青海省、宁夏回族自治区等。

从图3-19可以看出，此类案件地域分布极不均衡，主要出现在劳动力密集型的东南沿海地区，如浙江省、安徽省、江苏省、广东省等地；有些地区如西藏自治区，此类案件数量极少；根据中国裁判文书网上的数据，北京2013—2022年仅有1起拒不支付劳动报酬罪的案件，当然不排除司法实践中还有更多案例的情况。

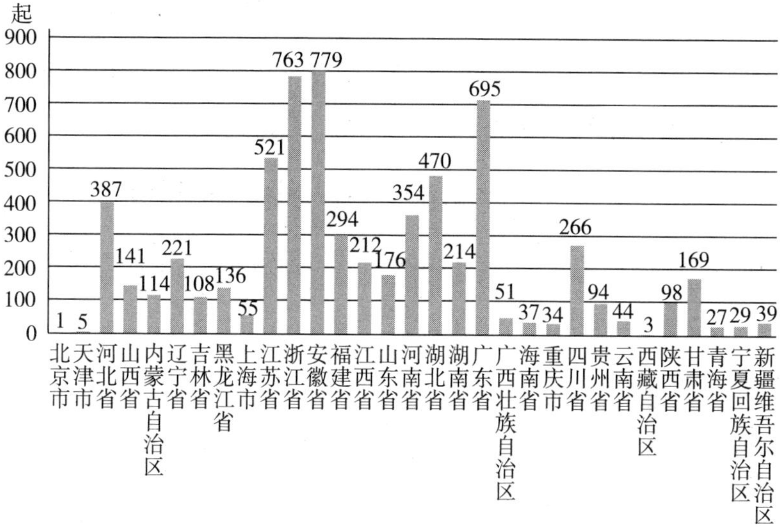

图3-19　拒不支付劳动报酬刑事案件的地域分布情况

从以上数据分析可以看出,"拒不支付劳动报酬"入刑之后,欠薪情况有所增加,拖欠工资导致的群体性事件也有所增加。同时,2018年以来,拒不支付劳动报酬罪的案件数也有大幅上升。但是这些数据并不能说明"拒不支付劳动报酬"入刑没有起到规制效果,这些数据的增加有可能与经济发展情况有关,也有可能是因为近年来农民工维权意识有所提高,抑或有其他原因。此外,自2020年5月1日起施行的《保障农民工工资支付条例》将建设单位纳入工资支付主体,建设单位不仅要按期、足额支付农民工工资,还要监督总包单位和分包单位对农民工工资支付的落实,这也是继"拒不支付劳动报酬"入刑之后,国家为拖欠工资所作的又一努力,其效果亦有待观察。

(5)拒不支付劳动报酬刑事案件的案情及审理结果分析

笔者随机选取了50例拒不支付劳动报酬罪的二审案件进行分析,以研究该类案件的案情和审理结果(见表3-5)。

表3-5 拒不支付劳动报酬刑事案件案情及审理结果分析

案件名称	行业	基本案情	一审罪名	一审量刑情况	二审罪名(含改判理由)	二审量刑情况(含改判理由)
1.杨某、刘某拒不支付劳动报酬罪案	建筑	拖欠35名工人总计工资款人民币234940元,且经唐山市路北区劳动监察大队责令支付后仍拒不支付	拒不支付劳动报酬罪	有期徒刑一年,并处罚金一万元	驳回上诉,维持原判	驳回上诉人杨某的上诉,维持原判
2.周某拒不支付劳动报酬罪案	建筑	关掉手机断绝与外界的联系,以此来逃避向工人支付剩余的工资,累计296735元。经劳动监察大队责令支付后被告人周某仍不支付	拒不支付劳动报酬罪	拘役三个月,缓刑五个月,罚金三千元	驳回上诉,维持原判	驳回上诉,维持原判
3.林某旋拒不支付劳动报酬罪案	时装	陆续拖欠42名正式员工及46名临时工人的劳动报酬。2013年1月14日,被告人林某旋将公司关闭并逃匿	拒不支付劳动报酬罪	有期徒刑一年,并处罚金两万元	驳回上诉,维持原判	驳回上诉,维持原判

续表

案件名称	行业	基本案情	一审罪名	一审量刑情况	二审罪名（含改判理由）	二审量刑情况（含改判理由）
4.任某拒不支付劳动报酬罪案	造船	任某拒不支付杜某、毕某等12人工资共计10万余元	拒不支付劳动报酬罪	有期徒刑一年六个月，并处罚金两万元	驳回上诉，维持原判	驳回上诉，维持原判
5.刘某拒不支付劳动报酬罪案	建筑	刘某拒不支付工人工资12万余元	拒不支付劳动报酬罪	判处刘某有期徒刑七个月，并处罚金二万元；莫某有期徒刑六个月，缓刑一年，并处罚金两万元	拒不支付劳动报酬罪。	刘某缓刑一年，并处罚金二万元；莫某拒不支付劳动报酬罪，判处有期徒刑六个月，缓刑一年，并处罚金二万元（刘某认罪态度较好，积极主动地缴纳罚金等）
6.冯某礼拒不支付劳动报酬罪案	建筑	拒不支付劳动报酬310000元，数额较大	拒不支付劳动报酬罪	有期徒刑六个月，缓刑一年，并处罚金两万元	驳回上诉，维持原判	驳回上诉，维持原判
7.丁某某拒不支付劳动报酬罪案	建筑	拒不支付劳动报酬81000元，数额较大	拒不支付劳动报酬罪	有期徒刑一年，并处罚金一万元	准许上诉人丁某某撤回上诉	准许上诉人丁某某撤回上诉

续表

案件名称	行业	基本案情	一审罪名	一审量刑情况	二审罪名（含改判理由）	二审量刑情况（含改判理由）
8.蒋某拒不支付劳动报酬罪案	建筑	拒不支付劳动报酬140000元，数额较大	拒不支付劳动报酬罪	有期徒刑二年，并处罚金五万元	驳回上诉，维持原判	驳回上诉，维持原判
9.邵某拒不支付劳动报酬罪案	建筑	拒不支付劳动报酬320000元，经责令支付而仍不支付	拒不支付劳动报酬罪	有期徒刑一年，并处罚金四万元	驳回上诉，维持原判	驳回上诉，维持原判
10.宫某某拒不支付劳动报酬罪案	建筑	被告人宫某某作为雇主，逃避支付10名以上被雇用劳动者的劳动报酬，累计金额5万元以上，数额较大	拒不支付劳动报酬罪	有期徒刑二年，并处罚金二万元	驳回上诉，维持原判	驳回上诉，维持原判
11.袁某拒不支付劳动报酬罪案	建筑	拒不支付劳动报酬100000元，经责令支付仍不支付	拒不支付劳动报酬罪	有期徒刑八个月，并处罚金一万元	准许上诉人袁某撤回上诉	准许上诉人袁某撤回上诉
12.康某、黄某拒不支付劳动报酬罪案	家具	被告人康某、黄某逃避支付劳动者的劳动报酬，数额较大，经责令支付仍不支付	拒不支付劳动报酬罪	判处康某有期徒刑二年，并处罚金一万元；判处黄某有期徒刑二年，并处罚金一万元	驳回上诉，维持原判	驳回上诉，维持原判

续表

案件名称	行业	基本案情	一审罪名	一审量刑情况	二审罪名（含改判理由）	二审量刑情况（含改判理由）
13.吴某拒不支付劳动报酬罪案	建筑	吴某逃避支付劳动者的劳动报酬200000元，经责令支付仍不支付	拒不支付劳动报酬罪	拘役四个月，并处罚金八千元	准许上诉人（原审被告人）吴某撤回上诉	准许上诉人（原审被告人）吴某撤回上诉
14.马某拒不支付劳动报酬罪案	建筑	马某逃避支付劳动报酬21000元，经责令支付仍不支付	拒不支付劳动报酬罪	有期徒刑一年六个月，并处罚金二万元	撤销原判，发回重审（证据不足）	撤销原判，发回重审（证据不足）

注：由于篇幅所限，在此仅随机选取50个案例中的14个案例作为展示。

根据表3-5分析如下：

①拒不支付劳动报酬刑事案件数的行业分布。从所选的50个案例的情况来看，拒不支付劳动报酬罪主要发生在建筑业，共42起（占84%），其他行业仅8起（占16%）（见图3-20）。

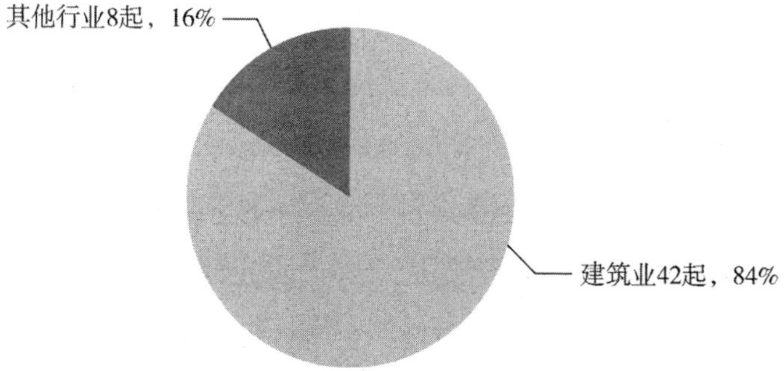

图3-20　拒不支付劳动报酬刑事案件数量的行业分布

②拒不支付劳动报酬刑事案件的二审改判情况。从中国裁判文书网的数据看，拒不支付劳动报酬的刑事案件有13018件，其中一审案件有9715件，二审案件有1747件，再审案件有2件，可得出该类案件的二审率是7.9%。

从所抽取的50个案例来看，其中二审维持原判的有37件，改变罪名的案件为0，撤回上诉的有5件，不改变罪名仅减轻刑罚的有8件（见图3–21）。

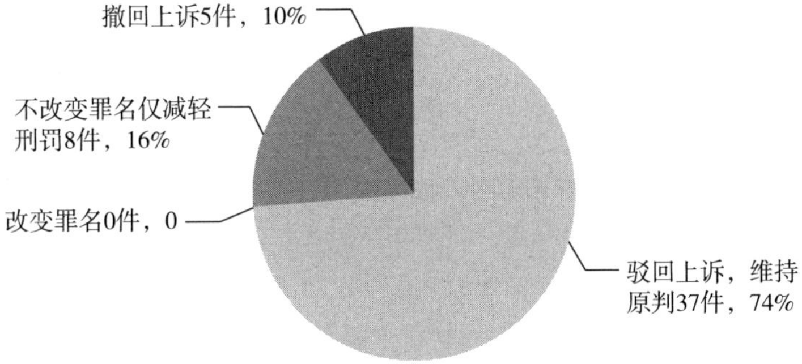

图3–21　拒不支付劳动报酬刑事案件的二审改判情况

③拒不支付劳动报酬刑事案件的量刑情况。根据《刑法》第276条之一规定，犯拒不支付劳动报酬罪的，处三年以下有期徒刑或者拘役，并处或者单处罚金；造成严重后果的，处三年以上七年以下有期徒刑，并处罚金。

在上文所选的50例拒不支付劳动报酬刑事案件中，一共有68名被告人，被判处免予刑事处罚的有2人，拘役的有7人，三年以下有期徒刑的有59人，没有人被判处三年以上七年以下有期徒刑（见图3–22）。

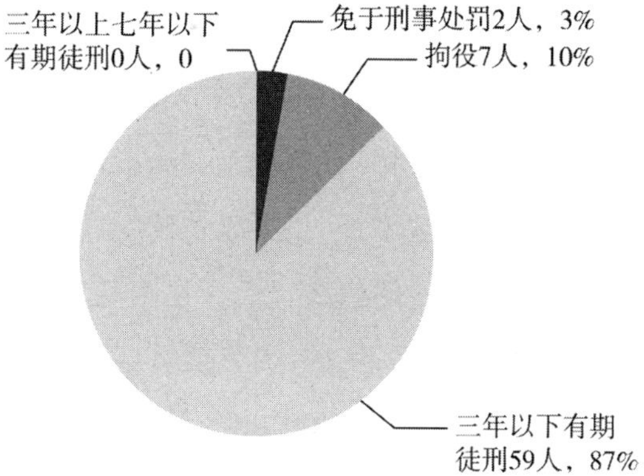

图3-22　拒不支付劳动报酬刑事案件的量刑情况

从图3-22数据可以看出，在具体的司法实践中，法官判处大部分拒不支付劳动报酬刑事案件的被告三年以下有期徒刑，而甚少判处三年以上七年以下有期徒刑或拘役等刑种。

3.拒不支付劳动报酬罪司法适用状况评析

从中国裁判文书网上的数据可以看出，拒不支付劳动报酬罪是司法适用率很高的一个罪名。该罪设立以来，对惩治恶意欠薪行为起到了一定作用，但是在司法实践中仍然存在以下问题：

（1）"拒不支付劳动报酬罪" 复杂的判定标准难以把握。从上文中对欠薪案件以及涉嫌拒不支付劳动报酬刑事案件的数据分析，我们可以看出，虽然拒不支付劳动报酬的行为非常之多，但该类案件最终能进入刑事审判阶段的比例很小，如根据中国裁判文书网的数据，2013年欠薪案件总共是1030件，而拒不支付劳动报酬的刑事案件只有120件，占比仅约12%。造成这种情况的主要原因是拒不支付劳动报酬罪的判定标准很复杂，拒不支付劳动报酬罪判定标准的复杂性体现在：①行为方法是转移财产、逃匿；②有能力支付却不支付；③政府部门责令支付之后仍不支付。如何认定上述三个条件，对于普通劳动者而言是相当困难的。此外，对于用人单位是否“故意”欠薪，是否具有主观恶意，也很难认定。

（2）司法机关在犯罪主体的认定上存在困惑，法条对于该罪犯罪主体的界定不够严谨，往往给恶意欠薪者留下可钻的空子。例如，《刑法》规定拒不支付劳动报酬罪的主体为自然人和单位，但是并没有明确指出符合规定的主体是否要与劳动者具有直接管理的关系。现实生活中的情况非常复杂，以拒不支付劳动报酬现象比较严重的建筑业为例。在建筑业，我们所熟知的惯例是发包方将工程承包给承建商，承建商再层层分包或者转包给各个包工队，而包工队里的农民工则是真正从事该工程建设的人。那么，如果发生了恶意欠薪的情况，处于最底层的农民工该找谁讨要劳动报酬呢？是直接管理他们的包工头，还是承建商，抑或开发商？从实践来看，建筑工程中承包、分包和转包等情况非常复杂，如果包工头或者建筑队以“发包方拖欠建筑工程款”为由拖欠工资，本罪的主体应该是谁有待进一步予以规范。

（3）欠薪问题的解决需要组合拳出击。上文的数据分析证明，自2011年5月拒不支付劳动报酬入刑至今，全国各地欠薪的情况得到了改善，但依然存在一些问题，欠薪所导致的群体性事件依然存在，拒不支付劳动报酬罪的入刑对欠薪行为的规制并未完全达到预期效果。近年来，通过连续重拳出击，特别是随着《保障农民工工资支付条例》实施和各项保障制度逐步落地，欠薪高发、多发态势得到明显遏制，一批被拖欠工资的农民工及时拿到了应得的工资报酬，有关违法企业和责任人受到相应惩处，截至2021年1月15日，各地共办结欠薪案件31629件，为32.62万名农民工追发工资33.32亿元。[1]

第二节　自救型劳动犯罪的司法适用

当劳动者的合法权益受到侵害，无法与侵权方达成协议解决纠纷时，合法的做法是寻求“公力救济”。但是，从实践来看，我国劳动者在遇到劳动纠纷时，有相当一部分人采取了“私力救济”的方式，自救犯罪成为劳动者犯罪的一个主要类型。我国实施劳动自救的主体主要有农民工、贫困大学生、残障人士和公司白领等，其中农民工的自救犯罪问题最为突出，这与社会文化、经济的转型带来的社会矛盾和冲突有关，也与当前法律制度上存在漏洞和缺陷、农民工个体和群体自身存在的致罪因素等有关，尤其与劳动者的合法利益受到侵害之后公力救济途径不畅或成本太高这一客观因素有关。数据表明，从20世纪80年代，也就是改革开放以来，农民工的违法犯罪比例不断上升，尤其是在大城市和沿海城市。[2]例如，曾

〔1〕 参见《欠薪高发多发态势得到明显遏制》，载中国政府网，https://www.gov.cn/xinwen/2021-02/07/content_5585531.htm，2024年3月21日访问。

〔2〕 参见杨宝宏：《农民工犯罪问题——社会心理失衡与犯罪》，载《甘肃行政学院学报》2007年第4期。

有很多农民工因为拿不到足额工资，就采取极端方式实施“讨薪犯罪”，比较典型的案件有，2004年某农民讨薪不成烧车间案、[1]2005年王某余讨薪杀人案、[2]2006年田某煤气罐讨薪案、[3]2014年闫某因讨薪拘禁他人案、[4]2014年马某因拖欠工资泄愤砸车案[5]等。

一、个体劳动者自救引发的犯罪的司法适用

本节选取上文中提到的典型案例进行分析（见表3-6）。

表3-6 个体劳动者自救引发的刑事案件案情及审理结果分析

案件名称	行业	基本案情	一审罪名	一审量刑情况	二审罪名（含改判理由）	二审量刑情况（含改判理由）
1. 王某余讨薪杀人案	安装	索要劳动报酬的过程中与被害人发生争吵，持刀将对方四人捅死，构成故意杀人罪	故意杀人罪	死刑，剥夺政治权利终身	驳回上诉，维持原判	驳回上诉，维持原判

〔1〕《浙江永康一打工女讨薪不成烧车间，被判刑10年》，载中国法院网，https://www.chinacourt.org/article/detail/2005/04/id/160313.shtml，2024年3月21日访问。

〔2〕参见陆幸福、杨毅伟：《对城市农民工“讨薪”犯罪现象的透视与反思——从“讨薪死囚”王斌余案谈起》，载《河北公安警察职业学院学报》2006年第3期。

〔3〕参见《浙江永嘉：一民工提着煤气罐上门讨要工资被判刑》，载芜湖三山经济开发区人民检察院网http://www.wuhuss.jcy.gov.cn/yasf/201706/t20170601_1999417.shtml，2024年3月21日访问。

〔4〕参见《闫某甲、闫某乙非法拘禁罪一审刑事判决书》，载中国裁判文书网http://www.fae.cn/cp/detail3216136. html，2024年3月21日访问。

〔5〕参见《讨薪无果砸车泄愤敦煌一农民反成被告》，载搜狐网http://www.sohu.com/a/83236558_12081，2024年3月21日访问。

续表

案件名称	行业	基本案情	一审罪名	一审量刑情况	二审罪名（含改判理由）	二审量刑情况（含改判理由）
2.田某煤气罐讨薪案	机械	田某多次催讨工资无果，拿来煤气罐威胁吕某结算工资	以危险方法危害公共安全罪	有期徒刑三年、缓刑三年	无	无
3.闫某因讨薪拘禁他人案	建筑	闫某在多次向被害人郭某索要欠款未果的情况下，将被害人郭某强行用车带走，并在车上殴打被害人郭某，致其轻微伤	非法拘禁罪	有期徒刑六个月	无	无
4.某农民讨薪不成烧车间案	喷漆	蔡某怀与喷漆车间承包人方某君因结算1000多元工资发生争吵，随即将稀释剂洒在车间内，使整个车间着火	放火罪	有期徒刑十年	无	无
5.马某因拖欠工资泄愤砸车案	焊接	马某讨薪无果后十分气愤，走出王某办公室后发现其停放在室外的一辆小轿车，遂产生砸车顶账的想法，拾起厂房内的钢管将该车砸损	故意毁坏财物罪	有期徒刑一年，缓刑二年	无	无

从表3-6可以得知，个体劳动者自救引发的犯罪主要发生在索要被拖欠的劳动报酬领域，涉及的罪名主要有故意杀人罪、放火罪、故意损坏财物罪、非法拘禁罪、以危险方法危害公共安全罪等，均属于暴力犯罪。

从上述5个案例的判决可以看出，虽然这些犯罪都涉及欠薪的因素，但判决中却较少考虑到这一点。例如，在第一个案件中，被告人王某余提出自己是被逼激愤杀人，其辩护人也称，被告人是在讨要自己应得的劳动报酬无果，被逼无奈的情况之下激愤杀人，应该充分考虑事件发生的起因，从轻处罚；但是法院认为，被告人与被害人是因为之前矛盾而引发争吵，以致矛盾激化，因而故意杀人的行为与索要工资并无直接关系，其辩护人提出的激愤杀人之理由不能成立，因此判处被告人死刑、剥夺政治权利终身。在第二个案件中，田某只是拿着煤气罐作为要挟，并没有造成实际损害，却仍旧被判处有期徒刑三年、缓刑三年，其从轻判处是因为认罪态度较好，有悔罪表现。在第四个案件中，被告人因为工资结算与承包人发生争吵，在车间放火，造成财物损失5万多元，被判处有期徒刑十年，刑罚不可谓不重。在第五个案件中，被告人因被拖欠工资一年多，将被害人的车砸坏，造成损失3万余元，被判处有期徒刑一年，缓刑三年。只有在第三个案件中，法官在判决书中写道，“被害人郭某对本案的发生亦有一定过错，对被告人可酌情从轻处罚”，且最终是因为考虑到被告人认罪态度好，判处其有期徒刑六个月。

综上，司法实践中，个体劳动者自救引发的犯罪并没有被作为一个可以从轻处罚的因素加以考虑，被害人即欠薪者的过错在定罪量刑时很少被考虑。

二、集体争议引发的自救型劳动犯罪的司法适用

如上所述，当个体劳动者的自救并不能达到理想的效果时，作

为弱势群体，劳动者组成一个集体维护自身合法权益，为了实现共同利益开展维权，难免出现极端行为，包括破坏社会秩序、打砸公共机构、自我伤害和蓄意报复社会等行为。劳动集体争议引发的犯罪涉及的主要罪名有聚众扰乱社会秩序罪、聚众冲击国家机关罪、聚众斗殴罪等。由表3-7所见，本小节选取了一些较为典型的案例进行研究。

表3-7 劳动集体争议引发的刑事案件案情及审理结果分析

案件名称	行业	基本案情	一审罪名	一审量刑情况	二审罪名（含改判理由）	二审量刑情况（含改判理由）
1.伍某波等聚众扰乱社会秩序罪案	卷烟厂	被告人通过微信串联组织了100余名原零陵卷烟厂江华分厂职工多次到县委闹事，要求解决其养老保险等诉求。情节严重，致使国家机关的工作无法正常进行	聚众扰乱社会秩序罪	判处被告一有期徒刑四年；判处被告二有期徒刑一年六个月；等等	驳回上诉，维持原判	驳回上诉，维持原判
2.张某某等聚众扰乱社会秩序罪、寻衅滋事罪案	农场	以湖南常德西湖农场的移民已解决养老社保问题为由，自行通知杨林寨各村民，并以其通知的这些村民中选出的被告人张某某等七人作为全乡代表来解决社保问题。情节严重，致使国家机关的工作无法正常进行	聚众扰乱社会秩序罪	判处张某某有期徒刑三年；判处张梦某有期徒刑三年；判处罗某某有期徒刑二年六个月，缓刑三年；等等	驳回上诉，维持原判	驳回上诉，维持原判

续表

案件名称	行业	基本案情	一审罪名	一审量刑情况	二审罪名（含改判理由）	二审量刑情况（含改判理由）
3. 徐某甲、孙某等聚众斗殴罪案	工程	在讨要工程款的过程中，双方发生械斗，造成袁某等人轻伤	聚众斗殴罪	判处徐某甲有期徒刑三年；判处孙某有期徒刑三年；等等	驳回上诉，维持原判	驳回上诉，维持原判
4. 周某宽等聚众冲击国家机关罪案	煤矿	60余名在管茅煤矿打工人员到偃师市人民政府讨要煤矿拖欠他们的工资，造成政府机关无法正常工作	聚众冲击国家机关罪	判处周某宽有期徒刑五年；判处刘某兴有期徒刑四年；判处宋某省有期徒刑二年；等等	驳回上诉，维持原判	驳回上诉，维持原判
5. 陈某延等跨省讨薪聚众扰乱社会秩序罪案	矿业	被拖欠1498万余元，陈某延和魏某田手下百余工人到青龙县政府门前拉横幅请愿，涉嫌聚众扰乱社会秩序罪	聚众扰乱社会秩序罪	判处陈某延四年、判处覃某银三年六个月的有期徒刑，等等	发回重审，检察院作出不起诉决定	发回重审，检察院作出不起诉决定

从表3-7案例中得知，劳动集体争议引发的犯罪也主要发生在索要拖欠劳动报酬的领域，涉及的罪名主要有聚众扰乱社会秩序罪、聚众冲击国家机关罪和聚众斗殴罪等。同个体劳动者自救案件一样，在裁判中亦很少考虑到该类案件中的劳动集体维权的因素，

法官对绝大多数的劳动集体争议引发的犯罪没有偏向。只有在第五个案件中,检察院发回重审之后作出了不起诉决定。

此外,我国对罢工等集体行动尚未有明确规定,集体争议权的缺位、法律处理机制的不完善导致各地政府在不同时期对于集体争议的处理方式也不尽相同。使劳动集体争议缺乏有效的救济途径,因此极易引发犯罪。

近年来,我国在实践中更加注意对此类矛盾的处理方式。在"执政为民"和"改进社会治理方式"的理念指导之下,各地方政府也调整了对集体争议的处理方式。在南海本田集体停工事件中,广东省政府明确表示:政府不可以以"维稳"的方式强行介入,要以第三方的身份为双方创造解决纠纷的平台。在此方针的指导下,南海本田的集体停工事件最终通过集体协商顺利解决。此后,这一事件被称为"南海本田模式",该模式成为广东省其他集体争议案件处理的基本模式,且其他地区也对其进行借鉴,并且都取得了良好的效果。2017年3月9日,北京市东城区劳动人事争议仲裁院妥善处理了北京三辰商贸有限责任公司重大集体性劳动争议案件,该案涉及劳动者100余人。据悉,因北京三辰商贸有限责任公司股权并购后未能妥善安置员工,拖欠员工的过节费与取暖费,导致群体性劳动争议案件发生。北京市东城区劳动人事争议仲裁院及时将案件情况逐级上报,然后依照《仲裁院立案咨询工作手册》及《接待受理工作规则》等规定,根据仲裁院《关于大规模集体劳动人事争议、疑难案件的通报审理制度》的要求,立即集中精干人员开展接待工作,优化工作流程,高效、快捷地完成了重大集体性案件的立案接待工作，确保劳动者的合法权益及时得到保护。[1]

第三节 我国劳动刑法的司法适用评析

我国的劳动刑法各罪名的司法适用如前所述，各罪在司法实践中存在一定的特色，当然也都会遇到各种问题。正所谓没有千篇一律的案件，也没有千篇一律的问题。本节从司法特色与存在问题两方面来评析我国劳动刑法的司法适用状况。

一、司法特色

整体来说，在司法适用上，我国劳动刑法的司法特色主要是在一定程度上体现了宽严相济刑事政策，使实体正义与程序正义达到统一，为劳资纠纷的解决提供了终局救济途径等。

（一）一定程度上体现了宽严相济刑事政策

宽严相济刑事政策是我国的基本刑事政策，在刑事立法、刑事司法和刑罚执行等阶段都要得到贯彻落实。劳动刑法的司法适用，

---

〔1〕《北京：120余名劳动争议案申请执行人节前获集中发放案款》，载中国法院网https://www.chinacourt.org/article/detail/2016/01/id/1799938.shtml，2024年3月21日访问。

也在一定程度上体现了宽严相济刑事政策。整体来说，在司法工作中，执行宽严相济刑事政策的主要重心是放在“宽”上，轻缓的刑事政策是普遍选择，这是因为轻缓的刑事政策在司法工作中有相当大的操作空间，而且如果在司法工作中将严厉刑事政策作为普遍选择，容易突破法律规定的底线，导致重刑主义倾向。但是，因为劳动刑法的特殊性，司法实践应当将雇佣者实施的侵权型劳动犯罪与劳动者实施的自救型劳动犯罪加以区分，进行宽严相济的处理，对实施侵权型劳动犯罪的雇佣者进行较为严格的处理，对实施自救型劳动犯罪的劳动者进行较为轻缓的处理。虽然，目前来说对两种犯罪还没有进行严格区分，但是一定程度上也在司法实践中体现了宽严相济刑事政策，如在未成年人与成年人的犯罪，共同犯罪中的主从犯，因犯罪动机、目的和主观故意等，以及初次犯罪和多次犯罪、犯罪行为的社会危害程度等方面的规定上均体现了宽严相济刑事政策。

（二）尽可能实现实体正义与程序正义的统一

所谓实体正义，是指案件通过刑事诉讼过程实现结果上的实体公正和结果正义。所谓程序正义，是指案件在实现正义和公平的过程中，审判过程和裁判者要完全公正、合理、合法，裁判过程和执行程序要得到人们的普遍认可，确保双方合法权利的实现。司法公正包括程序公正与实体公正，二者是辩证统一的，程序公正与实体公正的关系，实际上是一个问题的两个方面，实体公正是司法公正的重要内容，国家行使司法权的目的就是在查明是非曲直的客观基础上，运用法律恢复已被侵害的法律权益，纠正被扭曲的社会秩序。我国劳动刑法的司法也以实体正义与程序正义达到统一为目标，并且在司法实践中尽可能地实现这一目标。

（三）为劳资纠纷的解决提供了终局救济途径

当事人权利受到侵犯时，国家应该为其提供救济途径，否则“无救济则无权利”，权利也就如同“空头支票”，无法兑现。在现代法治社会，救济途径有很多种，如私力救济、通过行政权救济以及司法救济等。毫无疑问，司法救济是当事人寻求权利救济的最后一道门槛。当劳动者与雇佣者出现不可调和的矛盾时，当事人可能会想到一系列的救济方式，如争议双方或者多方私下进行协商，或者当事人通过行政手段如劳动仲裁等进行调解，或者经过民事诉讼程序解决问题。虽然当事人救济权利的途径具有多样性，但是由于非诉讼途径的救济并不具有强制性，因此当以上救济途径不能有效实现纠纷的解决时，劳动刑法的司法介入就成了最后的救济方式。

二、存在问题

尽管我国的劳动刑法在司法实践中具有上述特色，却也仍然存在很多问题，如具体罪名适用标准不一、倾斜保护原则未能落实、集体争议的非罪化欠缺等。

（一）具体罪名适用标准不一

在实践中，劳动刑法各罪的定罪量刑标准比较混乱，具体罪名的适用标准不一，主要体现在：（1）罪与非罪的界限不好把握。如很多拒不支付劳动报酬的行为、强迫劳动的行为或雇用童工从事危重劳动的行为等是否构成犯罪都难以认定。（2）此罪和彼罪难以区分。如强迫劳动罪与雇用童工从事危重劳动罪、故意伤害罪等之间都存在难以区分的情况；重大劳动安全事故罪和重大责任事故罪也是如此。（3）量刑准确性不够。实践中经常出现同案不同判，或者侵害的法益和罪责程度差不多，刑罚却相去甚远的情况。

出现这些问题的主要原因在于：（1）法律条文规定的含混性。贝卡利亚在《论犯罪与刑罚》一书中谈到法律规定的含混性时指出，如果“法律是用一种人民所不了解的语言写成的”〔1〕，就会造成司法实践中每个法官对含混的法律条文作出不同解释的情况。（2）对法律条文的解释不够清楚。由于法律条文本身的含混性，要对犯罪进行准确的界定，就必须把法律条文解释清楚。对于司法实践中的法律适用而言，此罪和彼罪之间的区别有时很难在法律条文的规定中直观体现出来，这就需要司法解释予以补充。如重大劳动安全事故罪和重大责任事故罪的区别，对于如何认定重大劳动安全事故罪，就要通过司法解释来进一步阐述，但是实际情况是诸多司

〔1〕［意］切萨雷·贝卡利亚：《论犯罪与刑罚》，黄风译，北京大学出版社2008年版，第15页。

法解释也不够清楚、明确。(3)公安机关、检察院和法院在收集量刑信息方面的职责不明晰，分工不明确。量刑的准确性以充分且准确的量刑信息为基础，而我国目前所采用的量刑信息收集机制是“职责分担式”，也就是公检法机关均有收集和调查量刑事实的职责，而问题就在于职责不够清晰，分工不够明确，三机关之间可能出现互相推诿的情况，且该过程没有区分量刑信息的收集职责和调查核实职责，这就导致量刑的准确性不足，类似案件之间的量刑差异可能较大，产生司法标准不统一的问题。

(二)倾斜保护原则未能落实

根据倾斜保护原则，要实现实质上的平等，真正做到保护民生，不能仅仅实行形式上的“人人平等”，而应考虑到雇佣者和劳动者天然不平等的实际情况，对强势的雇佣者和弱势的劳动者实行区别对待，贯彻“倾斜保护”的原则。具体来讲，在司法方面应该在定罪和量刑上体现出差异性。首先，在定罪上，对于雇佣者实施的侵权型劳动犯罪和劳动者的维权自救犯罪应有所区别。根据犯罪情节，劳动者为维护自身合法的劳动权益而实施的非常轻微的伤害、拘禁、盗窃、破坏财物等行为可以依据《刑法》第13条“但书”的内容进行非罪化处理。其次，在刑罚裁量上，应该充分考虑这两种犯罪的动机不同，侵权型劳动犯罪中雇佣者是出于追求经济利益的目的，而在自救型劳动犯罪中劳动者是出于维护自身合法劳动权益的目的，且作为被害人的雇佣者自身也有一定的过错。

但是，我国目前的司法实践对以上情况并没有体现出应有的区别，而是在“法律面前人人平等”的原则下同等定罪、同等量刑，也就是说倾斜保护原则远远未能得到落实。

（三）劳动集体争议的处理标准不一

很多西方国家会选择对正当的集体争议作非罪化处理。对于劳动者来说，集体争议是其维护自身合法权益的非常重要的手段，毕竟个体的力量是十分有限的。近年来，我国在飞行业、出租车业、押钞业、制造业等领域发生了一些较大规模的停工怠工等集体争议。一般来说，这些行业的人员挑起劳动争议的主要目的，并不在于“挑起矛盾”，而是要通过该方式向雇佣者施加压力，促使其改善劳动条件，提高工资和福利，以获得公正的待遇。

我国对待劳动这类涉及民生的集体争议当前主流观点是采取审慎态度对待。因此，首先介入的是当地劳动行政部门，采取行政手段来处理集体争议。只有对于规模较大且较为激烈的集体争议，才在行政手段失效的情况下，司法机关予以介入，并且一般只会对引发极其恶劣影响的活动组织者、策划者或其主要人员，以聚众扰乱社会秩序罪，聚众扰乱公共场所、交通秩序罪，聚众斗殴罪等比较严重的罪名进行定罪处罚。显然，集体争议和上述三个罪名的犯罪行为存在本质区别。的确，集体争议对于他人、国家和社会都会造成一定的影响，甚至可能超出了法律所容忍的界限，对他人的人身或财产权益等造成侵害，损害社会公共安全，甚至可能对社会公共管理秩序等造成妨害，所以对这些行为依照刑法予以定罪处罚无可辩驳，但这并不是对集体争议唯一或者主要的处理方式，也并不是所有集体争议都可以被这样处理。首先要认识到，集体争议的起源并不是劳动者，而是雇佣者或用人单位，劳动者只是为了维护自己的合法权益，采取了一些过激的应对措施。实际上，大多数的集体争议并不会危害公共利益，也并非一般的群体性事件，不宜以危害公共安全、妨害社会管理秩序等犯罪处理。

第四章　我国劳动刑法的司法完善

如前所述，我国劳动刑法的司法适用在一定程度上体现了宽严相济的刑事政策，使实体正义与程序正义达到统一，为劳资纠纷的解决提供了终局救济途径。但是，劳动刑法在司法实践中仍然存在具体罪名适用标准不一、倾斜保护原则未能落实、集体争议的非罪化欠缺等问题。那么，如何应对这些司法实践中的问题呢？笔者认为，可以从贯彻落实宽严相济刑事政策，进一步规范劳动刑法的刑罚裁量及其执行，以及加强司法与行政执法的衔接等方面着手。

第一节　贯彻落实宽严相济刑事政策

前文提到，要在立法中明确我国劳动刑法的倾斜保护原则，区别对待侵权型劳动犯罪与自救型劳动犯罪，对不当集体争议引发的犯罪应进行慎重处罚和从轻处罚。实际上，倾斜保护原则不仅应体现在立法层面，而且应该贯彻到司法实践当中，其在司法层面的体现主要是宽严相济刑事政策。

一、宽严相济刑事政策是倾斜保护原则在司法层面的具体体现

倾斜保护原则是劳动刑法的基本原则，在司法实践中也应体现出对弱势劳动者的倾斜保护，在司法实践中贯彻宽严相济刑事政策，具体表现在对自救型劳动犯罪从宽处罚，而对侵权型劳动犯罪从严处罚，因此，宽严相济刑事政策是倾斜保护原则在司法层面的具体体现。

（一）宽严相济刑事政策

宽严相济刑事政策就是要根据刑事司法活动中的具体情况，给予当事人从宽或从严处理。该刑事政策中的“宽”主要是指宽大、宽容和宽缓，“严”主要是指严密、严格和严厉，“相济”主要是指相互救济、调和或者补充。

1.宽严相济刑事政策的“宽”的内涵及形式

宽严相济的“宽”指的是要在司法实践中实行宽缓的刑事政策，如果某个具体案件中的行为人具有法定或者酌定的从轻、减轻情节，或者免除刑罚的情节，那么就应该依照法律法规的规定判处较轻的刑罚或者不判处刑罚。此处的“宽”，主要表现为非罪化、非司法化和非刑罚处罚，体现了刑罚的宽缓化和人性化。

2.宽严相济刑事政策的“严”的内涵及形式

宽严相济的“严”指的是要在司法实践中实行严厉的刑事政

策，严密刑事法网，有罪必罚，从重惩处，循法而治，不徇私情。“严”的刑事政策主要表现为入罪化、司法化和刑罚化。“严”的刑事政策要求对严重危及社会安全秩序和人民群众生命财产安全的犯罪行为，在刑事处罚上严厉打击，充分发挥刑罚的威慑作用，为维护社会秩序平稳有序运行提供坚实的保障。

3.宽严相济刑事政策的“相济”的内涵及形式

宽严相济的“相济”是指“宽”与“严”相互协调和补充。其主要表现为三种形式：一是以宽济严，以严济宽，宽严互济，表明宽与严是相互补充，在刑事司法中，宽与严互相配合，产生合力；二是宽严适度，宽严审势，表明在法律的框架内，要结合实际情况，保持宽严的界限和平衡；三是宽中有严，严中有宽，表明二者既对立，又不是绝对对立、相互割裂，二者的界限并不是绝对的，一定条件下可以互相作用与转化。

4.宽严相济刑事政策的精神理解

宽严相济刑事政策是对待犯罪和治理犯罪的指导方向，而在劳动刑法领域，是对倾斜保护原则的一种体现，应贯穿刑事司法的整个过程之中。

宽严相济刑事政策在我国社会主义法治建设中具有重要地位，尽管不能作为裁判的具体依据，但是能够有效整合刑事法治领域的各种制度性安排。它的影响是全局性的，不是具体的刑事法律规范所能达到的，具体规范只能为处理个案提供具体的依据，而宽严相济刑事政策却能为所有案件的处理提供宏观指导，并依据其作出相应的法的价值选择。

(二)宽严相济刑事政策彰显的现代司法理念

宽严相济刑事政策的提出标志着我国刑事法治理念实现了现代化的重大飞跃,其彰显了诸多法律理念,如刑法谦抑性理念、人权保障理念、刑法经济理念、公平正义理念等,具体分析如下:

1.刑法谦抑性理念

宽严相济刑事政策是刑法谦抑性理念的基本要求。刑法的谦抑性的实质就是要限制刑法的过度扩张,具体表现在对刑法的处罚范围和处罚严厉程度两个方面。该理念是现代法治社会刑法应有的价值意蕴,是全面建设的内在要求,确立了我国刑事政策内在的精神取向,是刑法人道主义精神的体现,也是轻缓化刑事政策思想的基础。也就是说,宽严相济刑事政策恰恰是刑法谦抑性理念的体现。

刑法的谦抑性要求划定合理的犯罪圈,坚决不允许刑法介入无须刑法介入的领域。也就是说,刑法只能作为最后和补充的手段,而不能轻易或者肆意地加以适用,这就对应了宽严相济刑事政策中的“宽”所要求的非犯罪化。该理念还主张轻刑化,不主张过于严厉的刑罚。如果能用较轻刑罚达到规制效果,就不需要更重的刑罚,这也对应了宽严相济刑事政策中的“宽”所要求的非刑罚化和非监禁化。

2.人权保障理念

宽严相济刑事政策是人权保障理念的基本要求。现代刑法理念认为,保障人权与惩罚犯罪同样重要。传统刑法比较强调刑法的惩罚功能和维护社会秩序的功能，对人权保障功能的重视不足。即使考虑到人权保障的问题，也主要是侧重于对被害人的人权保障，甚少涉及对犯罪人的人权保障。而实际上，人权包括所有人的权利，不仅包括被害人，也同样包括犯罪人的权利，如人格尊严、人身安全、沉默权、申诉权和控告权等。

人权保障理念要求在刑事司法中对犯罪行为的认定严格遵循法定的法律程序和原则，经过法庭的审判之后才能定罪或宣布无罪。该理念还要求要避免对犯罪人作出不公正的裁判，造成司法权对人权的侵害。要体现对人权的充分保障与维护，就要根据刑事审判的有关原则和精神做到不枉不纵、罚当其罪。不仅要保护被害人，还要充分保障犯罪嫌疑人、被告人、罪犯的合法权益。

3.刑法经济理念

宽严相济刑事政策是刑法经济理念的基本要求。我国现有的司法资源十分有限，尤其是在我国人口压力巨大的环境下，刑法的运用需要讲究经济性，要考虑司法成本与效益。

宽严相济刑事政策中的“宽”与“严”相辅相成，互相结合，二者的相互作用就是在刑事司法中实现刑法的公正与效率的平衡。刑法经济理念要求在刑事司法实践中，以最小的司法成本，来获取最大的社会效益。这就要求刑事司法者树立起审慎适用刑法的观念，利用有限的司法资源，根据每一个刑事案件的具体情况，尽可能作出科学、合理与公正的裁判。

4.公平正义理念

宽严相济刑事政策是公平正义理念的基本要求。法律的精神与灵魂就是公平正义，刑法的固有品格就是公平正义，要求根据罪刑均衡的原则惩罚犯罪行为。

宽严相济刑事政策恰恰是公平正义理念的体现，在刑事司法实践中，公平正义理念的实现有赖于宽严相济刑事政策的贯彻落实。在司法实践中做到有宽有严、宽严相济，就是对犯罪的公正化对待，是公平正义理念在刑事司法实践中的体现。

二、宽严相济刑事政策在劳动刑法司法中的具体要求

在劳资关系领域的刑事司法实践中，司法机关要从维护劳动者合法权益，促进劳动关系和谐发展的角度出发，正确把握"宽"与"严"的关系，区别对待侵权型劳动犯罪和自救型劳动犯罪，合理把握"宽"与"严"的限度，做到宽有节而严有度。

（一）应在司法中区别对待侵权型劳动犯罪和自救型劳动犯罪

在当前司法实践中，司法机关既没有对雇佣者为追求利益最大化而对劳动者实施的侵权型劳动犯罪进行从重处罚，也没有对劳动者为维护自身合法权益而实施的自救型劳动犯罪进行从轻处罚，甚至出现对不符合聚众扰乱公共秩序罪法定要件的集体争议予以定罪处罚的情况。而倾斜保护原则要求，司法机关要区别对待侵权型劳动犯罪和自救型劳动犯罪，即对前者体现出重惩处的要求，对后者展现出轻处置的姿态。具体来说，应该包括以下两个方面：

（1）对于严重的侵权型劳动犯罪应该从严处罚。目前，我国刑

法对雇佣者侵犯劳动者合法权益的犯罪所规定的刑罚过于温和或者入罪门槛过高，例如对拒不支付劳动报酬的不法行为更侧重于民事赔偿和行政处罚；对于侵犯劳动安全卫生的行为，如果没有发生十分严重的后果，也主要采取行政警告，这样显然不利于对劳动者合法权益的保护。实践中，司法机关对劳动安全犯罪的处罚存在轻缓化的倾向，重大劳动安全事故罪，强令、组织他人违章冒险作业罪和雇用童工从事危重劳动罪等罪名的适用率不高，与这类犯罪所造成的严重后果形成强烈的反差，给劳动者生命健康带来严重危害。为有效保障劳动者的合法权益，司法机关应该提高惩罚此类犯罪的严厉程度。

（2）对于劳动者为维权而实施的自救型劳动犯罪应从宽处罚，并慎重对待集体争议引发的群体行动。劳动者为了维护自己的合法权益，不得已采取了犯罪手段，这本应是值得同情的事情。虽然"法不容情"，但是在合法的范围内，对劳动者的自救犯罪予以从宽处罚是贯彻宽严相济刑事政策的重要方面。此外，对于集体争议引发的群体行动，如怠工、集体上访、请愿、静坐等集体行动，某些地方会采取强力压制措施，甚至会以聚众扰乱社会秩序罪、聚众冲击国家机关罪、聚众斗殴罪等群体性犯罪来追究劳动者的刑事责任，很明显这并不利于劳资冲突的解决，甚至有可能酝酿出更严重的社会矛盾。我国现行法律尚未对因集体争议而引发的群体行动进行明确的界定，但是，根据宽严相济刑事政策，司法机关应当对该类行为尽可能地做免责化处理，或者即使造成了比较严重的后果，构成了犯罪，也要尽可能从宽处罚；在认定罪与非罪的时候，基于刑法的谦抑性和经济性，在法律的范围内能非罪化的尽量非罪化，适当缩小犯罪圈，扩大劳动法的调整范围，尤其是对此类尚无明确规定的“模糊行为”，不得违反罪刑法定原则予以定罪处罚。

（二）侵权型劳动犯罪和自救型劳动犯罪在司法中应宽严相济

对侵权型劳动犯罪和自救型劳动犯罪进行区别对待的同时，还要做到宽中有严、严中有宽，宽以济严、严以济宽，宽严有度、宽严适时。[1]

1.宽中有严、严中有宽

宽严相济刑事政策中的“宽”和“严”并不是完全分隔开来的，而是“你中有我，我中有你”的关系。也就是说，对于某一类犯罪，并不一定就是完全的“宽”，对另一类犯罪，也不是一味地“严”，而应当是宽中有严，严中有宽。在侵权型劳动犯罪中，即使罪行十分严重，但如果有法定或者酌定的从轻、减轻的处罚情节，那么也应该予以从宽处罚；而在自救型劳动犯罪中，即使罪行较轻，但如果有法定的从重处罚情节，也应该依法从重处罚。

2.宽以济严、严以济宽

宽严相济刑事政策中，宽与严之间不仅不是各自孤立，而且是相互救济的，也就是宽以济严、严以济宽。对于为了维护自身合法权益而实施自救行为所导致的轻微犯罪，就应该适用比较宽松的刑事政策，既能节省有限的司法资源，又能使弱势劳动者感受到刑法

[1] 参见张勇：《劳动刑法：侵权与自救的刑事一体化研究》，上海人民出版社2011年版，第219页。

温和与公正的一面。不过，在对自救型劳动犯罪实行从宽处罚的同时，也必须对"讨薪杀人"等情节十分严重的犯罪进行从严处理，让侵权型劳动犯罪与自救型劳动犯罪都得到公正处理与补偿。

3.宽严有度、宽严适时

宽严相济刑事政策的内涵还包括宽严有度、宽严适时。宽严有度要求劳动刑法的司法实践做到宽而不纵、严而不厉。也就是说，对自救型劳动犯罪的行为人要宽大处理但也不轻易放纵，应该有一定的限度，不是一味放纵到在法定刑的最低限来判处；而对严重的侵权型劳动犯罪的行为人的处理要严格，也应在罪刑法定以及罪责刑相适应的框架内，严格依法对该行为人进行从重处理，而不是超出法律范围，一味从重。实际上，对于自救型劳动犯罪，也应考虑从重从严的方面，而对于侵权型劳动犯罪，也需考虑从轻从宽的方面，唯有如此，才能做到宽严相济、宽严有度。

第二节　进一步规范劳动刑法的刑罚裁量与执行

目前，我国劳动刑法在刑罚的裁量和执行上均存在一些问题，本节将从如何规范劳动刑法的刑罚裁量和刑罚执行两方面展开讨论。

一、劳动刑法的刑罚裁量

基于宽严相济刑事政策，司法机关在劳动刑法的刑罚裁量过程中，也应该做到该宽则宽、该严则严，宽严相济。

(一)量刑情节的适用方面贯彻宽严相济刑事政策

在劳动刑法的司法实践中，刑事裁量应切实贯彻宽严相济刑事政策，主要包括法定和酌定的量刑情节的适用。

1. 法定量刑情节的适用

在刑罚裁量过程中，司法机关在适用法定量刑情节时，应该针对不同的案件，体现出有宽有严、宽严相济的精神。法定的量刑情节由法律明文规定，因而其具有明确性和具体性。即便如此，很多法定量刑情节仍然具有一定的机动性，在具体适用中仍需要法官来做具体判断。例如，《刑法》中关于犯罪未遂的规定，既可以从轻处罚，也可以减轻处罚，那么究竟该如何处理，就需要审判人员根据宽严相济刑事政策，结合酌定量刑情节具体考量。例如，如果某劳动者为了维护自身合法权益而实施了盗窃行为，且其盗窃未遂，由于其动机不算恶劣，或一贯表现良好，那么审判者就可以依据这些酌定的量刑情节（犯罪动机、犯罪后的态度，以及犯罪人的一贯表现等），再结合法定的量刑情节（犯罪未遂），尽可能对该盗窃犯减轻处罚。

2.酌定量刑情节的适用

司法机关在适用酌定量刑情节时，也应该针对不同的案件，体现出有宽有严、宽严相济的精神。诚如高铭暄教授所言，“酌定量刑情节与宽严相济刑事政策具有天然的密切联系。在刑事司法各项工作中，与犯罪人关系最为直接、人民群众最为关心的，便是量刑。因此，宽严相济能否得到实现，量刑是一个至为关键的环节”；“酌定量刑情节是掌握在法官手中，决定刑罚轻重的一个弹性的、灵活的调节器”。[1]司法实践表明，在很多情况下，酌定量刑情节并不比法定量刑情节对量刑的影响力小。与酌定量刑情节相比，虽然法官通常会优先考虑法定量刑情节，但是如果酌定量刑情节的意义重大，对社会危害性和人身危险性的影响超出了法定量刑情节，那么也可以优先于或与法定量刑情节同等考虑。

当然宽严相济刑事政策既包括了宽缓的一面，也包含了严厉的一面。对于暴力犯罪以及严重危害公共安全的犯罪，刑罚的适用就应该体现出其严厉的一面。在个案的裁量中，这种严厉性就表现为犯罪化与重刑化。故若行为人在犯罪过程之中有一些酌定从重的情节，那么司法机关就应根据案件情节的实际情况，严厉惩治犯罪人。

（二）缓刑制度的适用方面贯彻宽严相济刑事政策

我国劳动刑法的司法实践中，法官较多适用自由刑，甚少适用缓刑，而缓刑制度恰恰属于宽严相济刑事政策中从宽方面的刑罚制

---

〔1〕 高铭暄：《宽严相济刑事政策与酌定量刑情节的适用》，载《法学杂志》2007年第1期。

度。扩大缓刑的适用，对于解决当前犯罪圈持续扩张的问题有着积极作用，主要体现在：第一，降低在押服刑人员增多带来的刑罚成本；第二，避免因短期服刑人员增多所导致的交叉感染、犯罪人标签、脱离社会等短期稀有性的负面影响不断扩大。〔1〕从目前来看，犯罪圈亟须扩张的趋势不会改变，在劳动刑法方面亦是如此，因此，刑事案件被告人的数量很难减少，对犯罪判处的平均刑期也很难缩短，那么要解决监狱服刑人员过多的问题，就需要将这些人在进入监狱之前进行分流，也就是要扩大缓刑的适用。〔2〕2011年《刑法修正案（八）》对缓刑制度作了较大幅度的修改〔3〕，缓刑制度在形式要件和实质要件上都有了很大变化，这些变化明显将缓刑的适用范围扩大了，并且确立了行刑社会化的执行方式，更加体现出了宽严相济刑事政策中从宽处罚的一面。但是，目前缓刑制度的适用仍然具有较高的门槛，应该进一步降低。有学者建议，将缓刑的适用对象扩展

---

〔1〕 参见周振杰、栗东宇：《混合缓刑之提倡——比较法视野下的思考》，载《人民检察》2018年第15期。

〔2〕 参见周振杰、栗东宇：《混合缓刑之提倡——比较法视野下的思考》，载《人民检察》2018年第15期。

〔3〕 第一，将《刑法》第72条修改为："对于被判处拘役、三年以下有期徒刑的犯罪分子，同时符合下列条件的，可以宣告缓刑，对其中不满十八周岁的人、怀孕的妇女和已满七十五周岁的人，应当宣告缓刑：（一）犯罪情节较轻；（二）有悔罪表现；（三）没有再犯罪的危险；（四）宣告缓刑对所居住社区没有重大不良影响。宣告缓刑，可以根据犯罪情况，同时禁止犯罪分子在缓刑考验期限内从事特定活动，进入特定区域、场所，接触特定的人。被宣告缓刑的犯罪分子，如果被判处附加刑，附加刑仍须执行。"第二，将《刑法》第74条修改为："对于累犯和犯罪集团的首要分子，不适用缓刑。"第三，将《刑法》第76条修改为："对宣告缓刑的犯罪分子，在缓刑考验期限内，依法实行社区矫正，如果没有本法第七十七条规定的情形，缓刑考验期满，原判的刑罚就不再执行，并公开予以宣告。"第四，将《刑法》第77条第2款修改为："被宣告缓刑的犯罪分子，在缓刑考验期限内，违反法律、行政法规或者国务院有关部门关于缓刑的监督管理规定，或者违反人民法院判决中的禁止令，情节严重的，应当撤销缓刑，执行原判刑罚。"

至被判处拘役、五年以下有期徒刑的犯罪人，[1]进一步降低适用缓刑制度的门槛。在劳动刑法的罪名中，对符合条件的雇佣者和劳动者实行缓刑制度，不仅能更好地体现宽严相济刑事政策中从宽的一面，也能更好地缓和劳资矛盾，维护劳动者的切身利益，保障正常生产的进行，维持社会稳定。

二、劳动刑法的刑罚执行

宽严相济刑事政策同样也体现在刑罚执行阶段。例如，司法机关根据服刑人员在服刑期间的表现，决定是否对其减刑或假释。根据宽严相济刑事政策的精神，如果行为人真诚认罪悔过，积极改造，其人身危险性降低或者不再具有人身危险性，那么司法机关就应根据法律规定对其减刑、假释或实行社区矫正。但是，对于一些罪行严重或者不积极配合改造的犯罪人，就应当谨慎适用上述刑罚制度。

（一）劳动刑事司法中的减刑和假释

1. 劳动犯罪的减刑

减刑制度，是我国的刑罚执行过程中非常重要的刑事制度，因此，相关法律对减刑程序以及各个部门职责作出明确规定，并对该政策进行了多次修订。《刑法修正案（八）》对减刑制度也进行了修

---

〔1〕 参见周振杰、栗东宇：《混合缓刑之提倡——比较法视野下的思考》，载《人民检察》2018年第15期。

改[1]，限制了对被判处死刑缓期执行的犯罪分子的减刑，也限制了其他刑罚的减刑，这一修改对减刑的主体、对象和程序等限制更加严格。但是目前减刑制度仍存在一定问题。例如，减刑主体的设置过于多元化，各个执法部门之间的权利界限不清；减刑条件与程序设置不尽合理，判断罪犯是否真正认罪悔改并没有具体的量化标准等。具体到劳动刑法领域，考虑到劳动犯罪的特殊性，为了缓解劳资冲突，维护社会稳定，一方面要对给社会造成重大损害的罪犯进行减刑的严格限制，另一方面也要对确有悔改之意的罪犯进行合理合法的减刑。笔者建议，针对目前减刑制度存在的问题，可以从减刑的执行主体、条件和程序等方面来优化和完善减刑制度。例如，设立统一的减刑委员会，将现行制度中的减刑主体多元化改革为主体一元化，将与减刑有关的职能部门，即公安、法院、检察院和各级司法局中涉及刑罚职能的部门剥离出来，与监狱机关一起成立减刑委员会，同时在法律中明确其裁定减刑的主体地位，将减刑委员会确定为减刑决定权的主体机关。重置减刑条件并优化减刑程序，将减刑过程中需要的固定期限去除，并建立一套减刑的考核依据和评价体系，以确定减刑的标准，如可以先由罪犯服刑监区提出减刑建

---

〔1〕 第一，将《刑法》第50条改为："判处死刑缓期执行的，在死刑缓期执行期间，如果没有故意犯罪，二年期满以后，减为无期徒刑；如果确有重大立功表现，二年期满以后，减为二十五年有期徒刑；如果故意犯罪，查证属实的，由最高人民法院核准，执行死刑。对被判处死刑缓期执行的累犯以及因故意杀人、强奸、抢劫、绑架、放火、爆炸、投放危险物质或者有组织的暴力性犯罪被判处死刑缓期执行的犯罪分子，人民法院根据犯罪情节等情况可以同时决定对其限制减刑。"第二，将《刑法》第78条第2款修改为："减刑以后实际执行的刑期不能少于下列期限：（一）判处管制、拘役、有期徒刑的，不能少于原判刑期的二分之一；（二）判处无期徒刑的，不能少于十三年；（三）人民法院依照本法第五十条第二款规定限制减刑的死刑缓期执行的犯罪分子，缓期执行期满后依法减为无期徒刑的，不能少于二十五年，缓期执行期满后依法减为二十五年有期徒刑的，不能少于二十年。"

议，再由管教民警进行减刑评议，然后由减刑委员会随机在罪犯所在分监区抽取一定数量服刑人员召开会议，会议的主要目的是了解该罪犯平时改造中的真实表现，尤其是遵规守纪、认罪服法等方面的情况，将群议结果进行实名签字确认，确保该评价的真实客观。最后由减刑委员会进行决议，减刑委员会根据一系列的考核依据和减刑评价、做出最终减刑裁定。[1]如此，就能更加规范减刑程序，对劳动刑事司法中的减刑起到积极作用。

2. 劳动犯罪的假释

假释制度对于劳动犯罪来说意义重大，因为假释可以让社会危害性较小的雇佣者尽快返回社会，恢复生产，也可以让因维权而犯罪的劳动者尽快恢复自由，重新开始工作，无疑是有助于缓和劳资关系，维护社会稳定的。但是，在我国目前的司法实践中，假释适用率相较于减刑适用率要低得多，笔者认为主要是因为我国刑法典对于假释制度的限制性规定过于严格。虽然《刑法修正案（八）》也对假释问题进行了修改[2]，但是相较于国外的假释制度，仍然有着

〔1〕 参见朱立恒：《宽严相济视野下的刑事诉讼程序改革》，中国法制出版社2008年版，第203~204页。

〔2〕 第一，将《刑法》第81条修改为："被判处有期徒刑的犯罪分子，执行原判刑期二分之一以上，被判处无期徒刑的犯罪分子，实际执行十三年以上，如果认真遵守监规，接受教育改造，确有悔改表现，没有再犯罪的危险的，可以假释。如果有特殊情况，经最高人民法院核准，可以不受上述执行刑期的限制。对累犯以及因故意杀人、强奸、抢劫、绑架、放火、爆炸、投放危险物质或者有组织的暴力性犯罪被判处十年以上有期徒刑、无期徒刑的犯罪分子，不得假释。对犯罪分子决定假释时，应当考虑其假释后对所居住社区的影响。"第二，将《刑法》第85条修改为："对假释的犯罪分子，在假释考验期限内，依法实行社区矫正，如果没有本法第八十六条规定的情形，假释考验期满，就认为原判刑罚已经执行完毕，并公开予以宣告。"第三，将《刑法》第86条第3款修改为："被假释的犯罪分子，在假释考验期限内，有违反法律、行政法规或者国务院有关部门关于假释的监督管理规定的行为，尚未构成新的犯罪的，应当依照法定程序撤销假释，收监执行未执行完毕的刑罚。"

非常严格的限制。例如，美国的成年犯被判处有期徒刑的，执行刑期1/3即可被假释，意大利的未成年犯假释则不受行刑时间限制。[1]对假释制度限制过于严格，严重影响劳动犯罪中一些情节比较轻微的犯罪人进行改造和恢复生产与自由，不利于缓和社会矛盾。因此，我国应该扩大适用假释制度，不仅能为因新罪名增加所导致的押犯数量增加的问题提供解决方案，而且是宽严相济刑事政策从宽一面的重要体现，对缓解劳资冲突、维护社会稳定具有十分重要的现实意义。

（二）劳动刑事司法中的社区矫正

社区矫正也是我国刑事政策调整过程中所进行的有益探索，是我国宽严相济刑事政策从宽方面的体现，符合国际刑罚发展的潮流，也符合我国刑罚体制改革的方向。司法实践表明，社区矫正有利于贯彻落实宽严相济刑事政策，也有利于充分利用社会资源，降低行刑成本，提高行刑效率，对轻微犯罪和未成年犯、偶犯、初犯以及过失犯等犯罪人进行更好的教育改造，尽可能地化消极因素为积极因素，有利于社会稳定。

2011年《刑法修正案（八）》在立法层面上明确规定了社区矫正。矫正犯罪人是一项非常复杂的社会工程，仅仅依靠司法机关的有限力量是完全不够的。而且司法机关所代表的强制性的属性往往导致犯罪人心理上的排斥，而劳动社会组织是民间组织，其以

---

〔1〕 参见王林平：《关于完善假释制度的思考》，载《中国司法》2011年第7期。

平等身份介入社区矫正工作，对服刑人员进行人性化关怀，能够弥补司法机关工作中的不足，成为劳资冲突中的“减压阀”和“调节器”。该制度的实质就是社会组织介入刑罚执行工作，被政府所认可并将其纳入司法体系。尽管我国目前的社区矫正工作尚处于试点阶段，可能存在着某些方面的规范比较缺乏、体制不够健全等问题，但是不可否认，其在降低累犯率方面有一定成效。

虽然《刑法修正案（八）》明确规定了社区矫正的适用范围，但是该范围和司法实践的需求相去甚远。针对侵权型劳动犯罪和自救型劳动犯罪的社区矫正，应该进一步明确社区矫正的内容。社区矫正的目的是既要让矫正对象受到一定惩罚，也要为其回归社会和融入正常生活创造条件，因此，社区矫正的内容可以包括社区服务、训诫教导和职业培训等。

上述关于劳动犯罪社区矫正的完善建议，对于实施自救型犯罪的劳动者来说尤其重要，因为大部分的城市农民工具有很强的流动性，对其实施社区矫正的难度很大。如果缺乏上述具体措施，社区矫正则难以达到理想效果。

第三节　加强劳动刑事司法与行政执法的衔接

由于劳动刑法兼具刑法与劳动法，即公法与社会法的特征，所以刑事司法和行政执法之间有着千丝万缕的联系，而司法实践中二者却存在衔接不畅的问题。因此,应该进一步加强劳动刑法司法与行政执法的衔接。

一、劳动刑事司法与行政执法衔接的现状

刑法与行政法分别规定了劳动领域内的犯罪与违法的法律责任,这两种法律责任的性质不同,在法律实施中的界限也比较清楚。而如何将刑事司法与行政执法有效衔接起来,却是目前实践中亟须解决的难题。

劳动行政执法与劳动刑事司法的衔接机制,指的是在查处劳动违法案件的过程中,如果发现情节严重,已经达到刑事犯罪的程度,那么具有管理权的行政机关就应该将涉嫌刑事犯罪的案件移送司法机关,使之进入刑事司法程序,从而依法追究涉案人员刑事责任的办案协作机制。[1]劳动行政执法是行政权的重要组成部分,而劳动刑事司法则是司法权的主要表现形式,二者分别代表了行政权与司法权的实现过程,而这两种权力原本是相对独立的,但是在打击劳动违法犯罪中却应是相互衔接的。劳动行政执法与劳动刑事司法之间衔接的关键点在于,劳动行政执法在向劳动刑事司法转化的过程之中如何妥善处理行政权和司法权的关系。

目前,我国还没有关于行政执法与刑事司法衔接的统一的法律规定,但是在单行法律、行政法规以及行政规章等法律文件中有所

---

〔1〕 参见张勇:《劳动刑法:侵权与自救的刑事一体化研究》,上海人民出版社2011年版,第249页。

涉及，如《行政处罚法》第8条[1]、第27条[2]，《刑法》第402条[3]等均对该问题进行了规定。2001年7月9日，国务院公布并施行的《行政执法机关移送涉嫌犯罪案件的规定》是第一个专门规范行政执法与刑事司法衔接机制的行政法规。该行政法规第3条[4]明确规定了移送案件的条件、基本程序以及违规责任。结合国务院颁布的该行政法规，最高人民检察院于2001年12月公布了《人民检察院办理行政执法机关移送涉嫌犯罪案件的规定》，该规定是最高人民检察院首次就行政执法与刑事司法之间的衔接机制作出的司法解释。2021年9月，最高人民检察院《关于推进行政执法与刑事司法衔接工作的规定》在废止上述《行政执法机关移送涉嫌犯罪案件的规定》的基础上，进一步细化了行政执法与刑事司法之间的衔接机制。上述规定的出台在一定程度上为行政证据进入刑事诉讼作了铺垫，无疑对执法与司法效率的提高起到了促进作用。

---

〔1〕《行政处罚法》第8条规定："公民、法人或者其他组织因违法行为受到行政处罚，其违法行为对他人造成损害的，应当依法承担民事责任。违法行为构成犯罪，应当依法追究刑事责任的，不得以行政处罚代替刑事处罚。"

〔2〕《行政处罚法》第27条规定："违法行为涉嫌犯罪的，行政机关应当及时将案件移送司法机关，依法追究刑事责任。"

〔3〕《刑法》第402条规定："行政执法人员徇私舞弊，对依法应当移交司法机关追究刑事责任的不移交，情节严重的，处三年以下有期徒刑或者拘役；造成严重后果的，处三年以上七年以下有期徒刑。"

〔4〕《行政执法机关移送涉嫌犯罪案件的规定》第3条第1款规定："行政执法机关在依法查处违法行为过程中，发现违法事实涉及的金额、违法事实的情节、违法事实造成的后果等，根据刑法关于破坏社会主义市场经济秩序罪、妨害社会管理秩序罪等罪的规定和最高人民法院、最高人民检察院关于破坏社会主义市场经济秩序罪、妨害社会管理秩序罪等罪的司法解释以及最高人民检察院、公安部关于经济犯罪案件的追诉标准等规定，涉嫌构成犯罪，依法需要追究刑事责任的，必须依照本规定向公安机关移送。"

但是，尽管有上述规定，实践中却经常出现行政执法机关不依法移送涉嫌犯罪案件的情况，导致行政执法与刑事司法二者之间出现脱节，有时甚至造成案件管辖上的利益冲突。原因在于上述关于行政执法和刑事司法衔接问题的规范性文件的效力位阶比较低，且可操作性较弱，例如，对行政执法过程中获取的证据能否在司法程序中直接作为证据使用，行政机关应该依照何种程序向公安机关移送涉嫌犯罪的案件等具体问题，上述规范性文件中并无具体规定。具体到劳动领域，也经常出现劳动行政执法机关未能及时将其在执法过程中发现的劳动刑事案件移交公安机关，而采取以罚代刑的方式进行处理的情况。长此以往，就会让劳动领域内的违法犯罪分子钻法律的空子，以罚代刑，无异于变相鼓励此类劳动犯罪，使这些违法犯罪分子轻易逃脱法律制裁，严重损害法律的公正性和权威性。

二、劳动刑事司法与行政执法衔接的完善措施

如前所述，我国目前的行政执法与刑事司法的衔接存在脱节的问题，行政执法案件是否移送涉嫌犯罪案件很大程度上建立在执法人员的个人主观意愿的基础之上，相关部门的衔接情况存在偶然性。笔者认为，为加强行政执法和刑事司法的衔接，在制度建设方面应该做到以下三点：

第一，将涉嫌劳动犯罪案件的移送程序法定化和具体化，使其具有可操作性。首先应该明确行政执法与刑事司法衔接工作中的

牵头部门。目前，我国行政执法与刑事司法衔接工作机制中没有明确的牵头部门，笔者认为，可以将各级政府机关内的法制部门设为牵头部门，因为不管从部门权限还是业务能力，该部门都可以代表不同的行政执法机关发声，简化当前多个部门参与的复杂过程。其次，将涉嫌劳动犯罪案件的移送程序法定化、具体化，可以制定专门的移送程序法规，将涉嫌劳动犯罪案件移送程序中的每一个环节进行详细规定，确定相关责任人，使其可操作性增强。

第二，明确规定劳动行政机关在执法过程中依法提取的证据的法律地位，解决劳动行政执法与刑事司法衔接中证据转化与使用的难题。目前，我国《刑事诉讼法》对行政证据与刑事证据衔接的范围仅明确为实物证据（物证、书证、视听资料、电子数据等证据材料），对于言词证据（证人证言、被害人陈述、犯罪嫌疑人供述和辩解、鉴定意见、勘验笔录等）是否纳入衔接范围在立法中并没有明确规定。基于此，应该将劳动行政机关在执法过程中依法提取的各种证据在法律的范围内赋予正当的法律地位，以解决行政执法与刑事司法衔接中证据转化与使用的难题。

第三，实现执法资源共享。目前，行政机关和司法机关的执法信息是分开的，这显然不利于二者工作的衔接，也造成执法资源的浪费。如果能实现二者执法资源的共享，不仅能够让公安机关提前介入行政机关的调查活动中去，提高工作效率，抓住最佳取证时机，而且也能让人民检察院更好地监督行政执法人员、公安人员和监察人员在该案件中的行为，及时提出纠正意见，从本源上解决有案不移、以罚代刑的问题。

第五章　我国劳动刑法的立法完善

美国著名法学家庞德曾说：法律必须稳定，但又不能静止不变，人们须根据实际生活的变化，不断对法律进行检查和修改。[1]日新月异的经济改革和市场经济的迅猛发展给社会带来了全方位的变动，经济基础决定上层建筑，这使"变法"成为一项非常突出的任务。前文已经对我国劳动刑法的立法现状和司法适用现状进行了比较详细的阐述，也对其立法和司法上存在的问题进行了分析。分析问题是为了更好地找到解决问题的方法，因此本章聚焦于如何解决劳动刑法在立法上存在的问题，也即劳动刑法的立法完善。

劳动刑法的立法完善，是一个漫长的过程，要思虑周全、面面俱到恐难做到，本节从立法理念、立法体系以及现有劳动刑法的各罪着手，以期从宏观到微观各方面为劳动刑法的立法完善提供一些有建设性的意见。

---

〔1〕 参见自严励、刘志明：《我国劳动权刑法保护研究》，载《山西大学学报（哲学社会科学版）》2002年第3期。

第一节　确立我国劳动刑法的倾斜保护原则

西方国家的先进经验表明，除了“刑法适用人人平等”，还应该确立“倾斜保护原则”为劳动刑法的基本原则。刑法对劳动权的保护，本质上是对弱者权利的保护。劳动者天然地处于弱势地位，要达到实质上的平等，就决定了刑法对劳动权的保护应该与其他的权利有所区别。刑法应该主动、积极地对劳动权的保护给予合理倾斜，使劳动权在实质平等和倾斜保护的理念下得到有效、充分的保护。此外，劳动权与民生问题紧密相关，对劳动权的保护就是对民生的保护，只有劳动者的劳动权得到保护和改善，民生问题才能真正得到解决。因此，民生保护的理念也要求我国劳动刑法确立起倾斜保护的原则。如前所述，我国在劳动刑法的立法和司法上，均没有确立和贯彻倾斜保护原则，而现实的需要也急切地要求倾斜保护原则首先在立法上得以确立。

一、确立倾斜保护原则的理论基础已经具备

倾斜保护原则之所以建立在实质平等理念和民生保护理念的基础之上，是因为要实现实质平等，达到民生保护的目标就必须通

过倾斜保护来实现。因此,实质平等理念和民生保护理念是我国劳动刑法确立倾斜保护原则的理论基础。

(一)实质平等理念要求确立倾斜保护原则

如前所述,作为劳动刑法的基本原则,倾斜保护原则建立在实质平等理念的基础之上。随着经济的发展,我国社会阶层的两极分化越来越明显。毋庸置疑,劳动者已经成为社会阶层中庞大的弱势群体。仅仅依靠刑法总则中宣言式的"刑法适用人人平等"之类的形式平等原则恐怕难以保障劳动者的合法权益。想要更好地保护弱势劳动者的合法权益,就需要继续寻求一种全新意义上的平等理念。在劳动权的保护上,要改变形式平等掩盖下的实质上的不平等,那就应该向弱势群体适度倾斜,也就是以实质平等为理念。该理念是根据社会中每个群体的具体差异采取合理的不同处置,即针对不同群体的发展差异来实现真正的平等保障,通过适度合理的"不平等"来达到实质上的平等。实质平等不仅仅考虑规则在形式上是否平等,还要考虑规则本身是否合理,是否具有实现的可能性。实质平等将对弱势群体合法权益的保障放在首位。基于此,劳动者的从属与弱势地位恰好符合实质平等保障的特征,也决定了劳动刑法必须采取实质平等的理念,改变形式平等理念下的保护方式,实现刑法正义与社会正义,这就要求劳动刑法必须实行倾斜保护。

倾斜保护是实质平等理念的要求。罗尔斯在《正义论》中提出正义有两个标准,一是每个人都与他人一样拥有平等的自由权利,二是每个人都应得到弱势平等和机会平等。[1]第二个标准即“实质平等”。社会本就存在差异，有些是正常的差异，有些是不合理、不公正的差异，这些不合理、不公正的差异过多就会导致社会矛盾激化，而实质平等就是基于此，允许或者要求用合理的差别手段来消除这些不公正的差异，从而达到实质的平等和正义。具体到劳动权的保护上，实质平等理念要求劳动刑法要实实在在地为劳动者考虑，将其与雇佣者之间的差异予以考虑。雇佣者和劳动者在主体身份、社会地位尤其是经济地位上，明显存在强弱差别。此外，必须区别对待雇佣者的侵权型劳动犯罪和劳动者的自救型劳动犯罪，从动机上来看，雇佣者追求的是经济效益的最大化，而劳动者追求的是自己的合法权益，这种差别也是由于二者地位的不平等所造成的，因此，劳动刑法应该充分考虑到这两点，消除实质上的不平等，对劳动者在立法和司法上都坚持倾斜保护原则。

其实，实质平等原则在我国刑法上并非没有体现，相反，其在刑法中的实践成果还是比较丰硕的，如《刑法》中明确规定了对老年人、妇女、未成年人和精神病人等弱势群体的特殊保护的条款。此外，《刑法》还设立了专门保护妇女儿童的罪名，如拐卖妇女、儿童罪和收买被拐卖的妇女、儿童罪等。这些正是实质平等理念下刑法保护弱势群体的具体体现。也就是说，在我国刑法中，实质平等理念所要求的倾斜保护原则并非新鲜事物，而是已经根植其中。因

---

〔1〕 参见［美］约翰·罗尔斯:《正义论》，何怀宏、何包钢、廖申白译，中国社会科学出版社2001年版，第122页。

此，倾斜保护原则也应同样适用于劳动刑法之中。

（二）民生保护理念要求确立倾斜保护原则

党的十八大以来，以习近平同志为核心的党中央一直强调要“劳有所得”“弱有所扶”，这都是民生保护理念的具体体现。所谓民生，顾名思义就是“民之生计”，是关系人民群众生存与发展的问题，诸如就业、收入、医疗、教育和社会保障等。而实现民生保护的主要途径就是法治。法治的最终目的之一就是保障民生。民生保护意味着要满足人民群众最基本的利益诉求，对社会中的弱势群体给予适度的特殊照顾，通过改善人民的生计问题来实现社会的可持续发展。作为其他部门的后盾法和保障法，刑法也应承担起保护民生的重任。近年来，倡导“民生刑法”的学者日渐增多，这就是刑法对民生问题的回应。〔1〕

具体到劳动刑法领域，其与民生的关系更为密切。首先，劳动权是劳动者最基本的权利，事关劳动者的生存与发展，承载了其最现实和最直接的利益。而劳动刑法所保护的就是劳动者的劳动权，即劳动者最基本的生存和发展的权益，恰恰是民生保护的重要内容。其次，民生保护强调“弱有所扶”，也就是要对社会弱势群体进行帮扶。在劳动关系中，劳动者处于从属地位，这决定了劳动者在劳动关系中处于天然的弱势地位，因此其权益需要民生保护理念下劳动刑法的庇护。最后，劳动刑法的最终目的是，通过对劳动

---

〔1〕 参见高铭暄、曹波：《当代中国刑法理念研究的变迁与深化》，载《法学评论》2015年第3期。

者合法权益的倾斜保护来矫正失衡的劳资关系，以维系劳资双方关系的稳定发展，为社会整体发展目标的顺利实现创造良好的环境。由此可见，劳动刑法和民生保护的逻辑思路和基本目标是一致的。

在劳动刑法中贯彻民生保护的理念，就要求劳动刑法坚持倾斜保护的原则，要求在立法和司法过程中对雇佣者的侵权型劳动犯罪和劳动者的自救型劳动犯罪区别对待。因此，坚持倾斜保护原则的劳动刑法必然是民生保护中非常重要的一环。

综上所述，对弱势劳动者给予更多的关注，保障他们生存与发展的基本权利，是劳动刑法所必须坚持的目标，而该目标的实现，则必须坚持倾斜保护原则。

二、倾斜保护原则在立法中的具体要求

倾斜保护原则是西方国家劳动刑法所坚持的最重要原则之一，已经成为各国劳动刑法的标签。倾斜保护原则要求，在立法和司法过程中，劳动刑法要根据劳资双方的主体差异，采取合理的区别对待，以实现刑法正义。这种区别对待主要体现在，对雇佣者实施的劳动侵权行为进行重处罚，而对劳动者为维权实施的劳动自救行为进行轻处罚，也就是对劳动者这一方的合法权益进行倾斜和侧重保护。倾斜保护包括“倾斜立法”和“倾斜司法”两个方面，“倾斜立法”意味着要在劳动刑法的立法上，将劳动者的利益上升为社会利益来保护；“倾斜司法”意味着对于劳动刑法的案件，要在合法合理

的范围内，对弱势劳动者适当予以倾斜，进而达到实质平等。然而，如前所述，我国的立法和司法在劳动刑法方面并没有很好地贯彻倾斜保护原则。在立法上，目前我国刑法没有对雇佣者为追求利益最大化而对劳动者实施的侵权型劳动犯罪进行重刑立法，也没有对劳动者为维护自身合法权益而实施的自救型劳动犯罪进行轻刑立法，甚至很多严重侵犯劳动者合法权益的行为还没有被纳入刑法的规制范围。劳动刑法的立法现状要求，立法机关在未来的立法进程中要贯彻倾斜保护原则。具体来说，劳动刑法在立法上的倾斜主要是要合理扩大对劳动权的保护范围，加强对劳动安全生产事故和责任事故犯罪的预防与严惩，同时还要加强对劳动自由权、财产权等的保护力度。

前文所述的劳动犯罪，除了以劳动权为客体的犯罪，还包括雇佣者侵犯劳动者其他权益的犯罪、个体劳动者的自救犯罪、劳动者实施罢工等集体争议引发的犯罪三种犯罪类型。本小节要解决的问题是，立法机关在规制由劳资冲突引发的犯罪时，应如何体现出劳动刑法对弱势劳动者的倾斜保护。

（一）应区别对待侵权型劳动犯罪与自救型劳动犯罪

立法机关应遵循“轻轻重重”原则，对劳动权的保护采取差异化的方式，即区别对待雇佣者为追求利益最大化而实施的侵权型劳动犯罪和劳动者为维权而实施的自救型劳动犯罪。换言之，劳动刑法就是要根据侵权型劳动犯罪和自救型劳动犯罪在性质、手段和目的等方面呈现出的“不同形状”和“不同面貌”，践行倾斜保护原则，对处于弱势地位的劳动者予以更多保护。[1]之所以强调对这两种犯罪进行区别对待，主要是因为：(1)劳资双方力量悬殊，雇佣者处于强势地位，为了获取更大的经济效益而不惜以劳动者的合法权益为代价，而劳动者的弱势地位决定了即使雇佣者要牺牲其利益，劳动者基本上也只能忍气吞声。面对这种不对等的劳资关系，劳动刑法有必要对二者的行为进行区别对待，对侵犯劳动者合法利益而实施侵权型劳动犯罪的雇佣者从重处罚，而对维护自身合法利益实施自救型劳动犯罪的劳动者进行从轻处罚。(2)行为人的主观恶性、人身危险性也决定了双方所应受的处罚不同。雇佣者和劳动者的主观恶性不同，前者是利用自己的强势地位对处于弱势地位的劳动者进行侵害，恃强凌弱；而劳动者因为害怕失去工作，在遭遇雇佣者侵害之时基本都是选择忍气吞声。雇佣者正是利用劳动者的这一心理，才敢肆无忌惮地侵害劳动者的合法权益，所以，其主观恶性比起劳动者为维护自身正当权益实施自救型劳动犯罪时的主观恶性更大。

那么，立法机关应该如何区别对待这两种犯罪呢？具体而言，可以从定罪和刑罚设置两方面着手：(1)对雇佣者的侵权型劳动犯罪趋重立法。正如马克思所说，资本的固有属性就是追逐利益的最大化。[2]雇佣者在这一动机的驱动下可能会将劳动者的合法权益视之无物，随意践踏劳动者的人身、财产甚至尊严等基本权利。雇佣

---

〔1〕 参见陈志刚：《弱势群体保护的法律之维》，载《政法论丛》2015年第1期。

〔2〕 参见中共中央马克思恩格斯列宁斯大林著作编译局译：《资本论》，人民出版社2004年版，第46页。

者在劳动关系中本就处于主导地位，更容易侵犯劳动者的合法权益。因此对侵权型劳动犯罪的趋重立法很有必要。其一，在侵权型劳动犯罪定罪上趋重，对雇佣者实施的劳动侵权行为应该设置更为严密的刑事法网，疏而不漏，强调犯罪化，以将更多侵犯劳动者合法权益的行为纳入刑法的规制范围，而不要因为刑法罪名设置上的疏忽，将某些严重损害劳动者法益的行为排除在刑法的规制范围之外。如《刑法修正案（八）》修改之前的强迫劳动罪就不包括非法用工强迫劳动的行为，这是在侵权型劳动犯罪的立法中需要避免的。其二，在侵权型劳动犯罪的刑罚设置上趋重，对于雇佣者为了追求利益最大化而实施的侵权型劳动犯罪，如雇用童工从事危重劳动罪、强迫劳动罪等设置更为严厉的刑罚，这是对雇佣者肆意侵犯劳动者权益的有效惩治，是侵权型劳动犯罪的需要。当然，并不是要一味地设置重刑，也应该注意，对于情节的确很轻微、危害后果很小的行为要设置较轻的刑罚，对雇佣者实施的轻微的侵权型劳动犯罪保留一条合法的出罪或轻罪的通道。（2）对劳动者的自救型劳动犯罪进行趋轻立法。如前所述，劳动者相较于雇佣者，往往处于被支配的从属地位，容易受到处于主导地位的雇佣者的侵害，而且其权利救济渠道有限。在自身合法权利受到侵害却又难以得到公权力的及时有力的救济时，劳动者往往会依靠自身的力量去维护遭受侵害的劳动权益，这是劳动者实施自救犯罪的主要动机。劳动者犯罪动机上的无奈决定了要对劳动者实施的自救犯罪进行趋轻立法。其一，在自救型劳动犯罪定罪上趋轻，考虑到犯罪动机、主观恶性和社会危害性等因素，对劳动者为维护其自身合法权益的自救犯罪行为应该设置比较轻的罪名，更多地强调非犯罪化，对于极其轻微的犯罪行为，可以根据《刑法》第13条“但书”的规定，不将其定为犯罪。其二，在自救型劳动犯罪的刑罚设置上趋轻，对于确实需要进行刑事处罚的自救型劳动犯罪，也应该尽可能强调轻刑化，例如可以更多地设置管制、缓刑等非监禁刑。另外，如果罪行确实十分轻微，也可按照《刑法》第37条的规定，设置非刑罚处罚措施，对劳动者进行训诫、责令其具结悔过，要求其赔礼道歉或赔偿损失等。例如，在自救型劳动犯罪中，针对劳动者轻微毁坏财物、破坏生产经营等行为就可设置这样的刑罚。当然，这样的趋轻处置仅仅是“法内宽容”，而不是“法外宽容”，不能违背刑法的理论和规定，也不会对刑法的权威有损。〔1〕而且，并非对所有的自救型劳动犯罪都要趋轻立法，要具体问题具体分析，如劳动者因为自己的利益轻微受损就恶性杀人，类似此种性质恶劣、后果严重的行为，立法上必然也不能予以倾斜保护。这与前面所说的对自救型劳动犯罪在整体上要趋轻立法并不矛盾，而是宽严相济刑事政策的要求，也是维护刑事法治和刑法权威的要求。

（二）应慎重处罚与从轻处罚不当集体争议引发的犯罪

我国此前将大多数集体争议作为“群体性事件”或“突发性事件”来处理的方式有害而无益。首先，这种简单粗暴的解决方式不利于对集体争议处理的法治化与规范化。集体争议的起因是劳动

---

〔1〕 参见刘仁文：《对农民工“宽容量刑”乃“法内开恩”》，载《观察与思考》2007年第1期。

者想要争取自己的合法权益，具有合法的目的，有别于一般的矛盾纠纷和利益冲突。而且集体争议各有不同，并不是每一种集体争议都一样，因此一律采取行政手段来处理其实是对刑事法治的破坏，不利于推进国家法治化进程。其次，这也与劳动刑法的目的之一即维护劳动者的合法权益相背离。集体争议的发生反映了劳动者实现其自身合法利益的迫切需求，也是劳动者合法权益受到严重侵害的反映，如果将集体争议也规定为“犯罪”，则劳动者的权益会遭受二次侵害。最后，将集体争议作为“群体性事件”来处理，有损法治社会的权威和正义形象。刑法作为社会的保障法，理应参与到社会治理当中去，作为正义的化身，刑法的权威与正义无疑建立在对所调整的社会关系进行公正处理并实现社会正义的基础之上。作为劳资关系中的弱势群体，劳动者们联合起来，以集体的力量来维护自身的合法权益，劳动刑法理应保障这种权益。

因此，对于正常的集体争议，刑法应该对其“除罪化”，以保障劳动者正当权利的行使，这也是各国劳动刑法的通行做法。如前所述，当今世界绝大多数的西方国家在法律上明确规定了集体争议的判断标准，对于有正当理由的集体争议，在刑法上认为是合法的，即使后期采取了某些不正当手段，如扰乱社会秩序等，也不认为是犯罪；而对于不具有正当性的集体争议，过程中如果出现了扰乱社会秩序等不正当的手段，在刑法上则认定为犯罪行为。而对于不正当的集体争议，在处理上也有一定的偏向，会在一定程度上进行慎重处理和从轻处理。因此，对于不当集体争议所引发的犯罪，我国也可以借鉴西方国家的经验，在刑法上保持谨慎的态度。〔1〕慎重处罚和从轻处罚是劳动刑法对不当集体争议引发的犯罪所应采取的态度，主要是因为：(1)化解集体争议应以有效解决劳资纠纷、化解社会矛盾为目标。无论集体争议是否正当，都起源于劳资双方的冲突与纠纷，都是劳动者想要通过自救的手段团结起来去解决问题所导致的。或许在解决问题的过程中，手段和程序有不规范之处，但是最终目标是要化解矛盾，以避免更大的矛盾。如果刑法贸然介入，将事情的性质归为刑事案件，则可能引起更严重的矛盾。因此，在集体争议面前，劳动刑法应保持谨慎的态度，从更好地解决劳资冲突的立场出发，只有在迫不得已的情况下才运用刑罚手段，且在法律的框架内应尽可能从轻处罚参与集体争议的劳动者。(2)防止刑法的过度扩张。刑法作为最后的保障法，如果对集体争议介入过多，则有可能导致刑罚权的滥用和刑法的过度扩张。例如，不当集体争议经常被认定为聚众扰乱社会秩序罪，而实际上劳动者为了维权而实施罢工等集体争议并非为了扰乱社会秩序，而是为了解决劳资冲突，维护自身合法权益。因此集体争议与聚众扰乱社会秩序有本质区别，刑法以集体争议所造成的客观事实而将其认定为聚众扰乱罪实属不妥。(3)倾斜保护原则的要求。劳动者在劳资关系领域处于弱势地位，为了维护自身合法权益而团结起来，尽管在集体争议中，劳动者可能会有过激行为或暴力行动，但其目的归根结底还是想要争取自己的合法权益，而不是为了谋取非法利益。基于倾斜

〔1〕 参见姜涛：《劳动刑法制度研究》，法律出版社2013年版，第406页。

保护原则，劳动刑法应该尽量将集体争议进行除罪化处理，如果一定要进行犯罪化处理，则应从轻处理。但是，如果该集体争议并非为了争取劳动者的合法权益，而是出于非法目的，则对此不得主张倾斜保护原则予以从轻处理。

综上所述，倾斜保护原则这种具有差异化的处罚原则，是劳动刑法对弱势劳动者的人文关怀，是民生保护理念和实质平等理念的要求，同时也是我国宽严相济刑事政策的内在要求。

因此，作用于劳动刑法立法和司法层面的倾斜保护原则，是对弱势劳动者的直接与间接的双重保护。其目的在于通过在法律范围内适度倾斜的手段，对劳动者权益进行保护，以实现实质上的平等，达到保障民生的目的。

第二节　确立散在型附属刑法的立法模式

劳动刑法理应是一个内容完备、结构清晰的规范体系，本节将劳动刑法的立法模式作为一个整体框架进行研究，以构建一个结构较为清晰，且可行性较强的劳动刑法规范体系，为我国劳动刑法的立法完善提供一个批评与参照的对象。研究劳动刑法的规范体系设置，必然要思考两个问题：一是劳动权是否应该作为独立的犯罪客体，二是劳动刑法应采取什么立法模式。

一、应将劳动权作为独立的法益保护对象

所谓劳动权，是指劳动者依据法律法规和劳动合同所获得的或应该获得的一切权利，包括工作权、休息权、职业安全权、职业培训权、社会保障权、工作环境权、结社权、集体协商权、罢工权、民主管理权、劳动争议权等。劳动者的弱势地位决定了这些权利容易受到侵害，当它们受到严重侵害的时候，在劳动法、劳动合同法等社会法并不能提供有效法律保护的情况下，刑法就要义不容辞地担负起保护弱势劳动者的责任。然而，我国劳动刑法的立法现状却并没有体现出对弱势劳动者的特殊关照，规制雇佣者侵犯劳动者合法权益的罪名散落在《刑法》分则不同的章节中，既不成体系，相关罪名的设置也不够完备。有学者认为，将侵犯劳动权的犯罪零散地规定于各个章节，太过混乱，不够规范，显得彼此间没有联系，刑罚容易畸轻畸重。〔1〕因此，有学者提出要在《刑法》分则“侵犯公民人身权利、民主权利罪”一章中加入“侵犯公民劳动权利罪”一节，并将章名改为“侵犯公民人身权利、民主权利、劳动权利罪”。〔2〕也有学者指出，可以单列一章“侵犯公民劳动权利罪”，将劳动刑法的罪名

〔1〕 参见张勇：《劳动刑法：侵权与自救的刑事一体化研究》，上海人民出版社2011年版，第183页。

〔2〕 参见严励、刘志明：《我国劳动权刑法保护研究》，载《山西大学学报（哲学社会科学版）》2002年第3期。

都列在一起。[1]更有学者提出应以附属刑法的模式来完善劳动刑法的规范体系,[2]或者以单行刑法的方式来解决该问题,[3]这些建议都有一定道理。显然,无论是将劳动权利放置于“侵犯公民人身权利、民主权利罪”一章,还是单列一章,都是将所有侵犯劳动权的罪名集中于《刑法》分则的同一章节。至于采取附属刑法或单行刑法的立法模式,也能突出劳动刑法的地位,既便于社会公众更好地了解劳动刑法的特征和内容,维护好自身合法权益,有效预防雇佣者实施劳动侵权,也有利于维护刑法典的统一性。

如前所述,学者们就劳动权作为独立犯罪客体的问题已达成共识,但是笔者认为,采用“公民劳动权利”一词稍有不妥,改为“劳动者劳动权利”应更为准确。因为能够享有这些具体劳动权利的,必然是劳动者,而非抽象意义上的公民。“公民的劳动权利”属于《宪法》第42条赋予公民的权利,是公民的一项基本权利,是抽象意义上的权利;而此处的“劳动者劳动权利”是具体权利的集合,包括劳动自由权、劳动安全权、劳动报酬权等。这些具体的劳动权利,只可能属于那些与雇佣者之间存在或者即将产生实实在在的劳动关系的劳动者们,而不可能是全部公民。因此,受劳动刑法保护的劳动权,应包括劳动自由权、劳动安全权和劳动报酬权等内容,与此对应,强迫劳动罪,强令、组织他人违章冒险作业罪,重大劳动安

〔1〕 参见卫国民:《劳动刑法若干问题研究》,“决策论坛——地方公共决策镜鉴学术研讨会”会议论文,2016年12月于北京。

〔2〕 参见姜涛:《劳动刑法:西方经验与中国建构》,载《环球法律评论》2009年第2期。

〔3〕 参见童德华:《当代中国刑法法典化批判》,载《法学评论》2017年第4期。

全事故罪，雇用童工从事危重劳动罪和拒不支付劳动报酬罪等罪名都属于侵犯劳动者劳动权利的犯罪。

二、劳动刑法应采用散在型附属刑法的立法模式

既然应把劳动权作为独立的犯罪客体进行保护，那么，保护劳动权的劳动刑法应该以何种形式存在呢？对于这个问题，很多学者都有探讨。例如，姜涛在《劳动刑法：西方经验与中国建构》一文中提出要采用以散在型附属刑法为主的立法模式。西方国家也多采用以散在型附属刑法为主的立法模式，法国的劳动刑法就是以散在型附属刑法的形式规定于劳动法律之中，日本《刑法典》也几乎没有劳动刑法的内容，有关劳动刑法的规范亦"隐含"在劳动法律之中。因此，姜涛认为，我国也可以借鉴西方国家散在型附属刑法的立法模式。〔1〕同时，该文提到，在立法模式上，西方国家的劳动刑法以散在型附属刑法为主，刑法典或单行刑法的立法模式则是一种补充。可见，目前大部分西方国家都采取在劳动法律规范中规定劳动犯罪，即散在型附属刑法的立法模式。这不仅与其立法传统和法律模式有关，更是因为散在型附属刑法的立法模式对于劳动权的保护具有较多优势。

目前，我国劳动刑法的立法模式属于"以刑法典为主、附属刑法为辅"的模式，我国的刑法典规定了全部的劳动刑法罪名，而劳

〔1〕参见姜涛：《劳动刑法：西方经验与中国建构》，载《环球法律评论》2009年第2期。

动法律法规中关于劳动刑法的相关规定主要是对刑法规定的“二次确认”，只是援引了刑法典的相关规定，并没有超出刑法的罪名框架和法定刑体系。[1]也就是说，附属刑法“附而不属”，仅仅类似于“超链接”的角色。因此，我国也可以借鉴西方国家的附属刑法立法模式。那么，附属刑法有哪些优越性呢？首先，目前我国劳动法律规范中常见的“构成犯罪的，依法追究刑事责任”这样的“超链接”条款，与我国《刑法》中规定的罪刑条款并不对应。劳动法律规范中规定的违法行为严重到触犯刑法时，在刑法典中找不到直接对应的罪名，只能在刑法典中“寻找”与之相关的一些处罚规定，“寻找”的结果要么是劳动法律规范中的犯罪内容未能在刑法中得以体现，要么是刑法规定的罪名超过了劳动法律法规中违法行为的内容，从而产生刑法与劳动法律法规无法对应的问题。如若采取附属刑法的模式，就可以有效避免该问题的产生。其次，刑法是其他部门法的保障法，更加讲究稳定性，但是当今社会经济发展日新月异，劳动权利随着经济社会的发展而不断丰富，因此，劳动权利的发展和扩张较快，需要刑法介入保护时劳动法律规范也应不断变化，而在劳动法律中无论是修改还是增添条文，都不会影响刑法典的稳定性和权威性。最后，劳动刑法的进一步发展要求更专业化的分支。为了强化劳动刑法的规范效力，将劳动刑法规范规定于劳动法律之中，能使得附属刑法更加专业。如果我国采取附属刑法的模式，我国的“附属刑法”就不仅能起到“超链接”的作用，还可以有

---

〔1〕 参见姜涛：《劳动刑法研究三题——知识产权立法的“中国奇迹”》，载《法学评论》2010年第3期。

效解决其“附而不属”的问题，避免我国刑法与劳动法律之间出现交叉、重复甚至自相矛盾的问题。因此，我国借鉴西方国家的通行立法模式，制定符合我国国情的附属刑法或是劳动刑法是更好的选择。现阶段我国附属刑法还没有全面发展起来，全面编纂劳动刑法的时机可能尚未成熟，但是采取散在型附属刑法的立法模式是可行的。目前比较急迫的是，将那些在劳动法律中有规定而在刑法中却找不到相关罪名的犯罪行为，采用散在型附属刑法的立法模式予以规制，以适应当前社会主义市场经济下的迫切要求。

第三节 完善劳动刑法的具体构想

前文从宏观层面上将倾斜保护原则确立为劳动刑法的指导原则，并确立了采用以散在型附属刑法为主的立法模式，那么具体来讲，该如何完善当前劳动刑法的罪名体系，劳动刑法应该包括哪些内容，哪些应该纳入劳动刑法规制的范围，哪些应该从当前劳动刑法中剔除出去，对于这些问题的回答，直接关系到劳动刑法的构建。在此笔者提出以下几点建议。

一、拓宽劳动刑法的保护范围

前文所述关于劳动权范围的界定，这些权利在《劳动法》《劳动合同法》等劳动法律规范中都受到保护，但是刑法对其进行保护的范围却一直比较狭窄。在我国已有的劳动刑法罪名中，如重大劳动安全事故罪，强令、组织他人违章冒险作业罪，强迫劳动罪，雇用童工从事危重劳动罪和拒不支付劳动报酬罪等，只涉及劳动者某些方面的权利，范围可谓相当窄小。然而，从日本、德国、英国和美国等发达国家关于劳动刑法的立法规定来看，这些国家对劳动权利的保护普遍比较广泛，从劳动自由权、安全卫生权、报酬权等普通劳动权利的保护，到对未成年工和妇女劳动者的特殊保护，再到工会活动权和集体行动权利的保护等均有涉及。因此，有学者据此指出，我国劳动刑法的保护范围过于狭窄，应当进行拓展。[1]当然，也有学者认为这是由刑法谦抑性决定的，刑法只保护受到严重侵害的法益。持不同观点的学者则指出，我国刑法已经相当谦抑[2]，尤其是劳动刑法。具体来讲，将劳动争议上升为犯罪，似乎与当前“非犯罪化”的趋势相悖，而实际上，只有在“犯罪化”过度时，才提倡“非犯罪化”，但中国并不存在过度犯罪化的问题，相反的是，中国的问题是犯罪化不够。笔者对此表示赞同，我们不应该一味强调刑法的谦抑性，应该从客观实际出发，客观地认识劳动刑法存在的问题，进一步完善劳动刑法，针对我国目前劳动权保护严重不足的状况，扩大劳动刑法的规制范围，加大对侵权型劳动犯罪的惩治力度。例如，增设妨害工会活动罪，重大职业病事故罪，危险生产、作业

---

〔1〕 参见刘鹏:《论我国刑法的劳动保护》，载《工会理论与实践》2002年第4期。

〔2〕 参见陈兴良:《宽严相济刑事政策研究》，载《法学杂志》2006年第2期。

罪，协助强迫劳动罪等，具体建议如下：

第一，在劳动就业权方面，严重的就业歧视、无故解约等行为应该被纳入刑法的规制范围。这也是国际上的通行做法，如法国《刑法典》第 L123-1条、第152-1-1条就规定了，雇主在招聘中若提出与职位无关的诸如性别或家庭状况等方面的要求则应受刑罚处罚。德国《普遍平等对待法》也规定了，雇佣者若以任何方式歧视劳动者应受刑罚处罚，德国《解约保护法》则规定雇佣者若非法解雇雇员则会受到刑罚的处罚。美国也对歧视劳动者和无故解约的行为有类似规定。目前，我国就业歧视现象十分严重，如常见的户籍歧视、性别歧视、地域歧视、身高歧视、年龄歧视等。我国《宪法》规定，我国公民在法律面前一律平等，国家保护妇女的权利和利益，实行男女同工同酬。《劳动法》也有关于劳动者不受歧视的规定。但这些权利仅被规定于《宪法》和《劳动法》中，且权利内容仅限于性别歧视、民族歧视、宗教信仰歧视，关于户籍、身高、年龄、地域歧视等就业市场上十分严重的歧视现象，这两部法律却没有予以规定，刑法典中也没有相关规定。而我国《刑法》第100条有关于前科报告制度的规定[1]，在一定程度上加剧了“受过刑事处罚人员”的就业歧视。当前我国与劳动合同解除相关的案件数量庞大，雇主不当解雇员工已经是劳动合同解除纠纷中的一个重要问题。根据国际劳工组织1982年《雇主主动终止雇用公约》的规定，雇主解雇雇员必须有正当的理由，否则构成不当解雇。英国和德国在这方面

〔1〕 参见谢增毅：《雇主不当解雇雇员的赔偿责任》，载《法律科学》2010年第3期。

也有具体规定，我国的《劳动合同法》第39、40、41条也要求雇主解雇雇员时必须具有正当事由，但是其规定过于简单，且没有实质性的处罚。因此，笔者在此建议，取消《刑法》第100条的规定，并将就业歧视和无故辞退员工纳入刑法的调整范围。

第二，在劳动安全权方面，应将职业病扩散行为，危险生产、作业行为等纳入刑法的规制范围。劳动安全是劳动者应该得到的最基本保证，因为其直接关系到劳动者的生命健康。西方国家十分重视劳动刑法对这方面权利的保护。从目前的立法现状来看，各国立法主要集中于惩治违法劳动安全设施、安全事故以及职业病预防等方面的犯罪。例如，德国采取限制雇佣者优势和强制雇佣者遵守法律规定的手段来保证劳动者在工作场所的安全，对违反者予以刑事处罚；日本则以《劳动安全卫生法》为核心，通过附属刑法的方式对雇主所提供的安全生产条件与设施进行了详细的规定，并对违反规定者予以刑事处罚。[1]德国、日本和美国等国家都非常重视劳动安全事故的预防，即使没有造成严重的危害后果也可能会受到刑事制裁。我国对此也很重视，刑法为保护劳动者的劳动安全权，规定了重大劳动安全事故罪，雇用童工从事危重劳动罪和强令、组织他人违章冒险作业罪等罪名。但是，事实上还有很多行为值得我们去加以规范，如职业病扩散行为。我国的职业病问题非常严重，立法机关也早已认识到这个问题的严重性，早在20世纪50年代，我国就出

〔1〕 参见周密主编:《美国经济犯罪和经济刑法研究》，北京大学出版社1993年版，第380~384页。

台了《关于防止沥青中毒办法》(已失效),2001年又通过了《职业病防治法》。但是,这些行政法规和社会法并没有对遏制职业病起到应有的作用。在某些地区、某些行业,劳动者患职业病的情形仍然非常严重,而且职业病患者的救济渠道十分有限。我国《职业病防治法》第78条虽然规定了,造成职业病的企业应当予以追究刑事责任,但是《刑法》并没有相关罪名的规定。目前,我国职业病案件的数量较多,问题比较严重,雇佣者在发现员工患职业病后不仅不积极予以救治,反而封锁消息、拖延不报的情况十分普遍。对此,笔者建议增设职业病扩散罪。

第三,在劳动报酬权方面,应将拒不缴纳、挪用社会保险金的行为纳入刑法的规制范围。我国已经将拒不支付劳动报酬的行为纳入了刑法的规制范围,但是在社会保险金方面还没有给予劳动者进一步的保护。社会保险金是劳动报酬的一部分,也应该是劳动者付出劳动所应得的回报,事关劳动者的生存与发展。获得社会保险金的权利作为劳动者财产权的一部分,在西方国家也受劳动刑法保护。西方各国对于该权利的保护方式主要是设立侵占或截留社会保险金犯罪并予以刑事处罚。例如,德国《刑法典》第 266a条对截留和侵占社会保险金的行为作出了明确规定。[1]日本《最低工资法》等法律也规定了非法侵占社会保险金的犯罪。2010年,我国公布的《社会保险法》规定,用人单位和职工要按照国家规定共同缴纳社会保险金;我国《劳动法》第9章也专门规定了有关社会保险的内

〔1〕 参见徐久生、庄敬华译:《德国刑法典》,中国法制出版社2000年版,第87~91页。

容。但是，由于法律中并未规定实质性的处罚措施，因此用人单位肆无忌惮地少缴或不缴社会保险金，即使被发现，行政执法部门往往也只要求用人单位补缴之前未缴或少缴的部分；用人单位即使被追究法律责任，也仅需缴纳滞纳金。用人单位的该行为既严重侵犯了劳动者的财产权，也严重危害了社会福利制度。因此，把拒不缴纳、挪用社会保险金的行为纳入刑法的规制范围是非常有必要的，本罪的罪状可以设定为：用人单位拒不缴纳或挪用社会保险金，且数额较大，情形恶劣的行为，且本罪可以成立单位犯罪，对单位判处罚金，并对其主管人员和其他直接责任人员进行刑事处罚，实行双罚制。

第四，在劳动自由权方面，应将奴役劳动者的行为纳入刑法的规制范围。我国目前在保护劳动自由权方面的罪名主要有强迫劳动罪和强令、组织他人违章冒险作业罪，其行为方式主要包括暴力、威胁或限制劳动者人身自由以及强令、组织劳动者违章冒险作业，但是，从我国的司法实践来看，协助强迫劳动的行为和奴役行为在刑法上却无明确的处罚依据。例如，在2011年云南马龙县“黑砖窑”案和2012年河南驻马店奴工案中，犯罪行为人均是有意选取智力障碍人士或者儿童作为犯罪对象。在这样的案例中，由于被害人自身的反抗意识不强，甚至不具备反抗意识，犯罪行为人对被害人根本不需要采用暴力、胁迫或者拘禁的手段，仅靠发号施令就能达到强迫劳动的目的。换言之，对于有反抗能力的人，强迫其劳动需用到“暴力、威胁或拘禁”的手段，但对于没有反抗能力的人，才不需要采用这些手段。没有采取“暴力、胁迫”等手段，按照罪刑法定的原则，自然也就不构成强迫劳动罪。然而，这种奴役智力障碍人士或者儿童的行为毫无疑问严重侵犯了被害人的人身权利，其社会危害性并不比强迫劳动罪低，无论从理论还是实践层面来讲都理应入罪，但是目前在《刑法》中却找不到合适的罪名对其予以处罚。奴隶制早已灭亡千年，但是在现实生活中奴役劳工的现象却仍然存在，如上文中提到的"黑砖窑"案件，将窑工当成"奴隶"来使用，给予极差的工作环境、伙食和住宿条件。对于这类案件，司法机关要么判处行为人强迫劳动罪，要么判处行为人故意伤害罪或非法拘禁罪，但是行为人的行为并不符合这三个罪名的犯罪构成，司法机关如此处理显然是不够恰当的。对于如此严重地侵害劳动者权益的不法行为，我国《刑法》中并没有合适的罪名予以处罚。《世界人权宣言》第4条规定，任何人都不得使为奴隶或奴役。我国是该宣言的主要起草国之一，因此，笔者建议在劳动刑法中增设奴役罪。

第五，应加强对童工、未成年工、非全日制工和孕产期女工的特殊保护。西方各国均对童工、未成年工、非全日制工和孕产期女工有特殊保护，如为童工和未成年工规定非法雇用未成年工罪，为非全日制工提供平等保护〔1〕，基于孕产期女工的特殊情况对其进行特殊照顾等。例如，德国颁布了《青少年劳动保护法》和《母亲保护法》，分别对雇用未成年工和解雇孕产期女职工进行限制。〔2〕此

〔1〕 参见谢增毅:《德国妇女劳动权保护的立法与实践》，载《中国社会科学院研究生院学报》2012年第4期。

〔2〕 德国《母亲保护法》规定，雇佣者辞退怀孕女职工或生育不满 4个月的女职工的，法院可以根据情节轻重判处雇佣者 1.5万欧元以下的罚金或 1年以下的有期徒刑。

外，德国的法律还非常重视为非全日制工提供与全日制工一样的平等保护。[1]而我国在此方面的刑事立法只有一个雇用童工从事危重劳动罪，而且如前所述在罪名设置上还存在逻辑错误的问题。笔者在此建议：(1)将雇用童工从事危重劳动罪改为使用未成年人从事危重劳动罪。首先，"使用"二字比"雇用"更加宽泛，能够涵盖无偿使用的情形。其次，"未成年人"包含了16周岁到18周岁的"未成年工"和16周岁以下的"童工"，虽然法律允许雇用未成年工，但是使用未成年工从事危重劳动同样具有危害后果。(2)在刑法上增加对女职工在孕产期的就业保护，如果解除孕产期女职工的职务，造成了十分严重的后果，则可以追究刑事责任。(3)在刑法上将非全日制工与全日制工平等保护起来，当然，这取决于劳动法是否先行先试。

二、扩大劳动刑法的犯罪主体

侵权型劳动犯罪是雇佣者为追求经济利益的最大化而对劳动者实施的侵权犯罪。雇佣者既有可能是单位，也有可能是自然人，因此单位也应该是侵权型劳动犯罪的主体。2011年，《刑法修正案（八）》在拒不支付劳动报酬罪和强迫劳动罪中规定了单位犯罪，这无疑是扩大侵权型劳动犯罪的犯罪主体的标志。实际上，侵权型劳动犯罪多数源于用人单位的决策，如重大劳动安全事故罪绝大多数

〔1〕 参见冯彦君：《同工同酬原则的困惑与反思》，载《法商研究》2011年第2期。

是因为用人单位提供了不符合规定的施工设施、为谋取不正当利益而造成的，因此，承担劳动安全事故责任的首先应该是单位。单位在劳动安全事故中严重侵害了员工的身体健康，理应受到相应的刑事处罚。在刑法中增设单位犯罪，可以对不顾一切追求经济效益的单位起到震慑和预防犯罪的作用，也可以在单位犯罪发生之时，避免以行政处罚来代替刑事处罚。但是，在我国现有的劳动刑法各罪中，很多罪名中都未明确规定单位犯罪，如重大劳动安全事故罪，强令、组织他人违章冒险作业罪，雇用童工从事危重劳动罪等，这些罪名的犯罪主体既可以是直接责任人也可以是单位，在法律上承认单位可以成为这些罪名的犯罪主体是十分必要的。在侵权型劳动犯罪中，“安全生产设施或安全生产条件不符合国家规定”，“强令他人违章冒险作业”或者“雇用未满十六周岁的未成年人从事超强度体力劳动”的，如果是单位负责人共同决定，造成重大人身伤亡和其他后果，且目的是为单位本身牟取不正当利益，那么本罪自然应该成立单位犯罪。而如果仅是基于某个人或某些人的个人意志作出上述决策，或者为了某个人或某些人牟取不正当利益，那么则应由“单位直接责任人员”作为犯罪主体。所以说，自然人和单位都有可能成为以上各罪的犯罪主体。有学者指出：“从改革开放以来，伴随着我国商品经济的发展和新旧体制的转轨，我国的法人犯罪发案率一直处于上升的势头，而且目前无论从哪方面来看，都看不到这种势头减弱的迹象。”〔1〕因此，将单位犯罪明确规定于劳

〔1〕 刘仁文：《法人犯罪的现状、危害、原因与趋势》，载苏敬华主编：《刘仁文的法学世界》，光明日报出版社2018年版。

动刑法各罪之中是十分必要且十分重要的。

三、增设危险犯

我国目前的劳动刑法中规定的各罪都是侵害犯，没有危险犯，也就是说只有对不法构成要件所保护的法益造成实际损害的结果，才能构成犯罪既遂。危险犯是与侵害犯相对的概念，只要对不法构成要件所保护的法益构成危险，不需要实际损害的发生，即可成立犯罪。〔1〕危险犯在我国是一个争议颇多的概念。有学者认为在我国增设危险犯是“多余的”“违反刑法的谦抑原则”的，认为只要“有关管理部门加大劳动管理与监督，在很大程度上就可以保护好公民的劳动权益”。〔2〕而张明楷教授则认为，“充分地规制危险行为，周延地保护合法权益，既是危险犯的立法理由，也是各国不断增加危险犯规定的原因”，而且我们不能过度强调“刑法的谦抑性”，“不能轻易追赶所谓非犯罪化的潮流，而应根据我国的实际情况增设新的犯罪类型”，“我国新刑法从我国国情出发，根据行为的危害程度，适当增加一些危险犯，并没有违反刑法的谦抑性”。〔3〕在我国的生产实践中，雇用者往往不会未雨绸缪，将劳动生产设施和安全生产条件放在首位，因此，不管生产条件如何，都会一直“带病”或冒险

〔1〕 参见张明楷：《危险犯初探》，载马俊驹主编：《清华法律评论》第1辑，清华大学出版社1998年版。

〔2〕 参见熊永明、利子平：《论公民劳动权的刑法保护与完善》，载《求实》2004年第8期。

〔3〕 参见张明楷：《危险犯初探》，载马俊驹主编：《清华法律评论》第1辑，清华大学出版社1998年版。

作业，一旦发生事故，劳动者的生命和财产就会遭受重大损失，此时再对用人单位进行追责为时已晚。在劳动者的生命健康安全面临严重侵害的危险时，加强对弱势劳动者的保护，其取得的预防效益应该远远重于刑法的谦抑性原则。笔者认为，至少应对严重危害劳动安全卫生保护权利的行为设置危险犯，如违反劳动安全卫生法规，经劳动部门或其他相关部门责令整改而拒不整改的，构成犯罪（当然，在此种情况下可以增设轻罪）。此外，在未成年工的特殊保护方面，也可以设置危险犯。首先，违反未成年工特殊保护法律法规，经劳动部门或其他相关部门责令整改而拒不整改的，或违反该类法规受到处罚后仍继续违法的，构成犯罪（也可设置轻罪）。这样可以把刑法介入的时间由结果发生后提前至结果发生前，更有利于预防犯罪。其次，将生产安全类犯罪和未成年工特殊侵权型劳动犯罪规定为危险犯，兼顾了刑法的有效性和谦抑性，既可以及时对此类严重犯罪进行规制，又因为在前期设置轻罪制度，而没有违背刑法的谦抑性原则。最后，将生产安全类犯罪和未成年工特殊侵权型劳动犯罪由结果犯改为危险犯，公众更易接受，也更有利于保护劳动者，尤其是对未成年工的特殊保护。

四、加强轻罪立法

如前文所述，我国劳动刑法应当拓宽保护范围，扩大犯罪主体，增加危险犯，以上完善立法的举措意味着将会有大量的违法行为被纳入刑法的规制范围。我国刑法典具有重罪重刑的特点，刑罚的设计与适用主要以自由刑为主。如果新增的劳动刑法罪名，还采取重罪重刑的立法技术，不仅与当今国际社会强调轻刑化的潮流相悖，也不利于将更多侵害劳动者权益的行为纳入刑法的规制范围。基于此，笔者认为我国应该加强轻罪立法。

劳动教养制度废止后，我国刑法开始步入轻罪立法的轨道，犯罪门槛有所下降，轻罪数量有所增加。何荣功在《我国轻罪立法的体系思考》一文中提出，“轻罪”指的是为了强化刑法参与社会治理，降低犯罪门槛，将原本可由行政法或其他规范调节的行为升格为犯罪而形成的规范体系。[1]我国刑法的传统是只有严重危害社会的行为才被认为是犯罪，因此，我国刑法典呈现出重罪重刑的显著特点。西方国家则通常根据社会危害性的严重程度对犯罪进行分类，如美国将犯罪分为重罪、轻罪、微罪和违警罪，法国将犯罪分为重罪、轻罪和违警罪，日本也存在类似的划分方式，虽然各国针对犯罪的分类名称不尽相同，但是均与我国对犯罪完全不作任何分类的做法不同。而且，部分国家还在刑法之外专门设立轻罪法，而我国规定犯罪与刑罚的法律只有刑法，尚不够刑事处罚的违法行为一般被规定在《治安管理处罚法》等法律法规中。

西方国家劳动刑法领域内的犯罪大多数是轻罪，我国亦可对此进行借鉴：一是扩大现行劳动刑法规范的调整范围，将原本属于劳动法律规范调节的行为予以犯罪化，如《劳动法》规定的禁止违法延长工作时间，可以将其纳入现有的强迫劳动罪的范畴。二是增设

〔1〕 参见何荣功：《我国轻罪立法的体系思考》，载《中外法学》2018年第5期。

新罪名，将原来不属于犯罪的行为升格为犯罪，设立新的罪名，如增设拒不缴纳、挪用社会保险金罪和妨害工会活动罪等。

就我国劳动刑法而言，应该如何构建符合我国实际的轻罪制度呢？我国现行的劳动刑法各罪主要以自由刑为主，虽然也有缓刑、管制和拘役的刑罚规定，但是在司法实践中的适用比例较小，有期徒刑的适用比例最大。另外，现有的劳动犯罪中，除强迫劳动罪、雇用童工从事危重劳动罪和拒不支付劳动报酬罪外，其余罪名都没有设置罚金刑，而资格刑更是难寻踪迹。综合上述立法和司法现状，我们可以发现，我国劳动刑法的刑罚结构存在着自由刑和财产刑、资格刑之间搭配不协调的问题，刑罚结构长期存在财产刑和资格刑缺失的问题。〔1〕“只要刑罚的恶果大于犯罪所带来的好处，刑罚就可以收到它的效果”〔2〕，且“刑罚应尽量符合犯罪的本性”〔3〕，也就是要和犯罪行为所追逐的利益紧密相连。边沁也指出：“刑罚种类的多样性是刑法典完善的标志之一。”〔4〕因此，笔者建议，根据侵权型劳动犯罪所侵犯的法益和获得的利益设置多元化的刑罚种类。西方各国也均设置了资格刑、财产刑等刑罚措施来处罚侵权型劳动犯罪。例如，法国《刑法典》规定了40种左右的刑罚方法，仅针对法

---

〔1〕 参见包雯等：《21世纪刑罚价值取向研究》，知识产权出版社2006年版，第195~196页。

〔2〕［意］切萨雷·贝卡利亚：《论犯罪与刑罚》，黄风译，北京大学出版社2008年版，第48页。

〔3〕［意］切萨雷·贝卡利亚：《论犯罪与刑罚》，黄风译，北京大学出版社2008年版，第48页。

〔4〕［英］吉米·边沁：《立法理论——刑法典原理》，孙力等译，中国人民公安大学出版社1993年版，第83页。

人犯罪就特别规定了10种刑罚方法。反观我国在刑罚种类的设置上，尤其是关于单位犯罪的处罚规定，则过于简单。根据我国《刑法》的规定，刑罚共有5种主刑、3种附加刑，对单位犯罪则仅有罚金刑一种刑罚，相较于西方各国的刑罚设置，我国无论是针对自然人犯罪还是单位犯罪的刑罚种类都不够丰富和完善。这种状况带来的后果有：一是可能导致重刑过多，因为没有较轻的刑罚可以适用；二是可能导致对某些犯罪惩罚不够，刑罚投入不足〔1〕；三是可供选择的刑罚种类较少，不能适应针对不同类型犯罪的惩治和预防需求。尤其是第三种情况，正如刘仁文在《犯罪决策中的成本分析》一文中所描述的："一个要面子的人宁肯去监禁也不愿被罚站。"〔2〕换言之，在不同的犯罪类型中，同一个刑罚措施对于不同犯罪主体的效果可能不同，因此要选取对其最有针对性、最有预防和惩治效果的刑罚措施。

笔者认为，根据我国劳动刑法的实际情况，要建立轻罪制度可以从以下方面努力。

1.增设轻刑制度

轻刑制度应针对我国刑法目前重刑比例较大的特点来进行设置，主要的措施有：(1)增设罚金刑。设置罚金刑，正是针对很多企业追求利益最大化而不顾劳动者生命健康安全的突出问题：实践中一些用人单位明知存在安全隐患，却还要心存侥幸侵害劳动者权

---

〔1〕 参见包雯等：《21世纪刑罚价值取向研究》，知识产权出版社2006年版，第328页。

〔2〕 刘仁文：《犯罪决策中的成本分析》，载苏敬华主编：《刘仁文的法学世界》，光明日报出版社2018年版。

益；明知有危险，却还要强迫劳动者违章冒险作业。只有针对用人单位意欲通过劳动者生命安全、身体健康换取财富的犯罪动机，刑罚的设置才能起到预防犯罪的作用。我国劳动刑法各罪大部分只配置了自由刑，没有单位犯罪和罚金刑的规定，因此，法官在定罪量刑时只能对行为人判处自由刑，而获得丰厚利润的单位却不会受到罚金刑或资格刑的惩罚。而行为人出狱后仍可重操旧业，甚至可能变本加厉。正如边沁所说："刑罚之苦必须超过犯罪之利。"〔1〕笔者认为，刑法应针对侵权型劳动犯罪增设罚金刑，采用经济手段惩治和预防用人单位意欲通过犯罪获取暴利的投机心理。(2)增设资格刑。对于屡犯屡罚、屡罚屡犯的用人单位，仅从经济上对其进行处罚还远远不够，为了有效惩治和预防其再犯，应该取消其从业资格。不管是一定期间内还是永久性的取消从业资格，都可以有效减少其再犯的可能。资格刑是以剥夺犯罪人享有一定资格为内容的刑罚方法，在限制犯罪人的再犯能力，教育改造犯罪，辅佐犯罪人回归社会等方面都有积极作用。〔2〕资格刑在国外已经得到了普遍适用，如澳大利亚在《煤矿安全与健康法》中规定，如果矿主和经理人员违法违规生产，就要注销执业执照，终生不允许再从事煤炭生产行业。我国现行刑法尤其是劳动刑法中却少见关于资格刑的规定。关于在我国刑法中如何完善资格刑的问题与本研究关系不

〔1〕［英］吉米·边沁：《立法理论——刑法典原理》，孙力等译，中国人民公安大学出版社2018年版，第68~70页。

〔2〕参见王志民：《我国资格刑的立法审视与制度完善》，载《南昌大学学报（人文社会科学版）》2018年第4期。

大，在此不做探讨。笔者仅针对在我国现行劳动刑法各罪中如何增加资格刑进行讨论。有学者认为，可以根据法人和自然人的区别，将资格刑进行科学的分类与组合，分别列入对法人和自然人的刑罚：对法人适用的资格刑应该包括：①停业整顿；②限制从事业务活动；③强制撤销。对自然人适用的资格刑应该包括：①限制政治权利；②剥夺从事特定职业的资格；③剥夺军衔；④驱逐出境。在设置资格刑的同时应该明确各种资格刑的适用条件，明确资格刑的使用方式，并且增设资格刑的减免制度和前科消灭制度。[1](3)增加管制刑。在我国，管制刑是一种独特的刑罚，它是主刑的一种，但是对犯罪分子不实行关押，只限定其一定的自由，由公安机关依靠群众监督执行。虽然管制刑截至目前只有几十年的历史，如今已经甚少适用，但是它作为一种具有中国特色的刑种，不仅在处罚较轻犯罪方面仍具有一定的科学性、合理性以及实效性，而且也符合当前刑罚措施轻缓化、行刑方式开放化、刑罚结构合理化与多元化的世界性刑罚改革潮流。从刑罚效果来看，与短期自由刑相比，管制刑既可以限制行为人的人身自由，也可以避免因羁押造成的“交叉感染”问题。而且，劳动犯罪行为人一般是用人单位的负责人，如果其犯罪情节轻微，采取管制刑，不仅对其有教育意义，能够促使其改过自新；对劳动者来讲也不失为一件幸事——用人单位负责人不会被完全剥夺人身自由，用人单位不至于因无人管理而遭受停业或破产的危险，可以继续生产，以赔偿劳动者的损失。《刑法修正案

---

〔1〕 参见吴平：《资格刑研究》，中国政法大学出版社2000年版，第54页。

（八）》新增了社区矫正的刑罚执行方式，采用类似公益劳动的矫正手段对犯罪主体进行惩罚，针对性更强、社会效果更好。

2. 设立轻罪前科消灭制度

在劳动刑法中大量设置轻罪的西方国家，同时也设置了与其相对应的前科消灭制度。不同的国家关于前科的界定标准不同，有的国家认为，前科是因犯罪而被法院判处刑罚的事实，即只有在定罪和判刑同时存在时才算有前科；有的国家则认为前科仅指被判决有罪的事实，即被宣告有罪就算有前科。[1]我国则认为“依法受过刑事处罚”才算有前科。前科的法定影响一般包括两种：一种是构成刑法上累犯或再犯的前提条件，其后果是从重处罚；另一种是在非刑法领域对任职资格的禁止，如《法官法》《教师法》《律师法》《兵役法》《会计法》等诸多法律规范均规定“凡是曾因犯罪受过刑事处罚”的人，不得获得相应的职业资格。由此可见，对于有前科者而言，前科是一件极其不利的事情，不仅对于其再次犯罪的定罪量刑会产生严重的后果，而且在求学、就业、选举等方面也会受到极大的限制。如果要在劳动刑法领域设立轻罪制度，必然会扩大劳动刑法的犯罪圈，那么，如果因为犯轻罪而导致各方面受到影响，犯罪人因此无法回归社会，这样的轻罪制度必然是不科学的。因此，在设立轻罪制度的同时，必然也要配套设置轻罪前科消灭制度。轻罪前科消灭制度，是指曾因犯轻罪被处以刑罚或受到有罪判决而被免

---

〔1〕 参见于志刚：《简论前科消灭的定义及其内涵》，载《云南大学学报（法学版）》2002年第4期。

于刑罚的人，在刑满释放或免除刑罚后一定期间内未犯新罪，则将其犯罪记录注销，视同没有犯罪前科的制度。[1]根据该制度，犯过轻罪的人可以像其他公民一样在求学、就业、任职和行使政治权利等方面受到平等对待。具体到劳动刑法中，对一些比较轻微的侵权型劳动犯罪，如拒不支付劳动报酬罪和一些过失犯罪，可以适用前科消灭制度，这样既有利于促进社会主义市场经济的发展，也有利于实现就业平等，维护劳动者的合法权益。

综上，在劳动刑法中设立轻罪制度，积极推进劳动刑法体系的构建，不仅具有理论上的正当性，也具有现实上的必要性。

〔1〕 参见高勇：《轻罪论》，黑龙江大学2018年博士学位论文，第173页。

结　　语

劳动刑法作为新兴交叉法律领域，关乎刑事法律的完善、劳动者的切身利益，以及整个国家和社会的民生问题，是一个值得研究的课题。

目前，我国学者们已经从多个方面对劳动刑法进行了一定的研究，包括对国外劳动刑法相关理论的研究、对我国劳动刑法理论基础的探讨、对我国劳动刑法基本框架建构的设想、对我国劳动刑法具体罪名的设置等。随着研究工作的开展，我国劳动刑法的研究已经取得了长足的进步，但由于此领域的研究者尚少，总体来说仍然存在诸多尚待继续开拓的空间和领域。本书在前人研究的基础之上，对劳动刑法比较微观的问题展开研究。之所以选择做微观性的研究，是因为只有具体到每一个罪名的实然与应然，以及我国目前的司法实践情况，我们才能发现问题所在，才能真正构建出符合我国国情的劳动刑法体系。本书期望通过对劳动刑法立法和司法两方面的考察，为劳动刑法的构建寻找可行的路径。本书的研究内容主要分为五个部分：

第一部分包括导论和第一章。这部分内容的重点是在介绍研究背景并交代研究思路，为全书的研究确立理论定位和基本框架。

导论部分是全书的研究起点和基础，介绍了本书的研究背景、研究的必要性、该选题的研究现状及其经验教训和研究思路与方法。第一章主要是劳动刑法概述，首先界定了劳动刑法及与之相关的概念，包括劳动权、劳动关系与劳资冲突、劳动刑法等，然后追溯了劳动刑法的起源和发展，接下来探讨了劳动刑法的特殊性。最后该章研究了劳动刑法建构的基础，包括理论基础、规范基础和现实基础。由此，该部分奠定了本书的基础，接下来的部分由此展开。

第二部分即第二章的内容为我国现有劳动刑法内容的立法梳理。本章结合我国劳动法律法规中有关刑事责任的规定，梳理我国劳动刑法的历史沿革，逐一梳理刑法中属于劳动刑法的内容。分别从立法现状和立法缺陷两个方面来分析这些罪名，最后提出对我国劳动刑法立法现状的评价，既包括我国劳动刑法的立法特色，也包含存在的问题。主要观点为我国的劳动刑法贯彻了宽严相济刑事政策，涉猎的罪过形式较为全面，对劳动法益保护的范围呈现扩张与完善态势；但是存在的问题也不少，如我国劳动法律法规与刑法衔接不够紧密，劳动刑法内容比较散乱、条理不够清晰，保护范围比较狭窄，刑罚规定混乱，刑种较为单一，犯罪主体设定比较狭窄等。

第三部分即第三章为我国劳动刑法的司法适用。本章采用实证研究的方法，从具体的数据中，总结出我国劳动刑法在司法适用中的问题。本章内容分为两部分，包括我国劳动刑法各罪的适用现状和我国劳动刑法司法适用的特点与评析。第一节收集了我国劳动刑法各罪的司法适用数据，并进行数据分析，主要包括事件发生趋势、地域分布、案情及审理结果分析等。第二节和第三节针对各罪的司法适用，从罪与非罪、此罪与彼罪及量刑方面进行评析。综合各罪，得出我国劳动刑法司法适用存在的问题，即具体罪名适用标准不一，倾斜保护原则未能落实，以及对集体争议的非罪化仍有欠缺等。

第四部分即第四章的内容是我国劳动刑法的司法完善。本章分为三节，分别是贯彻落实宽严相济刑事政策，进一步规范劳动刑法的刑罚裁量与执行，以及加强劳动刑事司法与行政执法的衔接。

第五部分即第五章我国劳动刑法的立法完善，这一章也分为三节，即确立我国劳动刑法的倾斜保护原则，确立散在型附属刑法的立法模式，完善劳动刑法的具体构想，从宏观到微观的角度对我国的劳动刑法进行了整体上的完善。

综上，为了保障研究的逻辑性和深入性，本书的论证以劳动刑法的立法与司法适用的完善为主要内容。通过细致的分析和较为深入的探讨，本书认为，劳动刑法在我国目前来说还处于发展早期，在立法和司法方面都需要进行完善。近年来，我国一直提倡“以人民为中心”“关注社会弱势群体”“建设社会主义法治国家”等理念，对劳动刑法的发展大有促进。改革开放以来，我国现代化建设取得了举世瞩目的成功，得益于多种所有制经济的共同繁荣，也因此，大量的农村劳动力离开其世世代代辛勤耕作的土地，不断涌向城市寻求新的生存和发展空间，再加上城市本身的大量适龄劳动者也在不断进入就业市场，使劳动力供需不平衡，劳动力市场发生深刻变化，但相应的法律制度和政策却还没有完全跟上市场变化的步伐，在就业保障、工资待遇、社会保险、集体争议等方面对劳动者提供更好的法治保障的道路上仍有进步的空间。劳动者的弱势地位，理应成为社会关注的热点。从西方国家的发展历程来看，劳动刑法应该成为一门显学，而不应该被边缘化。正如学者们所说，作为中国的刑法学工作者，应从客观实际出发，从以人为本的理念出发，更多地关注劳动者，为我国的劳动刑法建设提供理论上的支撑，切不可以“刑法谦抑性”等理念，将劳动关系的调整剔除在刑法之外。〔1〕事实上，通过刑法调整劳动关系，是社会发展到一定历史阶段的必然产物，是人类文明进步的标志。因此劳动刑法问题的研究，对构建符合我国国情的劳动刑法制度是有现实意义的。

总体来说，本书秉持了比较研究与实证研究的思维方式和研究方法，努力地探讨劳动刑法在立法和司法方面存在的问题及相关完善措施。本书的可取之处体现在：(1)层次清晰、体系较为完整。全书采用“总—分—总”结构，先在总体上介绍劳动刑法及相关概念等基本理论之后，从立法和司法两个部分分别展开，在这两部分的结构、内容和研究方法上都进行了相互对应，并在展现各自的重点内容的前提下避免了简单重复，最后再将立法与司法两个方面结合起来探讨完善措施，与前文相对应，避免了各章“各自为政”。(2)本书的研究拓宽了劳动刑法的研究视野和研究思路。本书以劳动刑法的立法与司法上的缺陷为研究对象，从宏观和微观两个方面

〔1〕 参见孙燕山、孙风君：《适时加大刑法对劳动关系调整的探析》，载《河北师范大学学报》2008年第1期。

为研究视角，是拓宽劳动刑法问题研究视野的一种尝试。(3)全书采用面向司法的研究态度，增强了研究的实践性和实用性。以个罪的司法实践为视角，以服务司法活动为归宿。以人民法院的刑事判决书为研究样本，对劳动刑法各罪在司法中存在的问题进行了仔细分析和小心求证，力争客观地展现我国劳动刑法司法实践中个罪适用的实际状况。

然而，囿于时间、知识储备以及外文资料等方面的因素，笔者虽然努力地进行了一些探索和尝试，但内容难免存在疏漏和不足，有待进一步的学习和研究。

参考文献

一、中文著作（按照姓氏笔画数排序）

1. 丁强、丁猛：《侵犯公民人身权利、民主权利犯罪司法适用》，法律出版社2006年版。

2. 马俊驹主编：《清华法律评论》（1998年第1辑），清华大学出版社1998年版。

3. 韦建桦主编、中共中央马克思恩格斯列宁斯大林著作编译局编译：《马克思恩格斯选集》（第3卷），人民出版社2012年版。

4. 中共中央马克思恩格斯列宁斯大林著作编译局编译：《资本论》，人民出版社2004年版。

5. 王家福、刘海年、李林主编：《人权与21世纪》，中国法制出版社2000年版。

6. 王钦敏主编：《中国民营经济发展报告（2015—2016）》，中华工商联合出版社2017年版。

7. 西方法律思想史编写组编：《西方法律思想史资料选编》，北京大学出版社1983年版。

8. 苏敬华主编：《刘仁文的法学世界》，光明日报出版社2018

年版。

9. 刘仁文:《刑法的结构与视野》,北京大学出版社2010年版。

10. 朱立恒:《宽严相济视野下的刑事诉讼程序改革》,中国法制出版社2008年版。

11. [英]坎南编著:《亚当·斯密关于法律、警察、岁入及军备的演讲》,商务印书馆1962年版。

12. 北京四海经典文化传播中心编:《礼记》,中华书局2006年版。

13. 包雯等:《21世纪刑罚价值取向研究》,知识产权出版社2006年版。

14. 阮齐林:《中国刑法各罪论》,中国政法大学出版社2016年版。

15. 李步云主编:《人权法学》,高等教育出版社2005年版。

16. 陈光中主编:《中国司法制度的基础理论专题研究》,北京大学出版社2005年版。

17. 陈浩然:《应用刑法学总论》,华东理工大学出版社2005年版。

18. 陈家林:《外国刑法理论的思潮与流变》,中国人民公安大学出版社、群众出版社2017年版。

19. 陈兴良:《刑法的价值构造》(第3版),中国人民大学出版社2017年版。

20. 陈兴良主编:《刑法学》(第3版),复旦大学出版社2016年版。

21. 吴平:《资格刑研究》,中国政法大学出版社2000年版。

22. 张明楷:《刑法格言的展开》,法律出版社1997年版。

23. 张明楷:《外国刑法纲要》,清华大学出版社2007年版。

24. 张勇:《劳动刑法:侵权与自救的刑事一体化研究》,上海人民出版社2011年版。

25. 张素莲:《论法官的自由裁量权——侧重从刑事审判的角度》,中国人民公安大学出版社2004年版。

26. 严励:《刑事一体化视野中的犯罪研究》,北京大学出版社2010年版。

27. 周密主编:《美国经济犯罪和经济刑法研究》,北京大学出版社1999年版。

28. 杨通轩:《个别劳工法:理论与实务》(增订第5版),台北,五南图书出版股份有限公司2017年版。

29. 郭庆松编著:《企业劳动关系》,经济管理出版社1999年版。

30. 高铭暄、马克昌主编:《刑法学》(第8版),北京大学出版社、高等教育出版社2017年版。

31. 黄越钦:《劳动法新论》,中国政法大学出版社2003年版。

32. 常凯主编:《劳动法》,高等教育出版社2011年版。

33. 姜涛:《劳动刑法制度研究》,法律出版社2013年版。

34. 黎宏:《刑法学论》(第2版),法律出版社2016年版。

35. 黎建飞:《劳动法的理论与实践》,中国人民公安大学出版社2004年版。

36. 储槐植主编:《附属刑法规范集解》,中国检察出版社1992年版。

二、外文译著（按照首字笔画数排序）

1.［日］大须贺明:《生存权》，林浩译，法律出版社2001年版。

2.［日］平野龙一:《刑法的基础》，黎宏译，中国政法大学出版社2016年版。

3.［日］佐伯仁志、道垣内弘人:《刑法与民法的对话》，于改之、张小宁译，北京大学出版社2012年版。

4.［日］松尾浩也:《日本刑事诉讼法》，张凌译，中国人民大学出版社2010年版。

5.［英］吉米·边沁:《立法理论——刑法典原理》，孙力等译，中国人民公安大学出版社1993年版。

6.［英］约翰·梅纳德·卡恩斯:《就业、利息和货币通论》，徐毓枬译，北京时代华文书局2017年版。

7.［法］安塞尔:《新刑法理论》，卢建平译，香港天地图书有限公司1990年版。

8.［美］克雷格·班白等主编:《国际与比较劳雇关系》，成之约等译，台北，天下远见出版股份有限公司2007年版。

9.［美］丹尼尔·奎因·米尔斯:《劳工关系》，李丽林、李俊霞等译，机械工业出版社2000年版。

10.［美］约翰·罗尔斯:《正义论》，何怀宏、何包钢、廖申白译，中国社会科学出版社2001年版。

11.［美］E.博登海默:《法理学：法律哲学与法律方法》，邓正来译，中国政法大学出版社1998年版。

12. [苏]玛·巴·卡列娃等:《国家和法的理论》，李嘉恩等译，中国人民大学出版社1956年版。

13. [意]切萨雷·贝卡利亚:《论犯罪与刑罚》，黄风译，北京大学出版社2008年版。

14. [德]徐久生、庄敬华译:《德国刑法典》，中国法制出版社2000年版。

三、中文期刊、会议、报刊及学位论文（按照首字笔画数排序）

1. 于志刚:《简论前科消灭的定义及其内涵》，载《云南大学学报（法学版）》2002年第4期。

2. 于建嵘:《罢工不是群体性事件》，载《时代周报》2010年6月8日。

3. 卫国民:《劳动刑法若干问题研究》，“决策论坛——地方公共决策镜鉴学术研讨会”会议论文，2016年12月于北京。

4. 马克昌:《“宽严相济”刑事政策与刑罚立法的完善》，载《法商研究》2007年第1期。

5. 马跃中、林賫醇:《法人犯罪新趋势》，载《中央警察大学法学辑刊》2012年第2期。

6. 马新福、薛长礼:《劳动权的法社会学论析》，载《吉林大学社会科学学报》2004年第2期。

7. 马俊杰:《矿难中的刑法问题》,西南政法大学2011年硕士学位论文。

8. 王志民:《我国资格刑的立法审视与制度完善》,载《南昌大学学报(人文社会科学版)》2018年第4期。

9. 王桢:《向死而生:我国附属刑法的立法批判与体系重构》,载《天府新论》2019年第1期。

10. 王琪:《附属刑法及其利弊分析》,载《暨南学报(哲学社会科学版)》2017年第1期。

11. 王凯:《应当加强对劳动者权益的刑法保护》,载《人民检察》2008年第23期。

12. 王林平:《关于完善假释制度的思考》,载《中国司法》2011年第7期。

13. 叶静漪、魏倩:《〈经济、社会和文化权利国际公约〉与劳动权的保护》,载《北京大学学报(哲学社会科学版)》2004年第2期。

14. 冯彦君:《劳动权论略》,载《社会科学战线》2003年第1期。

15. 冯彦君:《同工同酬原则的困惑与反思》,载《法商研究》2011年第2期。

16. 刘仁文:《对农民工"宽容量刑"乃"法内开恩"》,载《观察与思考》2007年第1期。

17. 刘冬梅:《社会法范畴的界定——从历史研究和词义分析的视角》,载《北大法律评论》2017年第1期。

18. 刘艳红:《当下中国刑事立法应当如何谦抑?——以恶意欠薪行为入罪为例之批判性分析》,载《环球法律评论》2012年第2期。

19. 刘艳红:《象征性立法对刑法功能的损害——二十年来中国刑事立法总评》,载《政治与法律》2017年第3期。

20. 刘景章:《论劳资冲突的根源与消解》,载《甘肃社会科学》2004年第3期。

21. 刘鹏:《论我国刑法的劳动保护》,载《工会理论与实践》2002年第4期。

22. 刘昭陵:《重大劳动安全事故罪应予修改》,载《人民检察》2018年第18期。

23. 刘昭陵:《我国劳动刑法的发展》,载《法制博览》2018年第10期。

24. 刘昭陵:《"拒不支付劳动报酬"入刑以来的效果、问题与对策》,载《周口师范学院学报》2018年第1期。

25. 孙荫环:《民营企业已成长为推动经济增长的主力军》,载《民营企业信息汇编》,中国信息协会民营企业分会研究室2017年版。

26. 孙燕山、孙风君:《适时加大刑法对劳动关系调整的探析》,载《河北师范大学学报(哲学社会科学版)》2008年第1期。

27. 严励、刘志明:《我国劳动权刑法保护研究》,载《山西大学学报(哲学社会科学版)》2002年第3期。

28. 李梁:《拒不支付劳动报酬罪的行政附属性规定研究》,载《政法论坛》2017年第5期。

29. 孟庆华:《附属刑法的立法模式问题探讨》,载《法学论坛》2010年第3期。

30. 肖雄:《论劳动权刑法保护的内容与范围——中国劳动刑法建构的核心问题》,载《刑事法评论》2010年第1期。

31. 杨宝宏:《农民工犯罪问题——社会心理失衡与犯罪》,载《甘肃行政学院学报》2007年第4期。

32. 邱玥:《如何有效化解劳动关系矛盾?》,载《光明日报》2015年5月26日。

33. 何荣功:《我国轻罪立法的体系思考》,载《中外法学》2018年第5期。

34. 沈同仙:《劳动权探析》,载《法学》1997年第8期。

35. 张有全:《日本劳动法的特点及借鉴》,载《广西社会科学》2004年第9期。

36. 张明楷:《论刑法的谦抑性》,载《法商研究》1995年第4期。

37. 张勇:《劳动刑法视野下劳动用工违法犯罪的惩治和预防机制对策》,载《河北法学》2008年第4期。

38. 张铖、唐树开、解音音:《劳动刑法的机能探析》,载《云南开放大学学报》2014年第3期。

39. 张峥:《劳动刑法研究》,复旦大学2009年硕士学位论文。

40. 陆幸福、杨毅伟:《对城市农民工"讨薪"犯罪现象的透视与反思——从"讨薪死囚"王斌余案谈起》,载《河北公安警察职业学院学报》2006年第3期。

41. 陈兴良:《对劳动权利的刑法保护造就了劳动刑法》,载《工人日报》2005年7月18日。

42. 陈兴良:《宽严相济刑事政策研究》,载《法学杂志》2006年第2期。

43. 陈志刚:《弱势群体保护的法律之维》,载《政法论丛》2015年第1期。

44. 陈娟、赵耀江:《近十年来我国煤矿事故统计分析及启示》,载《煤炭工程》2012年第3期。

45. 周振杰、栗东宇:《混合缓刑之提倡——比较法视野下的思考》,载《人民检察》2018年第15期。

46. 杨朝飞:《拒不支付劳动报酬罪的立法之争及其适用问题研究》,兰州大学2012年硕士学位论文。

47. 陈志强:《论劳动刑法的建构——以劳动权的保护现状为切入点》,山东大学2014年硕士学位论文。

48. 赵超、张静:《农民工群体性讨薪事件的成因及对策研究》,载《山西农业大学学报(社会科学版)》2014年第7期。

49. 高铭暄:《宽严相济刑事政策与酌定量刑情节的适用》,载《法学杂志》2007年第1期。

50. 姜玉:《农民工犯罪现状及预防对策》,载《长春理工大学学报(社会科学版)》2009年第2期。

51. 姜涛:《劳动刑法研究三题——知识产权立法的"中国奇迹"》,载《法学评论》2010年第3期。

52. 姜涛:《劳动刑法:学术视域与核心命题》,载《刑法论丛》2009年第3期。

53. 姜涛:《劳动刑法:理念转变与立法完善》,载《法学论坛》2009年第3期。

54. 姜涛:《问题与出路:对我国劳动刑法出场形态的慎思》,载《西南政法大学学报》2010年第5期。

55. 姜涛:《论劳动刑法的建构及其法理》,载《中国刑事法杂志》2007年第5期。

56. 姜涛:《劳动刑法:西方经验与中国建构》,载《环球法律评论》2009年第2期。

57. 姜涛:《劳动刑法:概念模型与立论基础》,载《政治与法律》2008年第10期。

58. 姜涛:《劳动刑法视阈下集体劳资纠纷的刑法规制模式》,载《刑事法评论》2009年第2期。

59. 姜涛:《恶意欠薪罪若干问题探究》,载《法学论坛》2012年第1期。

60. 姜涛、刘秀:《劳动刑法若干问题研究》,载《河北法学》2007年第4期。

61. 洪伟、李燕明:《农民工劳动权保护问题探析》,载《浙江师范大学学报(社会科学版)》2013年第4期。

62. 夏勇:《我国的劳动争议与刑法》,载《中南林业科技大学学报(社会科学版)》2007年第1期。

63. 徐武:《试论我国公民劳动权的刑法保护及完善》,载《福建广播电视大学学报》2015年第2期。

64. 徐昕:《论私力救济与公力救济的交错——一个法理的阐释》,载《法制与社会发展》2004年第4期。

65. 高铭暄、曹波:《当代中国刑法理念研究的变迁与深化》,载

《法学评论》2015年第3期。

66. 高勇:《轻罪论》,黑龙江大学2018年博士学位论文。

67. 黄秀丽、任楚翘:《刑法能治职业病?》,载《南方周末》2011年6月2日。

68. 常凯:《WTO、劳工标准与劳工权益保障》,载《中国社会科学》2002年第1期。

69. 常凯:《劳动争议法制化亟须建立劳动刑法学》,载《工人日报》2005年7月18日。

70. 常凯:《劳资冲突处理法制化:构建和谐劳动关系中一项急迫的政治任务》,载《中国党政干部论坛》2006年第12期。

71. 常凯:《我国劳资集体争议的法律规制体系建构研究》,载《南京大学学报(哲学·人文科学·社会科学)》2017年第5期。

72. 韩桂君:《完善劳动者权益刑法保护的研究》,载《中国劳动》2016年第6期。

73. 谢增毅:《我国劳动者辞职权的法理与制度构建》,载《法学评论》2018年第4期。

74. 谢增毅:《就业平等权受害人的实体法律救济》,载《社会科学战线》2016年第7期。

75. 谢增毅:《德国妇女劳动权保护的立法与实践》,载《中国社会科学院研究生院学报》2012年第4期。

76. 谢增毅:《雇主不当解雇雇员的赔偿责任》,载《法律科学》2010年第3期。

77. 谢增毅:《我国劳动争议处理的理念,制度与挑战》,载《法学研究》2008年第5期。

78. 童德华:《当代中国刑法法典化批判》,载《法学评论》2017年第4期。

79. 喻建立、刘枫:《社区矫正制度的内容尚待细化》,载《检察日报》2010年4月15日。

80. 熊永明、利子平:《论公民劳动权的刑法保护与完善》,载《求实》2004年第8期。